내일의
도시를
생각해

내일의 도시를 생각해

최성용 지음

우리가 먹고 자고 일하고 노는
도시의 안녕을 고민하다

북트리거

'내일의 도시'를 살아갈 이들에게

어릴 적 제가 살던 도시는 보행자에게 폭력적인 곳이었습니다. 시내 중심부에는 지하보도만 있고 횡단보도는 하나도 없었지요. 계단을 오르내리는 것이 힘겨운 이들은 길 하나를 건너기 위해 20분을 돌아가야 했습니다. 자전거를 즐겨 탔던 학창 시절에도 도로 사정은 험악했습니다. 근처 공원으로 농구를 하러 갈 때 자전거를 이용했는데 생명의 위협을 느낀 적이 한두 번이 아니었습니다. 당시에는 자전거도로가 거의 없었습니다. 자전거는 법적으로 차도로 다니도록 되어 있었지요. 차도 가장자리에서 자전거를 탈 때면, 늘 제 옆으로 바싹 붙어 달리는 자동차가 참 위협적이었습니다. 지금까지 살아남은 게 운이 좋다고 할 만큼 오싹한 경험입니다.

연애 시절, 도시는 달달한 추억을 안겨 주기도 했습니다. 고풍스러운 인사동과 북촌 한옥마을은 데이트를 즐기기 좋았습니다. 한옥이 들어서 있어 전통과 예술의 향기가 물씬 풍겼고, 저는 여자 친구와 골목골목을 누비며 시간을 보냈지요. 그즈음 두 마을은 제 모습을 잃을 뻔한 위기를 맞았습니다. 개발 업자들이 마을의 한옥을 여러 채 매입해 대형 상가와 빌라를 짓겠다며 손을 뻗쳐 온 터입니다. 다행히 인사동과 북촌을 사랑하는 시민들의 노력으로 지금의 정취를 지켜낼 수 있었습니다. 그렇게 개발의 바람을 피한 두 마을이 예전처럼 변함없이 저희 커플의 달달한 데이트 장소가 되어 주었으니, 이 역시 다행이라면 다행이지요(지금 저희는 한집에 살고 있습니다).

결혼 후, 도시는 애증의 삶터였습니다. 저희 부부는 한 차례 이사를 거쳐 마음에 쏙 드는 아파트에 살게 되었습니다. 산 옆에 있어서 공기도 좋았고, 아파트 안에는 산책 코스가 아주 잘 꾸며져 있었지요. 아내와 저는 이 동네에서 오랫동안 아이를 키우며 살기로 결정하고 계획을 세웠습니다. 하지만 2년 후 전세 가격이 급등하면서 더이상 그 동네에 살 수 없게 됐습니다. 제가 그 동네를 좋아하건 말건 그건 중요한 일이 아니었지요.

수많은 사람이 들고 나는 도시라지만, 밀려나는 이들의 뒷모습은 늘 쓸쓸합니다. 2년 전엔 동네에 마지막으로 남아 있던 문방구가 문을 닫았습니다. 사람들의 소비 패턴이 바뀌면서 더 이상 가게를 유지하기 어려웠던 것이지요. 그날 이후 저는 공책 한 권을 사기 위해서도 차를 타고 다른 곳으로 가야 합니다. 다행히 철물점은 남아 있어서 못 하나 사려고 멀리 갈 일은 없습니다.

***

도시에 사는 우리의 삶은, 너무 당연하게도, 도시의 모습에 많은 영향을 받습니다. 우리가 먹고, 자고, 일하고, 노는 그 모든 일상을 아우를 만큼 도시의 영향력은 광범위합니다. 그런데 도시와 사람의 관계가 일방적이지만은 않습니다. 도시가 사람들의 삶에 영향을 끼치는 것처럼, 사람들도 도시의 모습에 적지 않은 영향을 끼칩니다.

시민들은 다양한 욕구에 따라 움직입니다. 어떤 이들은 사적 이익을 최우선시하는 선택을 합니다. 구성원들이 피해를 보건 말건, 오로지 자신의 이익을 위해 도시를 바꾸려 합니다. 그 과정에서 낡은 주택이 철거되거나 오래된 가게가 문을 닫는가 하면, 보행자들에게 꼭 필요한 횡단보도가 지워지기도 합니다.

더불어 사는 도시를 만들기 위해 행동하는 이들도 있습니다. 당장 눈앞의 이익에만 급급한 이기적인 욕망에 제동을 걸고, 공공성을 높이는 방향으로 도시를 바꿔야 한다는 것입니다. 이들의 행동은 보행 환경 개선, 자전거도로 확충, 인사동 문화지구 지정, 임대아파트 건설 등의 정책으로 이어집니다.

물론 도시가 그렇게 단순하게 움직이지만은 않습니다. 사적 이익을 좇는 도시의 변화를 비판적인 투로 이야기했지만, 사실 개인의 이익을 위한 행동이 타인에게까지 도움이 되는 경우는 얼마든지 있습니다. 반대로 공공성을 높인다고 행동했지만, 결과적으로 도시를 더 나쁘게 만든 사례도 많고요. "어떤 도시가 좋은 도시인가요?"라고 물었을 때 정답을 찾기도 참 힘듭니다. 좋은 도시에 대한 생각이 제각각일뿐더러, 같은 사안을 두고도 다양한 이해관계가 얽혀 있는 경우가 많기 때문입니다.

하지만 변하지 않는 사실이 하나 있습니다. 현재 도시의 모습은 '어쩌다 보니' 우연히 만들어진 것이 아니라는 점입니다. 육교, 고가도로, 단독주택, 아파트 단지, 담장, 자전거도로, 놀이터, 주차장, 골목길…. 지금의 도시 풍경은 여러 시민의 선택과 행동이 쌓여 만들어졌습니다. 따라서 도시가 제대로 나아가기 위해서는 시민들의 관심이 필요합니다. 도시가 변화해 온 과정을 되짚어 보고, 행복한 도시가 무엇인지 끊임없이 질문해 봐야 하지요.

***

이 책에는 도시를 살아가는 이들이 한 번쯤 고민해 봐야 할 네 가지 문제를 담았습니다. 편안한 도시 생활이 마냥 좋은 것인지 돌이켜보는 것으로 시작해, 이주민을 비롯한 장애인, 동물 등 소수자들이 도시에서 행복하게 살고 있는지 찬찬히 살펴볼 것입니다. 또한 도시 개발의 명암은 무엇인지 조목조목 뜯어보기도 하고, 살기 좋은 도시를 만들기 위해 시민들은 어떤 노력을 하고 있는지도 알아볼 것입니다.

각 사안에 대한 정해진 답을 덩그러니 내놓기보다 도시문제에 얽힌 복잡한 이해관계를 다각적으로 살펴, 이를 균형감 있게 보여주려고 노력했습니다. 각 주제에 대한 저의 관점과 의견이 제시되지만, 결국 판단은 여러분의 몫입니다.

저의 부족한 글이 편집자의 날카로운 질문과 꼼꼼한 점검을 거쳐 여러분 앞에 선보일 만한 책으로 탄생했습니다. 김지영 선생님께 특별히 감사의 말씀을 남깁니다.

이제 책을 세상에 내보내려 합니다. 이 책이 '내일의 도시'를 살아갈 세대의 판단과 선택에 조금이라도 도움이 됐으면 좋겠습니다. 여러분은 어떤 도시에 살고 싶으신가요?

2021년 7월

최성용

세 번째 이야기
도시 개발, 어떻게 해야 지속가능할까?

네 번째 이야기
작은 실험이 도시를 바꿀 수 있을까?

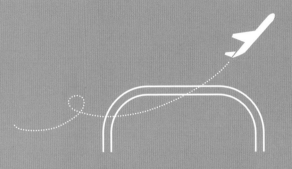

첫 번째 이야기

편하디편한 도시 생활, 이대로 괜찮은 걸까?

#01

자동차 시대에 던지는 질문,
도로의 주인은 누구인가

#육교 #지하보도 #횡단보도 #버스베이

고가도로와 지하도로가 생긴 이유

자동차는 현대 도시 생활의 필수품입니다. 여행길에, 회사나 학교를 오갈 때 자동차가 없다고 상상해 보세요. 생각만으로도 불편하지요? 자가용 승용차가 있으면 출발지의 주차장에서 도착지의 주차장까지, 길을 한 발짝도 걷지 않고 원하는 곳까지 갈 수 있습니다. 온라인으로 주문한 물건을 다음 날 받아 볼 수 있는 것도 집 앞까지 택배 트럭이 올 수 있기 때문에 가능한 일이고요.

편리한 자동차 생활을 위해 도시는 그에 걸맞은 기반 시설을 갖취야 합니다. 넓고 평탄한 도로, 주차장, 효율적인 교통신호 체계 같은 것이 필요하지요. "어떻게 하면 더 편하게, 더 많은 사람을, 더 빠르게 자동차로 이동시킬 수 있을까?" 이 문제를 고민해 정책적으로 풀어야 하는 것입니다. 그럼 우리나라 도시는 어떤 정책을 펴 왔을까요? 서울을 예로 들어 보겠습니다.

6·25 전쟁 이후 서울의 도로는 엉망진창이었습니다. 울퉁불퉁하고, 곳곳이 파헤쳐져 있고, 길이 넓지도, 많지도 않았습니다. 그런데 인구는 엄청나게 늘어났습니다. 1953년에 100만 명이던 서울의 인구는 불과 6년 만인 1959년 200만 명이 됩니다. 1968년에는 400만 명을 돌파하고요. 교통 체증이 심각해질 수밖에 없었지요. 게다가 사람들의 이동은 대부분 도심을 향했습니다. 당시 서울의 기능이 사대문 안 도심에 집중되어 있었거든요. 도심의 교통 상황은 눈 뜨고 보기 힘들 정도였습니다.

교통지옥을 해결하기 위해 도로를 넓히고, 새로운 도로를 만들고, 시내버스를 증차하고, 더 큰 버스를 도입하기도 했지만, 급격히 늘어난 인구를 감당하기에는 역부족이었어요. 1970년대에 들어서자 시는 좀 더 공격적인 방법을 취합니다. 따로 도로를 낼 공간이 부족하자, 공중이나 지하를 활용해 새로운 길을 낸 것입니다. 이른바 '도로의 입체화'가 진행되었지요. 그렇게 해서 기존의 도로 위에는 고가도로가 들어섰습니다. 1967년 광희고가차도를 시작으로 1980년대까지 86개의 고가도로가 생겨났습니다.[1] 고가도로는 서울

1969년 3월, 개통을 며칠 앞두고 마지막 단장을 서두르고 있는 청계고가도로

현재 보행 공원으로 꾸며진 서울로는 원래 서울역고가도로였다.
이 도로는 1970년에 완공되어 45년 동안 자동차를 실어 날랐다.

의 상징이 되었어요. 서울에 처음 와 본 사람들은 도심을 복잡하게 연결하는 고가도로를 보고 감탄사를 연발했습니다. 땅 아래에는 지하도로가 건설됐습니다. 1971년을 시작으로 10년 만에 23개의 지하도로가 완성됐지요. 고가도로와 지하도로 덕분에, 자동차는 교차로의 신호 대기를 생략하고 빠르게 이동할 수 있었습니다.

횡단보도 찾기가 왜 이렇게 힘들까

신호등을 피하기 위해 자동차만 공중과 땅속으로 간 것은 아닙니다. 횡단보도로 길을 건너는 사람들을 차도와 분리시켜 놓으면 자동차의 속도도 빨라지고, 길을 건너는 사람도 안전할 거라고 생각했어요. 그렇게 해서 만들어진 게 육교와 지하보도입니다. 공중과 땅속으로 보행자들을 보내고 나니, 횡단보도를 지울 수 있었지요. 초록불이 켜지면 잠시 멈춰야 했던 자동차들은 보행자들이 계단을 오르내리며 길을 건너는 덕분에 더 빨리 달릴 수 있었습니다. 1960~1970년대에 집중적으로 건설된 서울의 육교는 1999년 들어 250개에 달했어요.[2]

그 와중에 자동차 수가 급격히 늘어납니다. 국민소득이 증가하면서 승용차를 소유하려는 사람들이 많아졌거든요. 1980년만 하더라도 20만 대 수준이었던 서울의 자동차는 10년 만에 100만 대를 넘어섭니다. 그리고 불과 5년 후인 1995년에는 200만 대를 뛰어넘습니다. 15년 만에 자동차가 10배로 늘어났으니 교통 체증은 불 보듯

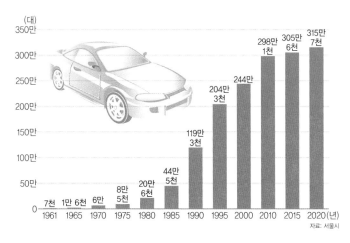

서울 자동차 등록 대수 추이
(단위: 대, 이륜차 제외)

(대)

년도	대수
1961	7천
1965	1만 6천
1970	6만
1975	8만 5천
1980	20만 6천
1985	44만 5천
1990	119만 3천
1995	204만 3천
2000	244만
2010	298만 1천
2015	305만 6천
2020	315만 7천

자료: 서울시

1980~1990년대에 자동차 등록 대수가 폭발적으로 증가했다.

뻔했습니다. 서울의 도로 정책은 자동차의 빠른 속도를 향해 나아갔습니다. 시민들도 지긋지긋한 교통 체증에서 벗어나기를 원했고요.

그런데 길에는 자동차만 다니는 게 아닙니다. 길을 걷는 사람도 있지요. 하지만 한정된 공간을 자동차에 먼저 내주다 보니, 다음과 같은 일이 일어났습니다. 인도가 말도 못하게 좁아지거나 사라져 버렸습니다. 좁은 공간에 길을 만들 때 차도가 우선이었거든요. 필요한 만큼 차도를 만들고, 남는 땅에 인도를 내는 식이었지요. 그러다 보니 어떤 길은 인도의 폭이 1m도 채 안 되었고, 아예 인도가 없는 곳도 생겼습니다. 가뜩이나 좁은 인도를 '버스베이(bus bay)'가 잠식해 버리기도 했습니다. 버스베이는 인도 쪽으로 움푹 들어간

인도 쪽으로 움푹 들어간 버스베이. 인도가 좁아져 보행이 불편하다.
정작 버스는 본선 진출입의 어려움 때문에 버스베이 안쪽에 정차하지 않는 경우가 많다.

버스 정류장을 말하는데, 버스가 정류장에서 정차할 때 교통 흐름을 방해하지 않게 하겠다는 취지로 1990년대 들어 대대적으로 만들어지기 시작했어요. 결과적으로 버스 정류장 앞에서 차도는 넓어지고 인도는 좁아진 셈이 됐지요. 기존의 인도가 넓을 때는 크게 문제 되지 않았지만, 그렇지 않을 경우엔 버스베이가 설치되면서 인도가 사라져 버리기 일쑤였어요. 그렇지 않아도 버스를 기다리는 사람들로 붐비는 버스 정류장에 버스베이까지 있으니 보행자는 더욱 통행하기 힘들었습니다. 하지만 당시 사람들은 버스베이의 등장을 반겼습니다. 자동차가 더 빨리 달릴 수 있었으니까요.

점차 더 많은 육교와 지하보도가 만들어졌습니다. 자동차의 원활한 통행을 위해서는 보행자가 불편을 감수해야 한다는 사회적 분위기 속에서, 노인이나 몸이 불편한 사람들도 군말 없이 다리를 붙잡고 계단을 오르내렸지요. 새로운 지하철 개통으로 지하보도가 만들어지면, 원래 있던 횡단보도는 가차 없이 지워졌습니다. 차량의 흐름을 방해하는 횡단보도는 최소한으로 설치되었습니다. 10여 년 전만 해도 서울뿐만 아니라 전국 대도시 도심에는 수 킬로미터에 걸쳐 횡단보도가 하나도 없는 도로가 많았어요. 그 덕분에 자동차는 몇 분 더 빨리 갈 수 있었을지 몰라도, 휠체어를 타거나 유모차를 미는 이들처럼 계단 이용이 불가능한 사람들은 길을 건너기 위해 횡단보도를 찾아 수십 분을 돌아가야 했습니다. 상황이 이러하니 보행이 불편한 사람들은 아예 시내로 나오지 않는 경우가 많았어요. 아니면 목숨을 걸고 무단횡단을 하든가요.

그러자 보행자 교통사고가 증가했습니다. 횡단보도 없는 도로, 좁아진 인도, 빠른 자동차 속도…. 열악한 보행 환경이 위험천만한 사고로 이어진 것입니다. 보행자 교통사고가 정점을 찍었던 1991년, 전체 교통사고 사망자 1만 3,429명의 51%에 이르는 6,952명이 보행자였습니다.[3] 당시 유럽 대다수 국가의 전체 교통사고 사망자 중 보행자 비율이 10% 초반대였던 것을 생각해 보면 엄청나게 높은 수치지요. 특히 어린이 교통사고 사망자의 79.2%가 길을 걷는 중에 발생했어요. 자동차의 빠른 통행을 최우선으로 하는 도시가 만들어 낸 결과였습니다.

보행자는 마음 편히 걷고 싶다!

그런데 사람이 길에서 소외되고, 도시의 교통 정책이 자동차를 우선시하는 쪽으로만 나아가는 것이 과연 올바른 방향일까요? 서울이 자동차의 도시로 변모해 가던 1990년대 중반, 지금까지의 도시 정책에 대한 반성이 일기 시작했어요. 그동안 눈여겨보지 않았던 길에서의 사람의 권리, 즉 '보행권'을 주장하는 시민운동이 시작되었지요. 이들의 주장을 한번 들어 볼까요?

"횡단보도를 지우고 그 대신 육교를 만들면 노약자, 휠체어 장애인을 비롯한 보행 약자는 길을 건널 수 없다. 건강한 사람마저 길을 건너는 것이 힘겨워진다. 지워졌던 횡단보도를 복원하자. 사람들이 좀 더 편하게 걸을 수 있고, 걷고 싶은 마음이 드는 거리를 만들자."

많은 이들이 그 취지에 공감했습니다. 그리고 '걷고 싶은 도시'를 만들겠다는 시민들의 열망은 1997년 '서울특별시 보행권확보와 보행환경개선에 관한 기본조례'(서울시 보행조례) 제정으로 결실을 맺습니다. 그 뒤 서울시는 보행 환경 개선을 위한 적극적인 정책을 펼쳐 나갑니다.

도시의 도로 풍경이 조금씩 바뀌기 시작했습니다. 오래된 육교부터 하나둘씩 철거되고, 그 자리에 횡단보도가 생겼습니다. 횡단보도의 보도 턱이 낮아지면서 휠체어와 유모차가 쉽게 이동할 수 있게 됐고요. 지하철역에는 에스컬레이터와 엘리베이터가 생기면서 대중교통 이용이 훨씬 편리해졌습니다. 자동차 통행이 금지된 '걷고

2014년 조성된 신촌 연세로 대중교통전용지구. 일반 차량의 통행이 제한되고 자전거와 시내버스, 구급차만 다닐 수 있다(택시는 심야에 통행 가능). 매주 금요일 오후 2시부터 일요일 오후 10시까지는 '차 없는 거리'로 운영된다.

싶은 거리'가 조성되기도 했습니다. 그러자 사람들이 자동차 눈치를 보지 않고 마음껏 길을 걸어 다닐 수 있게 됐고, 거리를 찾는 사람들이 늘어나면서 가게의 장사가 잘되기 시작했지요. 덕수궁 돌담길의 도로는 구불구불하게 바뀌었습니다. 자동차가 천천히 다니게 하려고 설계를 다시 한 것이지요. 2021년 4월부터는 우리나라 도시의 차량 제한속도가 일반도로는 시속 50km, 주택가 등 이면도로는 시속 30km로 낮아지기도 했습니다.

도심으로 오는 자동차의 양을 줄이는 정책도 시행됐습니다. 도심의 주차 요금을 올려 도시의 번화한 거리로 승용차를 가져오는 일이 부담되게 만들었지요. 또한 도심을 오가는 남산터널 이용 차량 중 3인 미만 탑승 차량은 혼잡 통행료를 내야 했습니다. 연세대학교와 신촌역을 잇는 연세로는 버스만 다닐 수 있는 대중교통전용지구가 되었습니다. 그 과정에서 차도는 줄이고, 보도를 넓혔습니다. 이렇게 차도를 줄이는 '도로 다이어트'가 서울 시내 20여 곳에 적용되었습니다. 차로의 수를 줄이고, 보도의 폭을 넓히고, 차량 제한속도를 낮추고, 보행자의 눈높이에 맞춰 거리를 아름답게 가꿨지요.

그뿐이 아닙니다. 자동차가 다니던 청계고가도로는 철거하고, 도로 아래 감춰져 있던 청계천을 복원해 시민의 공간으로 만들었습니다. 차도에 빙 둘러싸여 시민들의 접근이 불가능했던 서울시청 앞 광장은 서울광장이라는 이름을 얻고 시민들이 자유롭게 이용할 수 있는 보행 광장으로 탈바꿈했습니다. 인사동길은 평일에는 자동차가 다니지만 주말에는 오직 사람의 길로 바뀝니다. 그 길을 전 세계에서 온 사람들이 가득 메우지요.

서울시의 행보는 전국의 여러 도시에 영향을 주었어요. 많은 도시에서 보행조례를 제정하고 보행 환경을 개선했습니다. 자동차의 속도보다 사람의 안전과 보행을 중시하려는 경향이 생겨났지요. 도시의 길이 사람에게로 돌아오고 있습니다.

아, 그사이 보행자 교통사고 사망자 수는 어떻게 변했냐고요? 1991년 6,952명에서 꾸준히 줄어들어 2018년에는 1,443명이 됩니다. 전체 교통사고 사망자 수도 1만 3,429명에서 3,781명으로 크게 줄었고, 교통사고 사망자 중 보행자의 비율도 51%에서 38.2%로 감소했지요.[4] 자동차의 거리가 사람의 거리로 바뀌며 생긴 변화입니다. 하지만 아직 많이 부족합니다. 우리나라 인구 10만 명당 교통사고 사망자 수는 OECD 회원국 평균의 1.6배이고, 보행 사고 비율 역시 OECD 회원국 평균의 2배가 넘거든요. 큰 변화가 있었지만, 아직 갈 길이 많이 남아 있지요.

길은 통행로 그 이상이다

여러분에게 도시의 길은 어떤 의미가 있는 공간인가요? 대부분이 출발지와 목적지를 연결하는 '통행로'로서의 역할을 떠올릴 것입니다. 하지만 그것이 전부는 아닙니다. 우리는 홀로 길을 걸으며 사색에 잠기고, 새와 나무 같은 자연을 만나기도 합니다. 친구와 함께 뛰어놀거나, 이웃과 우연히 만나 인사를 나누고, 전혀 모르는 이들의 행동을 구경하며 사람들과 교류합니다. 어떤 이는 길에서 장사를 하고, 전단지를 나눠 주기도 합니다. 시위, 버스킹, 운동, 산책, 쇼핑 등 다양한 일이 길에서 일어납니다. 길이 이런 역할을 제대로 하지 못한다면 도시는 삭막해지고 재미없는 곳이 될 것입니다.

그런데 도시의 길에서 최우선시되는 것이 자동차이고, 대다수 사람이 자동차로 이동한다고 생각해 봅시다. 이때의 길은 빨리 지나갈수록 좋은, 통행로 이상의 의미를 갖기 어렵습니다. 하지만 도시를 걷는 사람이 많아지면 길의 의미는 어떻게 바뀔까요? 사람들이 걷기 좋아하는 길은 그저 빠르게 지나갈 수 있는 길이 아니라 천천히 거닐고 싶고, 멈추고 싶어지는 길입니다. 길가에서 재미있는 일이 일어나거나, 멋진 물건이 전시된 상점이 즐비하거나, 누군가 버스킹을 하고 있거나, 잎이 무성한 나무가 그늘을 드리우는, 그런 길 말입니다. 자동차에서 내려 길을 걷는 사람이 많아진다는 것은, 길의 재미와 역할이 속속 발견된다는 뜻이기도 합니다.

그렇기 때문에 자동차 중심의 거리가 사람 중심의 거리로 바뀌는 일은 단순히 걷기 편한 길로 바뀌었음을 의미하지 않습니다. 걷고 싶은 거리가 많아지고, 그 길을 걷는 사람이 늘어나면, 그로 인해 시민의 일상이 작은 부분에서부터 변화하거든요. 더 안전해지고, 우연한 만남이 늘어 이웃과 더욱 가까워지고, 동네 상점은 손님들로 북적이게 되고, 공동체 구석구석이 더 건강해지지요. 느린 속도로 걸으며 온몸으로 도시를 느낀다면, 자신이 살아가는 도시를 사랑하고 가꾸려는 마음도 커지지 않을까요? 반대로 우리가 모두 자동차로 이동한다면 '통행로로서의 길'만 남게 될 테고, 길이 우리에게 주는 즐거움과 가치는 사라져 버릴 것입니다. 그런 도시에 애정을 담기는 어렵지요.

도시는 곧 거리다

길이 어떤 모습을 하고 있는지가 중요한 것은 도시에서 길이 차지하는 비중이 크기 때문이기도 합니다. 예전에 서울의 3개 마을(북촌, 서촌, 행촌)을 선정해서 그 마을에 있는 외부 공공 공간의 면적을 조사한 적이 있습니다. 외부 공공 공간은 놀이터, 공영 주차장, 공원, 광장 등 사람들이 큰 제약 없이 접근할 수 있는 실외의 공공 공간입니다. 저는 그중 길이 차지하는 비율이 얼마나 될지가 궁금했던 것이지요. 예상대로 외부 공공 공간의 총 면적에서 길의 비율은 절대적으로 높았습니다. 관광지 성격을 띠면서 도시의 주요 공공 기관(국립현대미술관, 정독도서관, 헌법재판소)이 들어선 북촌의 경우, 길이 차지한 비율이 63.3%였습니다. 북촌과 비슷한 풍경이지만 공공 기관이 상대적으로 적었던 서촌에서는 길의 비율이 90.4%에 이르렀고요. 세 마을 중 가장 일반적인 주거지의 특성을 가진 행촌은 길의 비율이 98%에 달했습니다.[5]

공간적으로뿐만 아니라 시간적으로도 도시의 공공 공간 가운데 길이 차지하는 비율은 절대적입니다. 우리는 공원이나 광장에 가기도 하고, 국공립 박물관이나 미술관, 수영장을 찾기도 하는데 이런 곳에 갈 때는 대개 마음먹고 집을 나서야 합니다. 그러나 길은 늘 지나다닐 수밖에 없는 공간입니다. 공원에 가지 않는 날은 많지만, 길을 지나지 않는 날은 거의 없지요. 그러니 도시의 길이 어떤 모습을 하고 있는지는 그 도시를 살아가는 사람들의 삶에 지대한 영향을 줄 수밖에 없습니다.

길의 현재 모습은 지금 이 도시에 살고 있는 사람들이 중요하게 생각하는 가치를 반영합니다. 길의 대부분을 거리낌 없이 자동차에 내어 주고 있다면, 그건 바로 그 도시 구성원이 길을 거니는 사람보다 자동차의 **빠른** 속도를 더 중요하게 생각하는 것입니다. 길에서 풀과 나무, 곤충과 새를 자주 볼 수 있다면, 시민들이 자연을 소중히 여기고 있음을 말해 줍니다. 걷고 싶은 길이 많아지고 아이들과 뛰어놀 수 있는 길이 늘어난다면, 시민들의 가치가 그렇게 바뀌고 있는 것이고요.

지난 70여 년 동안 도시의 길은 끊임없이 변해 왔습니다. 지금 우리는 길을 어떻게 정의하고 있을까요? 길은 우리 도시의 어떤 면을 반영하고 있을까요? 앞으로 여러분이 만들고 싶은 길의 모습은 어떠한가요?

덕수궁 돌담길,
우리나라 최초의 트래픽 카밍 거리

덕수궁 돌담길에 가 봤나요? 차를 타고 휙 지나가기에는 아깝다는 생각이 들 거예요. 거리의 운치를 즐기며 걷고 싶다는 생각이 절로 들거든요. 실제 이곳 거리의 모습을 찬찬히 살펴보면 자동차보다는 사람을 위해 만든 공간이라는 세심한 배려가 군데군데 눈에 띕니다.

덕수궁 돌담길은 보행권에 대한 인식이 생겨나던 1997년을 시작으로 몇 차례의 공사를 거쳐 지금의 모습을 갖추었습니다. 공사의 핵심은 걷기에 좋고, 자동차로 다니기에는 불편하게 만드는 데 있었습니다. 이 길에는 자동차 속도를 낮추기 위한 여러 가지 기법이 적용되었습니다. 이러한 기법을 교통정온화(交通靜穩化), 또는 트래픽 카밍(traffic calming)이라 부릅니다. 그럼 덕수궁 돌담길에는 어떤 기법들이 적용되었을까요? 돌담길의 시작점인 대한문에서 출발해 보겠습니다.

우선 이곳에 진입한 운전자는 '이 길은 뭔가 다르다'고 느낄 겁니다. 여느 도로 같지 않게 아스팔트가 아닌 돌로 포장되어 있거든요. 속도를 내는 데 적합하지 않은 돌포장으로 운전자에게 온몸으로 느껴지는 경고를 하는 셈입니다. 또 1차선의 도로는 폭이 좁고 구불구불합니다. 도로 양편에는 노란색 선을 그어 놓아 운전자가 체감하는 차선폭은 더 좁습니다. 한때는 노란색 차선을 지그재그 모양으로 그어 놓기도 했습니

덕수궁 돌담길은 양쪽 인도(붉은색)에 비해 가운데 차도(회색)의 폭이 훨씬 좁다.

다. 모두 자동차의 속도를 줄이기 위함입니다.

과속방지턱도 보이네요. 과속방지턱은 가장 대중적인 트래픽 카밍 기법입니다. 노란색과 하얀색을 번갈아 빗금을 치고 얕은 경사를 만들어 놓습니다. 때에 따라서는 실제 경사는 만들지 않고 페인트만 칠해 둔 경우도 있습니다. 요즘에는 아예 횡단보도 전체를 과속방지턱처럼 높여 만드는 고원식 횡단보도를 설치하는 곳도 많습니다. 이런 장치들 앞에서는 자동차가 자연스럽게 주행속도를 줄이게 됩니다.

돌담길의 끝에 다다랐을 때 또 눈에 띄는 독특한 도로가 있습니다. 바로 정동교회와 서울시립미술관 앞 사거리의 회전교차로입니다. 신호등이 없는 대신 차들이 동그란 길을 빙빙 돌아 원하는 방향으로 나가도록 한 것입니다. 사실 신호등의 초록불은 운전자에게 '차가 우선이니 빨리 가도 좋다'는 신호를 줌으로써 빠른 속도를 유발하는 측면이 있습니다. 하지만 회전교차로를 통과하기 위해서는 일단 서행해야 합니다. 물론 차량 통행량이 많은 넓은 도로에는 회전교차로가 어울리지 않지만, 덕수궁 돌담길과 같은 좁은 도로에서는 사고도 줄이면서 차량 흐름을 원

차도를 구불구불하게 만들어 차량이 속도를 내지 못하게 되어 있다.

활하게 하는 효과가 있습니다. 특히 사고가 나더라도 경미한 접촉 사고에 머무는 경우가 많습니다. 아, 그리고 덕수초등학교 앞 도로는 빨간색으로 포장되어 있네요. 어린이보호구역임을 운전자에게 알리기 위해서입니다.

덕수궁 돌담길은 우리나라 최초로 트래픽 카밍 기법을 종합적으로 적용한 도로입니다. 현재 이런 다양한 트래픽 카밍 기법은 점차 모든 도시로 확대되는 중입니다. 여러분이 살고 있는 곳의 도로는 어떤가요? 차량 주행속도보다 보행자의 편리성을 중시하는 사람 중심의 도로가 만들어지고 있나요?

#02

——— 게이티드 커뮤니티 ———

아파트 공화국,
무엇을 얻고 무엇을 잃었을까

#아파트 단지 #단독·다세대 주거지 #임대주택

한국 사람들의 아파트 사랑

아파트에 사는 것은 참 편리합니다. 누군가 길에 쓰레기를 버려
도, 밤새 눈이 내려도, 청소와 경비 업무를 맡은 분들이 치워 주지
요. 밤늦게 집에 돌아와도 주차할 곳을 찾아 동네를 몇 바퀴씩 돌
필요가 없습니다. 아파트 지하에는 주차장이 넉넉히 마련되어 있으
니까요. 지상에는 자동차도 잘 다니지 않고, 놀이터와 어린이집까
지 있으니 아이 키우기도 좋습니다. 최근에 지은 아파트에는 단지
안에 독서실, 헬스클럽에 수영장까지 갖춘 곳도 있습니다. 이런저런

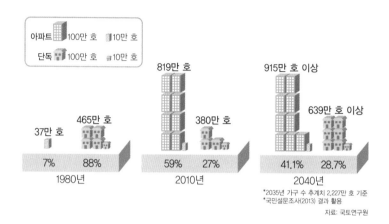

주택 유형 비중 및 희망 주택 유형

아파트 █100만 호 █10만 호
단독 🏠100만 호 🏚10만 호

37만 호
7%

465만 호
88%

1980년

819만 호
59%

380만 호
27%

2010년

915만 호 이상
41.1%

639만 호 이상
28.7%

2040년

*2035년 가구 수 추계치 2,227만 호 기준
*국민설문조사(2013) 결과 활용

자료: 국토연구원

지난 30년의 고성장 기간 동안 아파트 거주 비율은 8배 이상 상승했으며,
단독주택 거주 비율은 30% 아래로 하락했다.

편의 시설이 많아 단지 바깥으로 나가지 않고도 생활이 가능할 정
도입니다. 그래서 우리는 아파트에서 사는 것을 좋아합니다. 오늘도
어디에선가 아파트를 분양하고 있습니다.

단독주택, 빌라, 오피스텔, 상가주택, 한옥 등 여러 종류의 집이
있지만, 우리나라 사람들이 가장 선호하는 집은 단연 아파트입니다.
그에 걸맞게 우리 도시에서 아파트의 비율은 점점 증가했습니다.
1980년에는 전국 주택 중 아파트 비율이 7%에 불과했지만, 2016년
이 되면 60%를 넘어섭니다. 더 놀라운 숫자도 있습니다. 행정중심
복합도시로 새로 조성된 세종시의 경우 전체 주택의 84%가 아파트
입니다. 서울 송파구 가락동의 헬리오시티라는 아파트 단지에는

3만 명이 넘는 사람들이 살고 있는데, 충북 단양, 전남 곡성, 전북 순창 등 인구 3만 명이 안 되는 군(郡)이 20개 가까이 되는 점을 감안하면 웬만한 기초자치단체의 인구가 하나의 아파트 단지 안에 살고 있는 셈입니다.

우리는 아파트가 가득한 도시에 익숙하지만, 전 세계로 눈을 돌려 보면 이는 보편적인 일이 아닙니다. 우리나라의 독특한 현상이라고 봐도 좋을 정도로 아파트가 많고, 또 다들 아파트에서 살기를 좋아합니다. 이런 현상이 신기해 보였는지 프랑스의 지리학자 발레리 줄레조(Valérie Gelézeau)는 우리나라 특유의 아파트 문화를 연구한 『아파트 공화국』이라는 책을 내기도 했습니다. 물론 그가 살고 있는 프랑스에도 대규모 아파트 단지가 존재합니다. 하지만 프랑스를 비롯한 대부분의 서구 국가와 우리나라의 아파트는 양과 질, 위치, 수요, 선호도, 역할 등 많은 면에서 차이가 납니다. 같은 아파트인데 왜 이런 차이가 생겼을까요? 서울과 파리, 두 도시의 아파트 역사를 통해 그 배경을 알아보겠습니다.

파리 아파트와 서울 아파트, 첫 단추부터 다르게 끼웠다

아파트를 짓기 시작했을 무렵, 두 도시의 상황은 비슷했습니다. 전쟁으로 도시가 파괴되어 가뜩이나 집이 부족한 상태였는데(서울은 6·25 전쟁으로, 파리는 제2차 세계대전으로 도시가 초토화되었어요), 설상가상으로 시골에서 많은 사람이 몰려왔습니다. 주택 부족은 두 도시의 시급한 문제가 되었지요. 당시 주택난 해결을 위한 효율적인 수단으로 떠오른 것이 한 번에 많은 집을 공급할 수 있는 아파트였습니다. 파리와 서울, 두 곳에서 아파트를 짓기 시작했습니다.

'빠른 시간에 많은 주택을 공급한다'는 같은 목표를 바라보고 아파트 건설이 시작됐지만, 그 방식은 달랐습니다. 파리에는 낮은 임대료를 내고 긴 기간 동안 빌려 살 수 있는 장기 임대 아파트가, 서울에는 돈을 내고 사고파는 분양 아파트가 주로 만들어졌습니다.

파리의 아파트는 처음부터 시민을 위한 주거 복지 공간인 '사회주택(Social Housing)'으로 기획됐습니다. 집은 사람이 살아가는 데 꼭 필요한 기본 요소이므로 국가가 책임져야 한다는 생각이 바탕에 깔려 있었지요. 따라서 아파트의 대부분은 이윤을 추구하는 민간 건설사가 아닌 공공 영역 또는 공공성을 띤 준공공 개발자가 짓게 되었습니다. 아파트를 지을 때 필요한 자금도 사회임대주택기금 등 공공 자본을 통해 조달했습니다. 공공 자본은 아주 낮은 이자로 장기간에 걸쳐 돈을 빌려줬습니다. 이런 조건을 바탕으로 파리의 아파트는 저렴한 임대주택으로 대량 공급되며 서민들의 주요 생활공간으로 자리 잡았습니다.

반면에 서울의 아파트는 사고파는 상품이 되었습니다. 아파트 건설 자금은 민간 금융기관을 통해 조달되었습니다. 국민주택기금과 같은 공적 기금이 있었지만, 그 운영 방식은 민간 자본과 별반 차이가 없었습니다. 파리에서와 같이 낮은 금리로 장기간 빌려준 것이 아니라, 민간 자본과 같은 단기 융자 방식으로 대출해 줬거든요. 건설 회사는 돈을 빨리 갚아야 하니 프랑스에서와 같은 임대주택을 짓기 어려웠습니다. 집을 빨리 '팔아서' 빚을 갚아야 했지요.

파리에서는 공공이 나서서 아파트를 지은 반면, 서울은 민간 건설사가 아파트를 지었습니다. 물론 한국에도 대한주택공사(현재 한국토지주택공사)와 같은 공공 건축 기관이 있었고 1960년대에는 서민을 위한 소형 평수의 아파트를 주로 지었지만, 그곳 역시 아파트를 지어 '분양'했으니 민간 건설 회사와 크게 차이가 없었습니다.[1]

시민들에게 외면받고 만 파리의 아파트

아파트 단지에 대한 사회적 인식과 수요도 상반된 길을 걸습니다. 파리의 아파트는 위험지역이라는 인식과 함께 저소득층의 주거 공간이 되었습니다. 반면에 서울의 아파트는 선호하는 주거 형태가 되었고 중산층 이상의 소득을 가진 사람들이 주로 살고 있습니다. 왜 이런 차이가 생겼을까요? 먼저 파리로 가 보겠습니다.

파리의 아파트 단지는 시내와는 멀리 떨어진 교외에 대규모로 지어졌습니다. 기존의 복잡한 도시를 벗어나 넓은 녹지를 가진 쾌적한 주거 단지를 만들었던 것이지요. 당시 계획가들은 이런 아파트 단지를 사람들이 좋아할 거라고 생각했습니다. 처음에는 그 생각이 맞는 듯했습니다. 1960년대까지만 하더라도 중산층과 새로 사회생활을 시작하는 청년들이 파리 외곽의 아파트 단지에 많이 살았

파리에서 북쪽으로 17km 정도 떨어진 빌리에르벨(Villiers-le-Bel)의 아파트 단지.
이 같은 대규모 주택 단지는 1980년대 이후 빈민층의 피난처로 고립되었고
사회 갈등이 심화되면서 슬럼화된다.

습니다. 하지만 결국 아파트 단지는 파리 시민들의 마음을 사로잡지 못했습니다. 녹지는 지나치게 넓었습니다. 사람 한두 명이 가끔 지나가는 횅한 녹지는 쾌적하다기보다는 위험하게 느껴졌지요. 도시 안에는 넓은 녹지뿐 아니라 여러 상점과 공공시설, 업무시설 등이 어우러져야 하는데, 프랑스의 아파트 단지는 넓은 길과 녹지, 주택이 대부분인 단조로운 공간으로 구성되었습니다. 거리의 활력이 떨어졌습니다. 사람들의 직장과 학교가 대개 파리에 있었기에, 먼 교외의 아파트 단지에서 파리를 오가는 일은 몹시 불편했습니다. 파리와 동떨어진 공간에 집만 대규모로 있는 상황이 된 것이지요.

아파트 단지 자체적으로도, 아파트 단지와 기존 도시인 파리와의 관계 속에서도 조화롭지 않았던 셈입니다. 이런 프랑스의 대규모 아파트 단지를 일컬어 '그랑 앙상블(grand ensemble)'이라 하는 것은 역설처럼 느껴집니다. 앙상블은 '함께, 한꺼번에'라는 뜻과 함께 '조화롭게'라는 뜻도 가지고 있는데, 한꺼번에 많은 집을 지었지만 조화를 이루지는 못했으니까요.

시간이 흐를수록 경제적 능력이 있어 그랑 앙상블을 떠날 수 있는 사람들은 파리로 돌아갔습니다. 건설 초기, 다양한 계층이 모여 살던 파리 근교의 아파트 단지는 점점 저소득층의 공간으로 바뀌어 갔지요. 아파트 단지에서 몇 차례 폭동까지 일어난 후 이곳을 향한 시선은 더욱 나빠졌습니다. 이런 과정을 거쳐 프랑스 사람들에게 아파트 단지는 피해야 할 곳으로 인식됐습니다.

모두가 사랑해 마지않는 서울의 아파트

그렇다면 서울은 어떨까요? 모두가 알다시피 서울의 아파트는 많은 이들이 선호하는 주거지입니다. 하지만 서울 사람들도 처음부터 아파트를 좋아했던 것은 아닙니다. 1958년 한국 최초의 아파트인 종암아파트가 건설됐을 때, 이승만 대통령까지 나서서 '편리한 수세식 화장실이 집 안에 있는 현대적인 건물'임을 역설했지만 서울 시민들의 마음을 사로잡지는 못했습니다. 마당도 없고, 기존의 집과는 다른 구조인 아파트는 왠지 낯설었지요. 게다가 서민들

대한민국 최초의 아파트인 종암아파트 전경

1970년, 준공된 지 석 달여 만에 무너져 내린 와우아파트

을 위한 시민아파트로 지어진 와우아파트가 부실시공으로 무너져 34명이 사망한 이후에는 아파트에 대한 인식이 더욱 나빠졌습니다. 이러한 상황은 1970년대에 들어서면서 바뀌기 시작합니다.

와우아파트 붕괴 사고 이후 시민아파트 건설은 중단되고, 중산층을 위한 아파트가 본격적으로 건설됩니다. 전 세대 중앙난방을 하는 아파트가 속속 생겼습니다. 당시만 해도 서울의 난방은 연탄보일러가 도맡았고, 겨울이면 연일 연탄가스 중독 사고를 알리는 기사가 뉴스에 나왔으니, 연탄가스 걱정 없고 연탄을 갈아야 하는 불편도 없는 중앙난방은 아주 인기가 많았지요.

거기에 더해 대형 평수의 아파트가 공급되면서 아파트는 중산층이 거주하는 좋은 주거지로 인식되기 시작했습니다. 1971년에 지어진 동부이촌동 단지는 20~80평형이, 강남 개발의 신호탄이 된 반포 단지는 22~64평형이 들어섰습니다. 이전까지의 아파트가 대부분 10~15평 정도였던 것과 비교하면 굉장히 넓어진 것이지요.

1973년 3,590세대의 규모로 지어진 반포 단지는 대단지 아파트의 시초이기도 합니다. 이후 아파트 단지는 점점 대형화됩니다. 대형 아파트 단지는 파리와는 달리 시내에, 또는 시내와 가까운 곳에 지어졌습니다. 사람들이 살아가는 데 필요한 다양한 종류의 상점도 아파트 단지 안에 함께 들어왔습니다. 넓은 평수의 집이 모여 있는 대단지 아파트는 높은 집값을 부담할 수 있는 사람들만이 거주할 수 있는 공간이 되었습니다. 중산층과 부유층이 모여 사는 세련

1973년 입주가 시작된 반포주공아파트는 강남에 건설된 최초의 대단지 아파트였다.

된 주거 공간이라는 이미지가 널리 퍼지면서 아파트의 인기는 높아져 갔습니다.

한편 빠른 시간 안에 많은 집을 짓고 싶었던 정부는 아파트 건설을 촉진하기 위한 각종 제도를 만들어 냅니다. 국세, 지방세 등 아파트 건설사가 납부해야 하는 세금을 면제해 주고, 아파트를 지을 수 있는 넓은 땅을 쉽게 구할 수 있도록 해 주었습니다. 아파트를 짓는 자금을 쉽게 조달할 수 있는 '선분양'이라는 제도도 생겼습니다. 선분양은 건물을 다 지은 후 분양하는 것이 아니라 완공 전에 분양이 이루어지는 것을 의미합니다. 신축 아파트를 사고자 하는 사람들이 모델하우스에 가서 가상의 집을 살펴본 후 아파트를 계약하는 방식입니다. 건설사가 첫 삽도 뜨기 전에 소비자가 계약금을 지불하고, 건설 중간에 중도금을 내고, 최종적으로 아파트가 완공됐을 때 잔금을 납부하지요. 아파트 구매자는 완공된 아파트를 보지도 못한 상태에서 집을 사는 셈이었지만, 건설사는 미리 돈을 받아 그 돈으로 아파트를 쉽게 지을 수 있었습니다. 다 지은 다음에 안 팔릴까 봐 걱정하지 않아도 됐습니다. 아파트를 지으면 돈을 쉽게 벌 수 있는 환경이 만들어진 것이지요. 많은 건설사가 생겨났고, 열심히 아파트를 지었습니다.

이렇게 아파트의 공급과 수요는 함께 늘어 갔습니다. 그런데 공급에 비해 수요가 폭발적으로 증가했지요. 아파트를 분양받으려는 열기가 과열되자, 1977년 아파트 분양권 추첨제가 도입됐습니다. 아파트를 분양받으려면 추첨에 뽑혀야 했습니다. 아파트 분양권은 복권처럼 여겨졌습니다. 구매자들은 일단 계약금만 내면 아파트를 살 수 있었는데, 시간이 흘러 아파트 입주가 시작될 무렵이 되면 처음 계약했을 때보다 아파트 가격이 크게 오르니 분양권만 당첨되면 큰돈을 벌 수 있었기 때문입니다. 아파트는 모두가 살고 싶은(또는 갖고 싶은) 주택이 됐습니다.[2]

1990년대에는 자이, 래미안과 같은 브랜드 아파트가 생기면서 아파트 단지의 주거 환경이 또 한 차례 변화합니다. 삼성아파트, 현대아파트와 같이 건설사 이름만 붙여 판매되던 아파트가 고급화를 내세우며 고유의 브랜드 입는 순간, 더 높은 가격으로 더 잘 팔기 위한 건설사들의 노력과 경쟁은 점점 치열해졌습니다. 지하에 주차장을 넣고, 지상은 차 없는 마을로 만들었습니다. 공원 못지않은 멋진 조경이 단지를 채웠고, 그 사이에 건물이 자리 잡으면서 공원 안에 집이 있는 쾌적한 공간이 됐습니다. 놀이터와 경로당 정도였던 커뮤니티 시설은 헬스클럽, 수영장, 독서실, 키즈카페 등으로 확대되었습니다. 사람들은 아파트에서의 삶을 더 좋아하게 됐습니다.

아파트 공화국이 되면 생기는 일

지금까지 우리나라 아파트가 중산층이 선호하는 주택이 된 배경을 살펴보았습니다. 그럼 이렇게 단독·다세대 주거지가 대규모 아파트 단지로 바뀔 때 도시에는 어떤 일이 일어날까요?

우선 비슷한 집들이 많아지니, 개인의 필요와 생활 패턴에 맞는 주택을 구하기가 어려워집니다. 아파트는 비슷한 표준형 구조를 갖고 있습니다. 대중적 크기인 24평형 아파트를 살펴보면, 양쪽 끝으로 안방 하나와 건넌방 두 개가 있고 가운데에 가장 넓은 공간을 거실이 차지합니다. 거실을 마주 보는 위치에는 주방이 놓이고요. 거실 대신 넓은 방을, 작은 방 두 개보다는 큰 방 하나를 원하는 사람도 있지만, 우리는 아파트가 제시하는 도면에 맞춰 살도록 요구됩니다. 이렇게 비슷한 모양의 집을 갖게 된 데는 여러 이유가 있지만, 무엇보다 아파트를 쉽게 사고팔려는 이들이 많기 때문입니다.

우리 도시에서 아파트는 사람들이 '사는(living)' 곳이기도 하지만 재산 증식을 위해 '사는(buying)' 물건으로도 여겨집니다. 아파트를 사고팔아 돈을 벌기 위해서는 원하는 시기에 쉽게 팔아 현금화할 수 있는, 높은 환금성이 중요합니다. 그렇다 보니 독특한 설계로 수요가 한정적인 아파트보다는, 보통의 사람들이 그럭저럭 만족하고 살 만한 표준 설계의 아파트가 선호됩니다. 더 팔기 쉬우니까요. 이런 집들이 도시를 가득 채우니, 개개인에게 딱 맞는 형태의 주거 공간을 찾기 어렵습니다. 주거 형태의 선택지가 한정적인 것입니다.

단독·다세대 주거지가 재개발을 통해 아파트 단지로 변할 때 기존의 낡고 불편한 주거지역은 더 살기 좋은 환경으로 바뀝니다. 고질적인 주차난은 넉넉한 지하 주차장으로 한 방에 해결됩니다. 자동차와 사람이 어지럽게 얽히던 골목길은 공원 같은 차 없는 거리로 바뀌고요. 기존에 볼 수 없던 독특한 놀이터도 곳곳에 생겨나고, 노인정, 헬스클럽, 수영장도 문을 엽니다. 낡고 불편했던 주거지는 단숨에 고급 주택단지로 화려하게 변신합니다.

동시에 그 마을에서 살던 사람들도 바뀝니다. 재개발 이전에는 다양한 주택에 다양한 계층의 사람들이 함께 모여 살았지만, 전면 철거 재개발과 함께 저소득층이 감당할 수 있는 저렴한 주택은 사라집니다. 원래 그 마을에 살던 사람들의 상당수는 형편이 되지 않아 동네를 떠나게 됩니다. 좋아진 주거 환경의 열매는 토박이들이 아니라, 새로 만들어진 아파트를 구매하는 사람들에게 돌아가는 꼴이지요. 마을을 떠날 수밖에 없는 사람들은 더 살기 좋아진 주거 환

서울 동대문구 이문휘경뉴타운 대상지. 기존 주택을 모두 철거한 후
몇만 세대의 신축 아파트가 들어선다. 이 과정에서 신축 아파트 비용을
감당할 수 없는 기존 주민들은 다른 곳으로 떠나야 한다.

경이 원망스럽습니다. 그리고 아파트를 사거나 빌릴 수 있는 소득
을 가진 사람들끼리 모여 살게 되지요. 재개발과 함께 계층 간의 교
류는 줄어들고, 그만큼 서로에 대한 이해도 줄어드는 셈입니다.

아파트 단지는 그 안에 거주하는 사람들에게는 좋은 주거 환경
을 제공하지만, 아파트 단지 주변에 사는 사람들에게는 나쁜 영향
을 미치기도 합니다. 단독·다세대 주거지를 떠올려 봅시다. 마을에
는 사람들의 집과 가게와 같은 사유지가 있고, 길, 공원과 같은 공
유지가 있습니다. 공유지는 사회 구성원이 함께 소유하고, 공동의
세금으로 관리하는 공간입니다. 남의 집에는 함부로 들어갈 수 없

지만, 공유지인 길을 걷는 데는 아무런 제약이 없습니다. 하지만 단독·다세대 주택이 철거된 자리에 생긴 아파트 단지 안의 길은 법적으로 아파트 입주민의 소유가 됩니다. 사유지이다 보니 아파트 주민 외 사람들의 단지 안 통행을 막는 일이 가능해집니다.

실제로 안전이나 소음을 이유로 외부인의 통행을 금지하는 아파트 단지가 늘어나고 있습니다. 아파트 단지 안의 길을 이용하면 금방 갈 수 있는 곳을 아파트 담장을 따라 수백 미터를 돌아가야 하는 상황이 생기지요. 이렇게 주변과의 관계를 끊고 문을 막아 버리는 공동주택 단지를 게이티드 커뮤니티(gated community)라고 부릅니다. '닫힌' 정도는 아파트마다 다릅니다. 어떤 아파트는 외부인 출입을 원천적으로 막고, 어떤 아파트는 특정 외부인의 출입을 막습니다. 또 어떤 아파트는 보행자는 막지 않지만, 차량은 막지요. 외부인이 들어와 어린이 놀이터를 이용하지 못하게 막는 아파트도 있습니다. 폐쇄적인 대단지 아파트가 생겼을 때 주변에 살던 사람들은 수십 년 동안 자유롭게 이용하던 공유지를 잃게 됩니다.

출입을 막는 일 같은 극단적인 상황이 벌어지지는 않더라도, 아파트 단지 하나가 만들어지면 주변 시가지에는 장벽으로 둘러싸인 커다란 공간이 생기는 것 같은 효과를 낳기도 합니다. 오른쪽 사진은 수도권에 있는 한 아파트 단지의 모습입니다. 첫 번째 사진은 단지 안에서 찍은 사진이고, 두 번째 사진은 단지 바깥의 모습입니다. 아파트 단지 입주자들이 이용하는 내부 공간에는 근사한 정원이 조

아파트 단지 내부에 근사한 정원이 만들어질 때,
아파트 외부는 콘크리트 장벽으로 막힌 답답하고 그늘진 거리가 된다.

성되어 있지만, 아파트 단지가 들어선 마을의 경관은 견고한 담장과 건물의 긴 외벽 탓에 삭막하고 단조롭습니다. 주변이 어떻게 되든 단지 안쪽의 전용 공간만 쾌적하면 그만인 것이지요. 이 아파트 담을 따라 걷는다고 상상해 봅시다. 걷고 싶은가요? 상점이 있고, 사람들의 사회적 교류가 이뤄지던 거리는 아파트 단지의 등장과 함께 '통행로로서의 길'만 남게 됩니다.

아파트 공화국에서 살아가기

프랑스의 아파트는 실패했습니다. 사람들이 살기를 꺼리는 공간이 됐고, 폭동의 장소가 됐습니다. 우리나라의 아파트는 성공했습니다. 사람들이 살고 싶어 하는 공간이 됐고, 쾌적하고 편리한 주거지의 대표가 되었습니다. 두 도시의 아파트 단지가 서로 다른 길을 걸을 때, 아파트를 품고 있는 도시 역시 다른 길을 갔습니다.

프랑스의 아파트 건설은 결과적으로 도시 외곽의 나쁜 주거 환경에 저소득층을 고립시키는 결과를 낳았습니다. 프랑스 정부는 그랑 앙상블의 실패를 인정하고 더 이상 짓지 않았습니다. 하지만 그랑 앙상블을 지을 때의 정신인 '국가가 국민의 주거를 책임진다'는 생각까지 버리지는 않았습니다. 프랑스는 여전히 서민들의 주거 복지를 위한 공공임대주택을 많이 짓습니다. 전체 주택의 17%가 공공임대주택입니다. 단, 그랑 앙상블과 같이 도시 외곽에 대단지 아파트를 올리는 방식이 아니라, 시가지 안의 개별 주택을 리모델링

하는 것에 주력했지요. 시민들은 아름다운 파리 시가지와 어우러진 집에서의 생활을 좋아했거든요. 그래서 우리가 '파리' 하면 떠올리는 중저층의 유서 깊은 건물이 들어차 있는 모습을 유지하면서 공공임대주택을 늘려 갔습니다.

반면에 서울은 상품으로서의 아파트 건설에는 성공했지만, 주거의 공공성이라는 중요한 요소는 놓쳤습니다. 오랫동안 시민들의 주거는 거의 전적으로 시장에 의존했습니다. 아파트를 처음 지은 지 50여 년이 지난 2005년, 우리나라의 공공임대주택은 2.7%에 불과했습니다. 다행스럽게도 이후 공공임대주택을 늘려 나가 2015년에는 8.2%까지 증가했습니다. 하지만 20% 안팎인 유럽 주요국에 비하면 아직 부족합니다.

한편 단독·다세대 주거지와 아파트 단지의 주거 환경의 격차는 점점 벌어졌습니다. 좋은 주거지가 되려면 집뿐만 아니라 집을 둘러싼 환경까지 좋아야 합니다. 아파트가 거대한 '단지'를 이루고 그 안에 사람들이 원하는 주거 환경을 갖춰 가는 사이, 아파트 단지 바깥에 있는 단독·다세대 주거지의 주거 환경은 정체되었습니다. 좋은 주거 환경에서 살고 싶은 사람들은 아파트를 구매하거나 빌리는 것 이외의 대안을 찾기 어려웠지요. 그러니 우리나라 사람들이 유독 아파트를 선호하게 된 것입니다.

공공 공간에 대한 우리의 투자는 부족했습니다. 단독·다세대 주거지의 주거 환경이 열악해지면, 그것을 차근차근 고쳐 나가기보다 모두 철거하고 아파트를 짓는 방식으로 주거 환경을 개선했습니다. 단독·다가구 주택지였던 곳이 재개발되어 거대한 아파트 단지가 들어서면 아파트 입주자들이 건설 비용을 부담하니, 세금을 별로 쓰지 않고도 주거 환경이 일시에 개선되는 효과를 낳았으니까요. 동시에 도시 곳곳에 대단지 아파트가 장벽처럼 세워졌습니다. 그렇게 아파트는 도시를 점령해 갔습니다.

어떤 경로를 걸어왔든, 우리는 아파트로 가득 찬 도시에 살아가고 있습니다. 아파트 없는 도시는 이제 상상하기 어렵습니다. 앞으로도 아파트는 계속 지어질 것입니다. 어차피 아파트와 함께 살아가야 한다면 아파트가 기존 도시와 잘 어우러질 수 있는 방법을 찾아야 합니다. 동네 사람들에게 폐쇄적이지 않은 아파트는 만들 수 없는 것일까요? 아파트에 사는 사람들은 주변에 어떤 태도를 가져야 할까요? 만약 누군가가 여러분이 살고 있는 아파트 단지를 통과하고 싶어 한다면, 아파트 단지 놀이터에서 놀고 싶어 한다면, 여러분은 어떤 태도를 보일 건가요?

'그들만의 섬'에서 벗어난
아파트 단지를 꿈꾸다

서울 강서구 방화동에는 오래된 차고지가 있었습니다. 1977년부터 민간 공항버스와 관광버스의 차고지 등으로 활용되었지만, 2012년을 끝으로 오랫동안 공터로 방치되어 있었지요. 서울시의 공공주택 공급을 담당하고 있는 서울주택도시공사(SH공사)는 옛 방화차고지 부지에 청년과 신혼부부를 위한 공공 아파트를 짓기로 결정하고 설계를 공모했습니다. 그런데 이 설계 공모의 지침이 독특합니다. 아파트 자체도 중요하지만, 새로 생긴 아파트가 기존의 마을과 어우러지고 함께 살아갈 수 있도록 설계되어야 한다는 조건이 붙은 것입니다.

2020년 8월 28일, 당선작이 공개되었습니다. 어떻게 설계되었는지 한번 살펴볼까요? 아파트가 들어설 땅의 전체 면적은 2,864m²입니다. 축구장 면적의 절반이 조금 안 되니 아파트치고 그렇게 넓은 편은 아닙니다. 지하 2층, 지상 11층 규모의 건물 세 동에 청년과 신혼부부를 위한 주택 112호, 그리고 주민들을 위한 생활 편의 시설이 함께 만들어집니다. 주거 동 중간중간에는 공유 테라스, 옥상 텃밭과 같은 공유 공간이 있어 입주민들 간의 교류를 유도합니다.

독특한 부분은 건물 저층부에 위치한 생활 편의 시설입니다. 열린 도서관, 우리 동네 키움 센터, 경로당, 주민 운동 시설 같은 공간은 입주민은

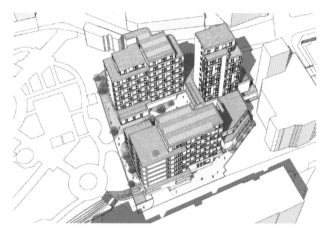

방화차고지 공공주택 당선작 조감도(설계: 금성종합건축사사무소)

물론 인근 지역 주민이 함께 이용할 수 있습니다. 건물 사이에 조성된 중간 마당도 마을로 열려 있습니다. 아파트 옆에는 예전부터 자리한 어린이 공원이 있는데, 중간 마당을 공원에서 이어지는 쪽에 배치해 아파트 입주민들의 공원 이용과, 공원을 이용하는 주민들의 중간 마당 이용이 모두 원활하도록 만들었습니다. 건물의 높이도 공원 쪽으로 갈수록 낮아지도록 배치해, 아파트가 주변 경관을 훼손하는 것을 최소화하려는 노력이 돋보입니다.

이름을 붙이자면 '청년, 신혼부부 주택과 주민 편의 시설이 어우러진 동네 친화적인 아파트 단지'라고나 할까요? 아파트 단지를 짓더라도 이렇게 주변 마을과의 공존을 염두에 둘 수 있습니다. 2023년 말에 완공 예정인 이곳 아파트는 동네를 어떻게 변화시킬까요?

쓰레기, 내 눈앞에서만
사라지면 끝일까

#쓰레기 소각장 #난지도매립장 #수도권매립지

도시, 쓰레기를 낳다

수십억 년 동안 지구 생태계의 물질과 에너지 순환은 균형을 이루었습니다. 동물은 생존에 필요한 물질과 에너지를 주변 환경에서 얻고, 배설물이나 사체 같은 삶의 부산물을 자신이 살던 곳에 남기지요. 그것은 빠르게 분해되어 또 다른 생명체의 물질과 에너지로 순환합니다. 이런 자연 생태계에서 '쓰레기'는 없습니다.

인간은 어땠을까요? 인간은 수렵 채집 시절부터 다른 동물보다 많은 물질과 에너지를 사용하며 살아왔습니다. 먹이와 집 정도만 주위에서 구했던 동물과 달리 생존과 편리, 재미를 위한 다양한 도구를 만들었고, 더 이상 사용하지 않는 물건을 쓰레기로 남겼지요. 하지만 오랫동안 이는 크게 문제 되지 않았습니다. 한번 만든 물건은 고쳐 쓰고, 재활용하고, 물려주며 오랫동안 사용했으니 생각보다 쓰레기가 많지 않았거든요. 버린 쓰레기도 쉽게 분해되어 자연으로 돌아갔고요.

도시가 발달하면서 상황이 달라집니다. 도시에 모여 사는 많은 사람이 한꺼번에 쓰레기를 배출하면서 자연이 감당하는 수준을 넘어섰거든요. 산업혁명 이후에는 공장에서 대량생산된 제품이 판매되고, 사용되고, 버려지면서 쓰레기 양이 급격히 늘어났습니다. 게다가 플라스틱처럼 쉽게 분해되지 않는 쓰레기가 많아졌습니다. 따로 치우지 않으면 도시에 쓰레기가 계속 쌓일 수밖에 없었지요. 쓰레기를 처리하는 일은 도시의 중요한 과제가 되었습니다.

우리가 버린 쓰레기는 어디로 가나

오늘날 우리 도시는 얼마만큼의 쓰레기를 배출할까요? 서울, 부산, 대구 같은 대도시를 살펴보겠습니다. 이들 도시는 각각 하루에 9,493톤, 3,337톤, 3,015톤의 생활폐기물을 배출합니다(2018년 기준). 이 양이 어느 정도인지 상상이 되나요? 위의 숫자는 생활폐기물만 해당하는 것입니다. 생활폐기물이란 가정이나 상점, 사무실 같은 곳에서 일상적으로 발생하는 쓰레기를 말하는데, 쓰레기 수거 차량

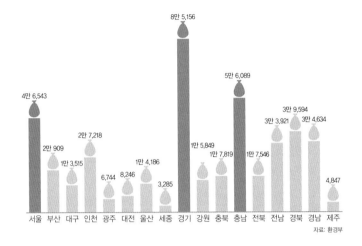

2018년 전국 시도별 쓰레기 발생량

(단위: 톤/일)

서울	부산	대구	인천	광주	대전	울산	세종	경기	강원	충북	충남	전북	전남	경북	경남	제주
4만 6,543	2만 909	1만 3,515	2만 7,218	6,744	8,246	1만 4,186	3,285	8만 5,156	1만 5,849	1만 7,819	5만 6,089	1만 7,546	3만 3,921	3만 9,594	3만 4,634	4,847

자료: 환경부

이 도시를 돌아다니며 실어 가는 쓰레기라고 생각하면 됩니다. 이 생활폐기물이 전체 쓰레기의 12.5%를 차지합니다. 여기에 건설폐기물, 산업폐기물을 모두 합하면 서울의 경우 하루에 4만 6,543톤의 쓰레기를 배출합니다.[1]

이렇게 어마어마한 양의 쓰레기가 쏟아져 나오고 있지만 우리는 쓰레기의 존재를 잘 인식하지 못하고 살아갑니다. 그 이유는 간단합니다. 밤에 쓰레기봉투를 문밖에 내놓기만 해도 다음 날 아침 우리가 집을 나서기 전에 모두 치워져 있기 때문이지요. 덕분에 하루에 수천, 수만 톤의 쓰레기를 배출해도 도시는 깨끗하게 유지됩니다.

그럼 우리가 버리는 쓰레기는 어떻게 처리될까요? 쓰레기 수거 차량을 한번 따라가 보겠습니다. 새벽 3시, 차고지를 나온 쓰레기차가 동네를 돌아다니며 쓰레기를 수거합니다. 이 작업은 보통 해가 뜨기 전에 끝이 납니다. 수거된 쓰레기는 도시의 외진 곳에 위치한 쓰레기 적환장에 모입니다. 이곳에서 쓰레기의 최종 목적지가 결정됩니다. 우선 종이류, 병류, 고철류 등 재활용이 가능한 쓰레기는 따로 분류되어 재활용 공장으로 갑니다. 나머지는 불에 타는지 여부에 따라 행방이 갈려요. 휴지나 기저귀같이 불에 타는 쓰레기는 쓰레기 소각장으로 보내 불에 태워 부피를 줄인 다음 매립하고, 깨진 그릇이나 도자기같이 불에 타지 않는 것은 곧바로 쓰레기 매립지로 가져가 땅에 묻지요. 간혹 재활용, 소각이 가능하더라도 재활용 시설과 소각장이 부족하면 매립지로 향하는 경우도 있습니다. 이렇게 재활용, 소각, 매립은 우리가 쓰레기를 처리하는 주된 방식입니다. 생활폐기물은 재활용 62.0%, 소각 24.6%, 매립 13.4%의 비율로 처리되고 있습니다.[2]

어쨌든 도시의 쓰레기를 처리하려면 재활용 공장, 소각장, 매립지가 꼭 필요합니다. 그런데 그런 시설을 도심에 짓기는 힘듭니다. '우리 동네에는 절대 들일 수 없다'는 정서가 지배적이거든요. 그래서 교외로, 심지어는 다른 나라로 멀찌감치 쓰레기를 보내 놓고는, 원래 쓰레기가 없었던 것처럼 나 몰라라 했습니다. 하지만 그 길이 막혀 버리면 쓰레기 문제의 실체가 금방 드러납니다. 2018년 봄, 우리나라 도시에 폐비닐이 쌓였던 때처럼 말이지요.

재활용 쓰레기의 수출길이 막히다

시작은 2016년 국제 영화제를 휩쓴 〈플라스틱 차이나〉라는 다큐멘터리 영화였습니다. 이야기는 대형 컨테이너선이 칭다오항으로 들어오는 장면으로 시작합니다. 항구에 도착한 컨테이너는 대형 트럭으로 옮겨집니다. 트럭은 많은 사람이 흥정을 벌이는 시장, 곡식이 노랗게 익어 가는 논 옆을 무심히 지나갑니다. 화면이 바뀌자 트럭 대신 폐비닐을 가득 실은 삼륜차가 등장합니다. 컨테이너에 담긴 채 바다를 건너온 물건은 폐비닐이었던 것이지요. 삼륜차는 칭다오 근처의 작은 시골 마을에 폐비닐을 쏟아 놓습니다. 그곳에는 이미 폐비닐이 산처럼 쌓여 있습니다.

영화는 거대한 폐비닐 더미 옆에서 살아가는 두 가족의 일상을 담담하게 보여 줍니다. 두 가족의 일터이자 집인 이곳에서 아이들은 폐비닐 더미를 뒤져 장난감을 찾아내며 놀고, 어른들은 재활용이 가능한 비닐을 골라냅니다. 골라낸 비닐은 여러 과정을 거쳐 재활용 가능한 플라스틱 칩으로 재생되지요. 이것이 주인공들의 밥벌이가 됩니다. 그런데 열처리를 하는 가공 과정에서 유독 물질이 나오는데도, 아무런 여과 장치가 없습니다. 쓸 만한 비닐을 골라낸 뒤 남은 쓰레기는 계속 쌓여 가고, 일부는 노상에서 그대로 태워지지요. 쓰레기로 먹고사는 이들의 몸은 망가지고, 생활은 나아지지 않습니다. 영화는 고층 빌딩이 모여 있는 화려하고 깨끗한 베이징 시가지를 보여 주다가, 불타는 비닐이 만들어 내는 검은 연기 속에서

〈플라스틱 차이나〉의 한 장면. 아이들은 어른들이 일하는 동안 쓰레기 더미에 방치된다.

놀고 있는 아이들의 모습을 비추며 끝납니다.

당시 중국은 세계 최대의 쓰레기 수입국이었습니다. 수입한 고철이나 플라스틱, 폐비닐 등을 재활용하며 필요한 자원을 싸게 얻었지요. 하지만 필요한 자원을 골라내고 남은 쓰레기는 그냥 방치되거나 태워져 환경을 오염시켰습니다. 대부분의 중국 사람들은 전 세계의 쓰레기통 노릇을 하는 중국의 현실을 잘 알지 못했습니다. 〈플라스틱 차이나〉가 세상 사람들에게 주목받기 전까지는 말이지요. 이 영화를 통해 실상을 알게 된 중국인들은 큰 충격을 받았고, 이는 쓰레기 수입 반대 운동으로 이어졌습니다. 2018년 봄, 중국은 24종의 재활용 쓰레기 수입을 전면 금지했습니다. 그러자 한국의 도시에 폐비닐이 쌓였습니다.

좀 더 정확히는, 아파트 단지에 폐비닐이 쌓였습니다. 아파트 단지는 폐기물 수거 업체와 계약해서 재활용 쓰레기를 팝니다. 여기엔 종이, 플라스틱 등 돈이 되는 것도 있었지만. 폐비닐처럼 돈은 별로 안 되고 처리하기 힘든 쓰레기도 있었습니다. 폐비닐은 재활용 시장에서 인기가 없고, 오히려 따로 소각하는 비용이 들 때가 많았거든요. 그래도 종이나 플라스틱을 팔아 얻은 수익으로 상쇄할 수 있으니, 업체들은 관행처럼 폐비닐도 함께 수거해 주었지요.

수거 업체는 사들인 종이, 플라스틱 등을 해외에 팔아 왔는데, 그 최종 도착지가 중국인 경우가 많았습니다. 그런데 중국이 재활용 쓰레기 수입을 금지하자, 업체들이 곤란해졌습니다. 전 세계적으로 폐지와 재활용 플라스틱의 가격이 폭락하며 수익이 악화됐거든요. 수거 업체는 처치 곤란인 폐비닐을 돈까지 주면서 가져올 마음이 사라졌습니다. 그나마 수익이 나는 종이, 캔, 병, 플라스틱은 수거했지만, 처리 비용을 감당할 수 없는 폐비닐은 그대로 남겨 두었지요. 수거를 거부당한 폐비닐은 커다란 자루에 담긴 채 아파트 단지 곳곳에 쌓여 갔습니다.

2~3주 수거를 안 했을 뿐인데도 난리가 났습니다. 언론은 쓰레기 대란에 대한 기사를 연일 쏟아 냈고, 시민들은 쓰레기 문제를 해결하라고 아우성쳤습니다. 정부가 폐기물 수거 업체를 지원하고 압박하면서, 다시 폐비닐이 수거되기 시작했습니다. 중국발 쓰레기 대란

2018년 1월부터 중국이 폐기물 24종의 수입 금지를 본격화하자 한국은 베트남, 필리핀, 인도네시아 등 동남아시아로의 폐기물 수출량을 늘렸다. 2020년 1월에는 필리핀으로 불법 수출된 폐기물이 다시 한국으로 반송되기도 했다.

은 그렇게 일단락됐습니다. 일단 도시 사람들 눈앞의 쓰레기는 치웠으니 말이지요. 그러나 수거된 폐비닐은 갈 곳을 찾지 못해 수거 업체의 사업장 한쪽에 계속 쌓이거나, 시골에 불법으로 매립되거나, 새로운 수입처를 찾아 바다를 떠돌았습니다.

전체 쓰레기에서 12.5%만을 차지하는 생활폐기물. 그리고 생활 폐기물 중 4.1%밖에 안 되는 폐비닐. 그중에서도 아파트의 폐비닐 만을 수거하지 않았을 뿐인데, 도시는 큰 혼란에 빠졌습니다. 이런 과정을 겪으며 도시의 깨끗한 환경 이면에는 바다 건너 사람들이 쓰레기 더미에서 살아가는 현실이 있음을 자각하게 됐습니다. 폐비닐이 속수무책으로 쌓여 가자, 그동안 너무 많은 비닐을 썼던 것은 아닌지 되돌아보게 됐고요. 그제야 우리가 쓰레기를 만들고 버리는 현실이 보이기 시작했지요.

서울 쓰레기, 더 이상 받아 줄 곳 없다

위기는 또 있습니다. 서울, 인천, 경기의 쓰레기 매립을 담당하던 세계 최대 규모의 쓰레기 매립장인 인천의 수도권매립지가 2025년 문을 닫을 예정이거든요.

수도권매립지가 처음 만들어진 배경에는 '난지도매립장의 포화'가 있습니다. 지금의 서울월드컵경기장 일대에는 예전에 서울의 쓰레기를 매립하는 난지도매립장이 있었습니다. 1980년대 후반에 이 난지도매립장이 가득 찼습니다. 대체 매립지를 찾아야 했지요. 그런데 서울시가 천만 서울 시민의 쓰레기를 버리려고 찾아다닌 곳은 서울 안이 아니라 서울 밖, 경기도 일대였습니다. 그렇지 않아도 서울의 기피 시설을 많이 갖고 있던 경기도가 반발했지요. 환경청(지금의 환경부)이 중재에 나섰고, 인천시 서구 오류동 일대(당시 경기도 김포군 검단면)의 간척지 일부를 경기도와 인천의 쓰레기도 함께 처리하는 쓰레기 매립지로 만들었습니다.[3] 이것이 바로 지금의 수도권매립지입니다. 사용 기한은 2015년으로 정했습니다. 그때가 되면 수도권매립지가 포화 상태에 이를 것으로 예측했거든요.

하지만 예측은 보기 좋게 빗나갔습니다. 쓰레기종량제 실시로 쓰

수도권매립지 3-1 매립장

레기 배출량이 많이 줄었기 때문입니다. 수도권매립지 전체 1~4 매립장 중 1, 2 매립장만 사용한 상태에서 사용 종료일이 다가왔습니다. 상황이 이렇게 되자 두 개의 입장이 충돌했습니다. 매립지가 위치한 인천시와 매립지 주변 주민들은 사용 기한이 다 되었으니 이제 매립을 중단해야 한다고 외쳤습니다. 서울시와 경기도는 아직 매립 가능 부지가 남아 있으니 남은 부지를 다 사용해야 한다는 의견이었고요. 양측의 왜 서로 다른 주장을 했을까요? 먼저 매립을 중단해야 한다는 입장부터 살펴보겠습니다.

처음 수도권매립지를 조성할 때만 해도 주변에 시가지가 없었습니다. 하지만 청라국제도시, 검단신도시 등이 들어서며 인천의 시가지가 점점 매립지 주변으로 확장되었고, 매립지와 멀지 않은 곳에 대형 아파트 단지가 생겼습니다. 반경 5km 안에 70만 명이 넘는 사람들이 살게 됐지요. 이곳 입주민들은 수도권매립지 사용이 2015년에 종료된다는 말을 믿고 온 사람들입니다. 원래 계획대로라면 매립이 종료된 후 매립지는 공원으로 바뀌게 됩니다. 쓰레기 매립지였던 난지도가 하늘공원으로 바뀐 것처럼 말이지요. 그런데 매립지를 계속 사용한다니, 그것도 30년을 더 사용하자고 주장하니 이를 받아들일 수 없었던 것입니다.

매립지를 계속 사용해야 한다는 쪽은 대체 매립지 조성의 어려움을 이야기했습니다. 서울과 경기도의 쓰레기를 왜 인천에 버려야 하느냐는 반대편 주장에는 말문이 막혔지만, 어차피 쓰레기를 처리해야 하니 기왕에 만들어진 매립지를 사용하는 편이 더 합리적이라는 논리였지요. 수도권매립지 주변 주민들이 쓰레기 매립지를 싫어하는 것처럼 다른 지역도 마찬가지일 테니 대체 부지 마련 과정에서 또 다른 갈등이 생길 것이라는 게 이들의 주장입니다.

결국 수도권매립지 3 매립장의 일부를 더 사용하는 것으로 합의는 이루어졌습니다. 하지만 이런 과정에서 확인된 사실이 있습니다. 남의 쓰레기를 자신의 지역에서 처리하기를 원하는 사람은 아무도 없다는 것이지요. 서울시, 경기도, 인천시는 3 매립장을 사용하는 기간 동안 자신의 행정구역 안에서 쓰레기를 처리할 방법을 찾기로 합의했습니다. 이는 단순히 쓰레기 처리 지역을 '행정구역 안'으로 지정한 것만을 의미하지 않습니다. 쓰레기를 발생시킨 곳에서 처리해야 한다는 '발생지 처리 원칙'이 쓰레기 처리의 기본 원칙으로 떠올랐습니다. 이제 내가 만든 쓰레기를 저 멀리 남의 동네에 버리기는 어려워졌습니다. 쓰레기 처리 시설은 우리가 살고 있는 도시 안으로 더 깊숙이 들어올 수밖에 없습니다.

우리 동네 쓰레기를 처리하는 슬기로운 방법

쓰레기를 시가지 안에서 처리해야 한다면 어떻게 해야 할까요? 우선 매립하는 방법부터 생각해 볼까요? 시내 한복판에 쓰레기 산을 놓고 살 수는 없습니다. 쓰레기를 매립할 만큼 넓은 땅을 구하기도 어렵고요. 쓰레기 매립은 멀리 가져다 버렸기에 가능한 일입니다. 우리나라는 쓰레기 매립률이 높은 나라입니다. 앞서 보았듯이 생활폐기물의 13.4%를 매립으로 처리하고 있지요. 얼핏 보면 매립 비율이 낮은 것처럼 보이지만, 유럽의 자원 순환 선진국 중에는 매립률이 1%도 안 되는 나라가 여럿 있습니다.[4] 재활용 비율(62%)이 높은 점은 고무적이지만, 높은 매립률을 줄이는 것이 과제입니다. 수도권매립지 사용 기한 연장에 합의할 때 정부와 지자체 모두 "쓰레기 직매립을 금지하는 방향으로 정책을 짜겠다."라고 밝혔습니다. 직매립을 금지한다는 말은 소각 후 타고 남은 재만 매립하겠다는 의미입니다. 그렇게 해야 쓰레기 부피가 확 줄어 매립량을 크게 줄일 수 있습니다.

자원 순환의 관점에서도 단순한 매립은 적합한 처리 방식이 아닙니다. 쓰레기를 자원으로 활용하려면 크게 두 가지 방법이 있습니다. 하나는 우리가 알고 있는 재활용입니다. 종이, 플라스틱, 비닐과 같은 물질을 다시 사용 가능한 형태로 바꾸는 것이지요. 또 하나는 쓰레기 안에 담겨 있는 에너지를 끄집어내 사용하는 것입니다. 단순히 쓰레기를 소각하고 매립하는 게 아니라, 소각할 때 나오는 폐열이나 매립지에서 나오는 가스를 자원으로 재사용하는 식이지요.

그런데 매립량을 줄이는 것이 장기적 과제이므로, 우리는 폐열을 활용하는 소각장에 주목할 필요가 있습니다. 물론 소각 과정에서 발생하는 온실가스가 걱정이지만, 버려지는 폐열을 최대한 활용하는 데서 생기는 장점도 무시하지 못합니다. 장기적으로 화석 에너지 사용을 대체하는 효과가 있으니까요. 열을 최대한 이용하려면, 소각장은 시가지에 있는 편이 유리합니다. 즉 우리 동네에 쓰레기 소각장을 지어야 효율적이라는 뜻이지요. 이는 쓰레기를 발생한 곳에서 처리해야 한다는 원칙과도 맞아떨어집니다.

자신의 문제가 되어야 해결한다

쓰레기 처리 문제를 도시 바깥에 떠넘기지 않게 되면, 쓰레기를 버리고 처리하는 일에 조금 더 책임감을 갖게 됩니다. 만약 우리 동네 쓰레기를 우리 동네 소각장에서 처리해야 한다면 사람들은 쓰레기 발생량을 최대한 줄이려 노력하지 않을까요? 또 분리배출을 더 철저히 해 재활용률을 높이려 할 것입니다. 쓰레기 소각 과정에서 발생하는 오염 물질을 줄이기 위해 노력할 테고, 소각열을 버리지 않고 활용할 수 있는 방법을 찾아낼 것이고요. 자신의 문제가 될 때 문제를 해결하려는 의지가 나타납니다.

우리는 그동안 너무도 쉽게 자신이 만든 쓰레기를 남에게 떠넘겨 왔습니다. 자동차와 배에 실어 보내거나, 저 멀리 소각장에서 대기 중에 오염 물질을 뿜어내며 쓰레기를 치웠습니다. 하지만 앞으로 우리가 배출한 쓰레기는 우리가 사는 곳에서 처리해야 합니다. 그것이 도덕적으로도 옳고, 환경적으로도 좋습니다.

경기도 하남시에는 유니온파크라는 특별한 쓰레기 처리 시설이 있습니다. 지하에는 쓰레기 소각장, 재활용 선별장 등의 쓰레기 처리 시설과 하수처리 시설이 함께 자리하고 있습니다. 지상에는 어린이 물놀이장과 잔디 광장, 풋살장 등 주민 편의 시설이 자리를 잡았고요. 소각장의 높은 굴뚝은 전망대가 됐습니다. 이곳을 오가는 사람들에게 유니온파크는 쓰레기 소각장이 아닌 공원으로 인식되고 있습니다.

덴마크 코펜하겐의 쓰레기 소각장이자 열병합발전소인 아마게르 바케(Amager Bakke)는 매년 40만 톤의 쓰레기를 태우며 발생한 열로 지역난방수와 전기를 만들고 있습니다. 높은 굴뚝 아래에는 코펜하겐 시내를 조망할 수 있는 카페가 있고, 경사진 지붕은 사계절 내내 이용이 가능한 스키장으로 꾸며져 지역의 명물이 됐지요. 물론 유니온파크와 아마게르 바케 모두 배기가스를 최소화하는 친

덴마크 코펜하겐의 아마게르 바케. 폐기물을 태워 전기,
열을 생산해 내는 '친환경 쓰레기 처리장'이다.

환경 소각 시설을 기본으로 갖추고 있습니다.

이렇게 친환경적이면서도 특색 있는 모습이라면 쓰레기 소각장
도 기피 시설에서 벗어날 수 있을 것입니다. 물론 이런 쓰레기 처리
시설을 만들고 운영하는 일은 멀리 있는 땅에 쓰레기를 쏟아 내고
오는 것보다 훨씬 많은 비용과 노력이 듭니다. 하지만 우리 중 누구
도 먼 곳에 쓰레기를 쏟아 버릴 때와 똑같은 방식으로 자기 동네 쓰
레기 처리 시설을 운영하려 들지는 않을 겁니다. 도시 사람들은 그
동안 자신들의 문제를 남에게 떠넘긴 채, 그에 대한 정당한 비용도
치르지 않고 살아왔는지도 모릅니다.

치워도 치워도 솟아나는
불법 쓰레기 산

앞에서 우리나라의 생활폐기물 재활용률이 62%에 이른다는 환경부 통계를 말씀드렸습니다. 그런데 쓰레기 전체를 놓고 보면 재활용률은 무려 86.5% 달한답니다. 정말 엄청나지요? 하지만 마냥 박수칠 수는 없습니다. 쓰레기 문제를 연구하는 전문가들은 이 수치가 착시에 불과하다고 지적하거든요. 86.5%라는 수치는 분리배출된 쓰레기가 쓰레기 집하장으로 들어갈 때의 값일 뿐이라는 것이지요. 86.5%의 쓰레기가 '재활용 쓰레기'로 수거되지만, 실제 재활용되는 비율은 그에 훨씬 못 미치는 40%대에 불과하다는 주장입니다. 처음부터 재활용이 불가능한 재질의 쓰레기가 재활용 쓰레기로 분리되어 배출되거나, 음식물을 비롯한 오염 물질이 묻어 있어 재활용하지 못하는 경우도 많거든요. 부피가 작은 쓰레기의 경우, 최종 분리 작업에 들어가는 비용이 재활용으로 얻는 이익보다 많을 때는 재활용에서 배제되기도 하고요.

또 다른 문제도 있습니다. 요즘 크게 문제 되고 있는 플라스틱의 재활용 상황을 살펴볼까요? 재활용 쓰레기는 분류를 거쳐 재활용품 집하장에 쌓입니다. 이것을 폐플라스틱 재활용 업체가 가져가서 새로운 플라스틱의 원료로 재탄생시키고, 그것으로 다시 우리가 사용하는 플라스틱 제품을 만들면 재활용이 완료됩니다.

경북 의성의 쓰레기 산. 이곳은 한 재활용 업체가 2017년 8월부터 1년가량
허용 보관량을 초과해 불법으로 폐기물을 산처럼 쌓아 놓아 논란을 빚은 장소다.

그런데 이 모든 과정은 전적으로 민간 영역에 의존해 진행됩니다. 즉
이 과정에서 수익이 나야 재활용이 제대로 작동하는 구조입니다. 하지
만 최근 들어 유가(油價)가 낮아지면서 폐플라스틱이 아닌 석유에서 바
로 플라스틱을 만드는 방법이 더 저렴한 상황이 됐습니다. 중국으로의
폐플라스틱 수출길도 막혔으니, 아무도 사 가지 않는 폐플라스틱은 재
활용품 집하장에 쌓여만 갔지요. 설상가상으로 코로나19로 인해 택배
와 음식 배달이 급증하면서 폐플라스틱 양은 눈덩이처럼 불어났습니
다. 더 이상 쌓아 놓을 공간이 없어진 재활용품 집하장에서는 어떻게
해서든 폐플라스틱을 처리해야 했지요. 아무도 사 가지 않는 폐플라스
틱은 이제 돈을 내고 처리해야 하는 골칫덩이 쓰레기가 됐습니다.

재활용품 집하장을 운영하는 업체 입장에서는 돈을 내고 쓰레기를 사
왔는데, 다시 돈을 내고 처리해야 하는 상황이 된 것입니다. 그런데 소
각장이나 매립지로 폐플라스틱을 보내 처리하는 비용은 만만치 않습니
다. 그때 이른바 '쓰레기 브로커'가 싼값에 처리해 주겠다고 접근해 와

서는, 대량의 쓰레기를 임대한 땅에 몰래 쌓아 놓고 도망갑니다. 이 같은 불법 투기로, 현재도 전국 각지에 거대한 쓰레기 산이 생겨나고 있습니다.

이런 문제점을 해결하기 위해 2020년 5월부터 폐기물관리법이 강화됐습니다. 그전까지는 불법 쓰레기 산을 만든 사람이 적발되더라도 2,000만 원 이하의 과태료만 내고 끝나는 경우가 많았습니다. 쓰레기 산을 치우는 데는 수억에서 수십억 원의 비용이 드는데 말이지요. 강화된 폐기물관리법에 따르면, 폐기물 불법 처리로 얻은 이익의 3배 이하의 금액과 원상회복에 필요한 비용을 과징금으로 부과할 수 있습니다. 그리고 불법으로 매립될 걸 알면서도 쓰레기를 넘긴 사람도 처벌 대상이 됩니다. 부디 바뀐 법안이 쓰레기 산 문제를 해결할 수 있기를 기대합니다.

#04

전기가 들어오기까지,
그 기나긴 여정의 불편한 진실

#화력발전소 #원자력발전소 #송전탑 #열병합발전소

도시는 전기로 움직인다

2003년 8월 14일, 미국 북동부와 캐나다 동부 지역에 대규모 정전 사태가 발생했습니다. 정전은 도시를 멈추었습니다. 존에프케네디국제공항을 비롯한 뉴욕 인근의 공항이 마비되었습니다. 전철의 운행이 중단됐습니다. 거리의 신호등이 꺼져 보행자와 자동차가 뒤섞였습니다. 하수처리가 제대로 작동하지 않아 수도를 정상적으로 이용할 수 없었습니다. 이동통신은 마비됐습니다. 자동차 공장과 반도체 공장이 가동을 멈췄습니다. 대부분의 상점도 문을 닫았습니다.

촛불로 인한 화재가 급증했습니다. 멈춘 엘리베이터에 사람들이 갇혔습니다. 화재 진압과 인명 구조를 위해 소방관들이 5,000차례 이상 출동했습니다. 공연은 중단됐고, 네온사인은 꺼졌습니다. 불안과 불편 속에 60억 달러(약 6조 7,000억 원)의 피해가 발생했습니다. 단 3일간의 정전으로 일어난 일입니다.[1]

도시를 움직이는 에너지는 전기입니다. 도시가 전기를 주요 에너지원으로 사용하는 이유는 석유, 석탄, 가스 등 다른 에너지에 비해 여러 장점이 있기 때문입니다. 우선 전선만 설치해 놓으면 어디든 손쉽게 전기를 보낼 수 있습니다. 또 전기는 다른 형태의 에너지로 전환하는 것이 매우 쉽습니다. 전기난로에 연결하면 열에너지로, 선풍기에 연결하면 운동에너지로, 전등에 연결하면 빛에너지로 전환해 쓸 수 있지요. 그리고 배출 가스를 생각하면 매우 깨끗한 에너지입니다. 지금 당장 전기로 작동 중인 기계의 에너지원을 석유와 석탄 같은 화석연료로 바꾼다고 생각해 보세요. 연소 과정에서 온실가스인 이산화탄소를 비롯한 오염 물질이 발생해, 도시는 엄청난 매연에 시달릴 것입니다.

이런 장점이 있다 보니, 과거 다른 에너지원이 하던 일들도 점차 전기로 대체되는 것이 이상하지 않습니다. 모닥불이나 촛불이 전기난로나 전등으로 바뀐 것은 너무 오래된 이야기이고, 가스레인지는 전기레인지로, 휘발유 자동차는 전기 자동차로 전환되고 있습니다. 도시의 대기질 향상을 위해 많은 도시에서는 전기차 구매자에게 세

시화호의 초고압 송전선과 송전탑. 영흥화력발전소에서 만든 전기를 수도권으로 옮기고 있다.

금으로 보조금을 지원해 줍니다. 전기 사용이 권장되는 가운데, 전기 사용량은 점점 늘어나고 전기에 대한 의존도가 높아지고 있습니다.

하지만 지금까지 말한 전기의 장점은 전기를 사용하는 사람이 오롯이 취합니다. 전선만 있으면 어디서든 이용할 수 있는 전기를, 어디에선가는 열심히 생산해야 합니다. 전기를 만드는 곳과 사용하는 곳이 멀리 떨어져 있으면, 그 두 곳을 연결하는 송전선도 필요하고요. 도시에서 흔히 볼 수 있는 전선 정도가 아니라 높은 송전탑에 연결되어 초고압 전류가 흐르는 송전선 말이에요. 그런데 이 송전선이 지나는 곳에 살고 있는 사람은 환경·건강상의 피해를 볼 수밖에 없습니다.

앞에서는 전기가 청정에너지라고 했지요? 이는 전기를 사용할 때만 그렇습니다. 전기 생산 과정까지 따져 보면 문제는 복잡해집니다. 아시다시피 전기의 절반 정도는 화석연료를 태워서 만들거든요. 화력발전소에서 생산한 전기로 자동차를 움직인다면, 전기차가 다니는 도시환경은 개선될지 몰라도 발전소 주변 지역은 온실가스와 대기오염 문제에서 자유로울 수 없습니다. 정리해 보면, 전기를 사용하는 지역은 이득을 보지만 전기를 생산하고 운반하는 지역은 손해를 봅니다. 대도시에 사는 이들은 전기 사용으로 이득을 보는 축에 속합니다. 하지만 도시 사람들이 편리하게 사용하는 전기를 만드는 곳과 운반하는 곳의 사람들은 안녕할까요? 10여 년 전, 경남 밀양으로 가 보겠습니다.

밀양 송전탑 반대 운동이 지나간 자리

2012년 1월 16일, 밀양 산외면 보리마을에 사는 이치우 할아버지(74세)가 스스로 목숨을 끊는 비극적인 사건이 일어났습니다. 그는 그동안 자신의 마을에 초고압 송전선이 지나가는 송전탑 건설을 반대해 왔습니다. 하지만 주민들이 아무리 반대해도 막을 방법이 보이지 않자 극단적인 선택을 하게 된 것입니다.

그의 사망 소식이 알려지자 전국에서 사람들이 모여들었습니다. 사람들은 안타까운 죽음을 추모하고, 70대 노인을 사망에 이르게

한 송전탑 건설 문제에 연대하며 그동안 외롭게 반대 운동을 해 온 주민들의 목소리에 힘을 실어 주었지요. 밀양 송전탑 반대 운동은 밀양을 넘어 온 국민이 관심을 갖는 이슈가 되었습니다.

2012년이 되어서야 전국적인 관심사가 되었지만, 주민들의 송전탑 반대 운동은 이미 6년 전에 시작되었습니다. 한국전력공사(한전)와 산업자원부는 2000년부터 송전 선로 설치 계획을 세우고 있었지만, 2005년에야 밀양 사람들에게 마을로 송전선이 지나간다는 사실을 알려 주었습니다. 주민들은 전자파가 걱정됐고, 평생을 가꿔온 농장이 망가질까 봐 불안했습니다. 송전탑 건설 사실이 알려지자 땅값은 떨어졌고, 땅을 담보로 한 대출까지 막혀 버렸지요. 무엇보다도 송전탑으로 인해 가장 큰 피해를 보는 해당 지역 주민들에게는 알리지도 않은 채 송전탑 노선을 결정해 버린 사실에 주민들은 화가 났습니다. 밀양시 상동면 주민들은 2005년 12월, 한전 밀양지사 앞에서 송전탑 반대 집회를 열었습니다. 오래고 치열했던 송전탑 반대 운동의 시작이었습니다.

밀양 주민들은 전기 요금 안 내기 운동, 태극기 달기 운동, 수차례에 걸친 집회, 단식 농성 등 다양한 방식으로 송전탑 건설을 반대하는 의사를 표명했습니다. 한편 한전은 2007년부터 '합법적인' 공사 강행을 위한 행정 절차를 차근차근 진행합니다. '전원개발촉진법'이라는 법률을 들이대며 주민들에게 정확한 설명도 하지 않고, 송전탑을 세울 곳과 송전선이 지나는 곳의 땅을 강제수용하려 하지요. 국가가 발전소, 송전탑, 변전소 등을 건설할 경우에는 토지 소유자의 동의 없이도 사업을 진행할 수 있다는 해당 법의 조항을 내세우면서요.

양측의 갈등이 해결될 기미가 보이지 않자, 국민권익위원회가 나섰습니다. 2009년 12월 21일부터 2010년 6월 25일까지 총 15차례의 회의를 열었지만, 끝내 갈등은 해소되지 않았습니다. 한전은 다시 공사 강행을 위한 절차를 밟았습니다. 결국 2011년 4월 송전탑 부지의 강제수용이 최종 결정됐고, 같은 해 11월에 본격적인 공사가 시작됩니다. 그리고 두 달 후, 자신의 논이 강제수용된 이치우 할아버지가 목숨을 끊습니다.

불행한 죽음을 계기로, 지역의 문제에 그칠 것 같았던 밀양에서의 일은 전국적인 이슈로 바뀝니다. 사람들은 밀양의 문제가 그곳만의 문제가 아님을 자각하기 시작했습니다. 밀양을 통과하는 송전선으로 인해 이득을 얻는 것은 결국 도시에 살고 있는 사람들이었기 때문이지요. 가만히 앉아서 남의 일처럼 방관할 수 없었던 사람들은 '희망버스'를 타고 밀양으로 가서 주민들과 함께했습니다.

한전 입장에서는 이미 계획이 다 잡힌 상황에서 송전탑 건립을 취소할 수는 없었습니다. 공사를 강행하려 시도했고, 밀양 주민들과 전국에서 모여든 사람들은 온몸으로 공사를 막았습니다. 한전은 공사를 막는 주민들에게 손해배상을 청구했습니다. 그러나 송전탑 건설 문제가 전 국민의 관심사로 떠오른 뒤에도 무턱대고 공사를 계

경남 밀양시 산외면 보라마을 인근 102번 송전탑 건설 예정지에 세워진 송전탑 반대 상징탑

속할 수만은 없었기에, 한편에서는 주민들을 회유하기 위한 노력을 했습니다. 정부와 국회도 뒤늦게 갈등 해결을 위해 나섰습니다. 밀양에 산업 단지를 조성하고, 마을 보상금을 더 주겠다고도 했습니다. 그리고 그동안의 규정을 깨고 마을에 대한 피해 보상 방식을 바꾸었습니다.

한전은 그동안 송전탑을 건설할 때 피해를 입는 마을에 발전 기금의 형태로 보상금을 주곤 했습니다. 그런데 2013년 8월, 이 방침을 바꿔 '세대별 지원금'이라는 이름으로 개인에게 직접 보상금을 나눠 준 것입니다. 한전은 공사 반대 운동에 적극적으로 참여하지 않은 주민들에게 공사에 찬성하면 개별 합의금을 받을 수 있다며 회유했습니다.

이때부터 마을은 둘로 갈라지기 시작했습니다. 개별 보상금을 받고 싶어 하는 주민들이 하나둘씩 공사에 찬성했지요. 마을 곳곳에는 "세대별 지원금을 받고자 하시는 분은 2013년 12월 31일까지 신청하셔야 합니다."라는 안내문이 붙었습니다. "신청하지 않은 사람에게는 지급되지 않고 마을의 공동 사업비로 쓰입니다."라는 말이 덧붙었지요. 손해 볼 것을 염려한 많은 주민이 이 과정에서 찬성으로 돌아섰습니다. 그리고 2013년 12월 6일, 송전탑으로 자신이 평생 가꿔 온 농장이 망가지는 것을 비관한 또 한 명의 주민이 목숨을 끊었습니다.

2014년 6월 11일, 경찰 병력 20개 중대 2,000여 명과 한전 직원, 밀양 시청 공무원 250여 명이 투입되어 주민들의 농성장을 강제로 철거했습니다. 공사를 반대하며 움막을 지키던 노인들이 경찰에 끌려 나왔습니다. 주민들은 더 이상 반대하기가 두려웠습니다.[2]

그로부터 3개월 후, 송전탑 공사는 완료됐습니다. 지금도 그 송전선으로 전기가 흐르고 있습니다. 사건은 마무리된 것처럼 보이지만, 한바탕 논란이 휩쓸고 간 밀양의 마을은 찬반 주민들로 나뉜 채 공동체가 붕괴되었습니다. 이웃과 사이좋게 살았던 마을이 풍비박산이 난 것이지요. 두 명의 마을 사람이 목숨을 잃었습니다. 그리고 우리는, 송전선을 통해 공급된 깨끗하고 안전한 전기를 편안하게 사용하고 있습니다.

멀리서부터 끌어오는 전기

밀양에는 왜 초고압 송전선이 놓이게 됐을까요? 초고압 송전선은 전기를 멀리 보내기 위해 사용합니다. 즉 전기를 만드는 곳과 사용하는 곳이 멀리 떨어져 있을 때 필요한 시설입니다. 전기 소비지인 시가지와 멀리 떨어진 곳에 발전소를 만드는 데는 여러 이유가 있습니다. 우선 전기를 대량으로 만들기 위해서는 대형 발전소가 필요합니다. 당연히 넓은 땅이 있어야겠지요. 도시에서는 넓은 땅을 구하기도 어려울 뿐만 아니라 넓은 땅을 찾았다 하더라도 높은 비용을 지불해야 합니다.

또 화력발전은 대기오염 물질을 배출하고, 원자력발전은 방사능 누출의 위험이 있어 사람들이 많이 사는 도시에 짓기 어렵습니다. 화력발전이든, 원자력발전이든 터빈을 돌리고 나온 증기를 식혀야 하는데, 이때 많은 양의 물이 필요하니 냉각수를 구하기 쉬운 곳을 찾아야 하고요. 결과적으로 시가지와 멀리 떨어진 바닷가에 대형 발전소가 만들어졌습니다. 화력발전소는 주로 서해안에, 원자력발전소는 남동해안에 집중되어 있습니다.

그럼 전기는 어떤 경로를 거쳐 도시로 들어올까요? 바닷가 대형 발전소에서 만들어진 전기는 초고압 상태로 발전소를 떠납니다. 수십 킬로미터를 달린 전기는 중간에 몇 차례 변전소를 거치는 동안 조금씩 전압이 낮아지며 도시에 있는 배전소에 도달합니다. 배전소에서는 다시 한번 전압을 낮춰 도시에 깔린 전선을 따라 전기를 보

울산 울주군 서생면의 신고리원자력발전소. 앞으로 신고리 5~8호기를 증설한다는
전력 당국의 계획이 있으며, 현재 이곳에서 생산된 전력은 밀양 송전탑을 통해
다른 지역으로 빠져나간다.

내지요. 최종적으로 우리가 사용하기 전에 전봇대에 설치된 주상변
압기에서 220V로 전압을 낮춰 집으로 전기를 들여보냅니다. 그렇
게 초고압으로 출발한 전기는 사용 가능한 전압으로 바뀌어 가전제
품을 작동시킵니다.

애초에 사용 가능한 전압으로 전기를 보내면 편할 것을 중간에
번거로운 과정을 거치는 이유는 전압이 높을수록 송전 효율이 좋기
때문입니다. 송전 과정에서 발생하는 에너지 손실은 줄어들고 같
은 시간에 보낼 수 있는 전기의 양이 늘어나기 때문에, 효율의 관점
에서 보면 전압이 높은 것이 유리하지요. 이것이 초고압을 견딜 수

자료: 한국전력공사(2013년)

밀양 송전탑 건설 사업 개요

있는 송전선과 송전탑을 만드는 이유입니다. 우리나라는 1990년대까지만 해도 송전 선로의 대부분을 154kV와 345kV로 만들었지만, 2000년대 들어 밀양을 지나는 것과 같은 765kV 초고압 송전 선로를 늘려 가고 있습니다.

이 밀양의 송전선은 남동해안에 위치한 신고리원자력발전소에서 생산한 전기를 소비지로 이동시키기 위해 기획됐습니다. 처음의 목적은 '영남 지역에서 발전한 전기를 수도권에 융통하기 위해서'였습니다. 이후 몇 차례 사업 목적이 변경됐고, 밀양 주민들의 반대 시위가 있던 2007년에 와서 최종적으로 '경남 북부 지역에 안정적인 전력을 공급하기 위함'으로 목적이 바뀝니다.[3] 당시는 '수도권 사람들이 사용할 전기를 위해 왜 밀양 사람들이 희생해야 하느냐'는 주장이 제기되던 시기입니다. 공교롭게도 그때 전력 사용처가 '수도권'에서 '경남 북부'로 바뀝니다. 서류상으로 거리가 좀 짧아지긴 했지만, 수도권이든, 경남 북부든 간에 신고리원자력발전소에서 대량으로 만든 전기를 멀리 있는 소비처로 옮기기 위해 밀양에 765kV의 초고압 송전 선로를 건설했다는 사실에는 변함이 없습니다.

중앙 집중식 발전과 소규모 분산 발전

시가지와 멀리 떨어져 있는 곳에 대형 발전소를 만들고, 대량으로 전기를 만들어 고압선으로 송전하는 방식을 중앙 집중식 발전 시스템이라고 합니다. 우리나라는 기본적으로 대형 발전소에 의존한 중앙 집중식 시스템으로 전기를 만들고 있습니다. 이는 숫자로도 확인이 가능합니다. 대형 발전소가 있는 바닷가의 인천, 충남, 부산은 전력 자립도가 각각 247.3%, 235.4%, 180.4%에 달하지만, 내륙에 있는 서울, 대전, 광주 같은 도시는 자신이 사용하는 전기의 3.9%, 1.8%, 6.5%만을 만들어 내고 있습니다.[4]

하지만 이런 중앙 집중식 시스템은 몇 가지 단점이 있습니다. 밀양에서와 같은 사회적 갈등을 유발하고, 발전량의 집중에서 오는 위험도 있습니다. 전력 공급의 유연성이 부족하기 때문이지요. 이에 대한 대안으로 여러 지역에 소규모 발전 시설을 설치하는 '분산형' 전력 시스템을 갖추는 방안이 검토되고 있습니다.

　분산형 시스템에는 여러 장점이 있습니다. 전기 생산이 몇몇 대형 시설에 밀집해 있는 기존 전력 체계에서는 자연재해나 테러 등에 의해 발전소가 손상됐을 때 대규모 정전 사태가 발생할 수 있습니다. 그런데 소형 발전소를 곳곳에 분산시켜 놓으면 이런 어려움을 줄일 수 있지요. 또 소비지와 가까운 곳에서 전기를 생산하므로 대규모 송전 시설을 만들지 않아도 됩니다. 송전 시설 설치 비용을 아끼는 한편, 송전탑 건설을 둘러싼 사회적 갈등을 치르지 않아도 되는 것이지요. 그뿐이 아닙니다. 장거리 송전은 송전 과정에서 에너지 손실이 불가피한데, 생산지와 소비지가 가까우니 이를 최대한 줄일 수 있습니다.

　발전 과정에서의 에너지 손실도 줄일 수 있습니다. 보통 화력 발전소에서 전기를 만들 경우, 화석연료가 가지고 있는 에너지의 40% 정도만 전기로 전환됩니다. 나머지는 열로 방출되지요. 만약 발전소가 도시에 있다면, 이 열을 버리지 않고 냉난방 등에 이용할 수 있습니다. 열병합발전소가 이런 역할을 합니다. 열병합발전소에서는 전기와 열을 동시에 생산해 열 손실을 최소화하거든요. 발전 과정에서 발생하는 폐열을 이용해 난방을 할 수 있으니 에너지 효율이 높지요. 열병합발전소의 에너지 효율은 80~90%에 달합니다. 소형 열병합발전소는 아파트나 빌딩 지하에도 만들 수 있어 분산형

태양광 패널이 설치된 서울의 한 아파트

발전 시설로 주목받고 있습니다.

　최근에는 아파트 베란다에 소형 태양광 발전기를 설치하는 곳도 늘어나고 있습니다. 이렇게 발전 과정에서 유해 물질을 배출하지 않는 신재생에너지가 점점 활성화되면서 도시도 스스로 전기를 만들어 내는 곳으로 바뀌어 가는 중이지요. 실제로 태양광발전의 메카로 불리는 독일 프라이부르크의 경우, 스스로 사용하는 양보다 더 많은 에너지를 만들어 내는 건물이 많습니다. 이렇게 여러 방법으로 발전 시설을 분산시키고 소비지와 가깝게 만든다면 중앙 집중식 발전에서 오는 폐해를 줄일 수 있지 않을까요?

'무지의 장막' 뒤에서 결정한다면

지금까지 도시가 사용하는 전기의 생산과 소비의 불균형에서 일어나는 일을 살펴보았습니다. 우리는 편안하게 전기를 쓰면서도 그 전기를 만들고 공급하는 과정에는 둔감했습니다. 이치우 할아버지가 목숨을 끊을 때까지 국민들이 밀양의 일에 별다른 관심을 갖지 않았던 이유를 두고 이 같은 해석이 뒤따랐습니다. "수도권 주민들은 송전 선로로 이득을 보는 쪽이었기 때문에 구태여 밀양 일에 관심을 갖지 않았다."

하지만 밀양 송전탑 사건을 통해, 대도시에서 사용하는 전기 때문에 누군가는 희생하고 있다는 사실이 드러났습니다. 그런데 도시의 편리함을 위해 그런 희생쯤은 어쩔 수 없이 감수해야 하는 사회가 과연 정의로울까요? 전기를 만들고 보내는 시설이 꼭 필요하다면 시설물 설치 때문에 피해를 보는 사람들에게 정당한 보상을 해야 하고, 그들이 초기 단계부터 의사 결정 과정에 참여하도록 보장하는 일이 꼭 필요합니다. 이미 좋은 사례가 있습니다.

밀양의 송전탑 건설이 마무리되어 가던 2014년 7월, 한전은 동두천발전소와 양주변전소를 잇는 345kV짜리 송전 시설 건립을 결정합니다. 한전은 밀양에서의 경험을 교훈 삼아 입지 선정 단계에서부터 200회 이상 마을 설명회를 개최하고, 입지 선정 위원회에 다수의 주민 대표를 참여시키는 등 실질적인 주민 참여를 보장하는 방식으로 송전 시설을 건립했습니다. 그 결과 큰 갈등 없이 주민과

의 협의를 통해 송전 선로 건설을 잘 마무리 지을 수 있었습니다.[5]

보다 근본적으로는, 도시가 직접 생산하는 전기를 늘리는 쪽으로 나아가는 것도 중요합니다. 그렇게 되면 우리는 전기를 만드는 방식에 대해 더 고민할 테니까요. 전기의 소비는 한쪽에서 하고 생산은 저 멀리 떨어진 곳에서 하다 보면, 소비지에 있는 사람들은 전기 생산 과정에서 일어나는 일에 별 신경을 쓰지 않게 마련입니다. 눈에 잘 보이지 않는 곳으로 문제를 치워 버리면, 문제의 근본적인 해결책을 찾는 일을 게을리하게 되지요. 쓰레기를 멀리 가져다 버리면 쓰레기를 줄여야 할 필요성을 제대로 느끼지 못하고, 쓰레기 처리 과정과 처리 시설을 친환경적으로 만들어야겠다는 생각에 이르기 어려운 것처럼 말입니다. 하지만 저 멀리 화력발전소가 뿜어내는 유해 물질에 둔감했던 사람도 자기 집 지하에 있는 열병합발전소가 어떤 물질을 배출하는지에 대해서는 관심을 가질 수밖에 없습니다. 내 집에서 내가 사용하는 전기에너지를 만들어야 한다면, 많은 사람은 매연을 마시는 것보다는 비용을 좀 더 치르더라도 태양광 패널을 지붕에 설치하는 방법을 적극 고려할 것입니다.

미국의 정치철학자 존 롤스(John Rawls)는 자신의 책『정의론』에서 사회적 합의를 어떤 방식으로 하는 것이 옳은 일인지에 대해 다음과 같이 이야기합니다. 사회적으로 공정한 합의를 위해서는 자신이 어떤 사회적 위치를 갖게 될지 전혀 모르는 상황을 가정해 봐야 한다고요. 이른바 '무지의 장막'이라는 원초적 평등 상황에서 하는 결정이 올바른 결정이라는 것입니다. 전기 만드는 일에 적용해 볼까요? 나는 발전소 바로 옆에 사는 사람이 될 수도 있고, 발전소와 멀리 떨어져서 전기만 받아서 사용하는 사람이 될 수도 있습니다. 자신이 어떤 위치에 있을지 모르는, '무지의 장막'에 놓인 상태에서 발전 방식을 결정해야 한다고 가정하면 우리는 어떤 방식으로 전기를 만들 것을 선택할까요?

굳이 롤스의 이론을 빌리지 않더라도, 만약 우리가 사용하는 전기를 우리가 사는 동네에서 만들어야 한다는 원칙이 있다면, 스스로 좀 더 친환경적인 전기를 만들려고 분명히 노력할 것입니다. 물론 현실에서는 한계가 있는 생각입니다. 당장 모든 전기를 도시에서 만들 수는 없고, 일정량의 전기는 멀리서 만들어 가져올 수밖에 없으니까요. 그렇다 하더라도 도시는 외부에 빚진 상태에서 전기를 사용하고 있다는 사실을 잊지 말아야 합니다. 발전소 주위에 사는 사람들에게, 초고압 송전선이 지나는 곳에 살고 있는 사람들에게 말입니다. 도시는 그들에게 정당한 대가를 치러야 합니다.

건축과 친환경의 만남,
제로에너지 건축물

우리 주변의 건물은 얼마만큼의 에너지를 쓰고 있을까요? 전기를 비롯해 도시가스, 지역난방(열에너지) 등 우리가 최종적으로 쓸 수 있는 에너지를 기준으로 봤을 때 말이지요. 2019년 1년 동안 우리나라 전체 건물은 3,315만 5,000TOE(티오이, 석유환산톤)의 에너지를 썼습니다. TOE는 각종 에너지원을 비교하기 위해 만든 가상 단위로, 어떤 물질의 에너지양을 원유를 태웠을 때 나오는 열량으로 환산한 값입니다. 1TOE는 원유 1톤의 발열량과 같으니, 3,315만 5,000TOE라는 값은 원유 3,315만 5,000톤이 내는 열량과 같은 것이지요. 정말 엄청나지 않나요?

그런데 이 건물들이 최근 '에너지 독립'을 향해 나아가고 있습니다. 건물을 유지·사용하는 데 필요한 에너지를 외부에 의존하지 않고 스스로 해결해 나가는 겁니다. 이런 건물을 제로에너지 건축물(Zero-Energy Building)이라고 합니다. 필요한 에너지를 스스로 충당하기 위해서는 두 가지 전략이 필요합니다. 우선 에너지 손실을 최소화해 건물이 사용하는 에너지의 양 자체를 줄여야 합니다. 그리고 필요한 에너지를 건물 주변의 자연환경으로부터 얻어야 하지요.

우리나라의 대표적인 제로에너지 건축물로는 서울에너지드림센터, 노

노원 에너지제로하우스 주택 단지의 모습.
아파트 옥상과 벽면 곳곳에 짙푸른 색의 태양광 전지판이 설치돼 있다.

원 에너지제로하우스(EZ House), 용인 동백지구 그린투모로우(Green Tomorrow), 인천 송도 연세대 캠퍼스 그린홈플러스(Green Home Plus) 등이 있습니다. 이런 건축물은 두꺼운 단열재와 삼중 유리 시스템 등을 사용해 단열 효과를 극대화했습니다. 환기할 때도 열 손실을 최소화하는 '폐열 회수 환기 장치'를 사용하고요. 이 같은 방식으로 난방 에너지 소비를 95%까지 줄일 수 있습니다. 외부 온도가 영하 10℃까지 떨어져도 난방이 필요 없을 정도지요. 반대로 외부 온도가 35℃일 때도 실내 온도는 26℃를 넘지 않습니다.

필요한 에너지는 태양열, 태양광, 지열, 풍력 등을 통해 얻습니다. 이렇게 에너지 사용을 줄이고, 신재생에너지를 이용하면 외부의 에너지 도움 없이 건물의 자체 운영이 가능합니다. 기후 위기로 탄소 배출량을 줄여야 하는 시대에, 이 같은 제로에너지 건축물을 늘리려는 노력이 긍정적인 효과로 이어지길 기대해 봅니다.

05

밤을 잊은 도시,
24시간은 누구에게나 평등할까

#대형 마트 #24시간 영업점 #올빼미버스

야행성, 주행성 찍고 다시 야행성으로?

인류의 먼 조상인 초기 포유류는 야행성이었습니다. 최초의 포유류가 등장한 2억여 년 전은 공룡이 지배하던 시대였습니다. 거대한 공룡의 틈바구니에서 살아남기 위해, 포유류는 공룡을 어떻게든 피해야 했지요. 지구를 점령하다시피 한 공룡 눈에 띄지 않기 위해 포유류가 선택한 것은 '밤'이었습니다. 밤이 좋아서 야행성이 된 것이 아니라, 밤에 활동해야 살아남을 수 있었기 때문에 야행성이 된 것입니다.

백악기 말, 멕시코 유카탄반도에 거대한 운석이 떨어졌습니다. 그 운석은 공룡을 멸종시켰습니다. 운 좋게도 포유류는 살아남았습니다. 피해야 할 공룡이 사라진 뒤에도 상당수의 포유류는 야행의 습성을 그대로 지니고 살았습니다. 오랜 진화를 거친 야행성 포유류에게 밤은 더 이상 공룡을 피하기 위한 어쩔 수 없는 선택지가 아닌, 그들의 세상이었습니다. 포유류의 종은 폭발적으로 늘어나, 공룡이 사라진 시공간을 차지하게 됩니다.

점차 포유류의 생활 반경이 넓어졌습니다. 어떤 포유류는 공룡의 멸종으로 무주공산(無主空山)이 된 낮 시간으로 활동 영역을 옮겨 갔습니다. 인류도 그중 하나였습니다. 야행성으로 살던 영장류는 주행성으로 진화해 갔고, 인류는 지구에 나타난 후 20만 년 동안 주행성으로 살았습니다. 여기에 변화가 일기 시작한 때는 1879년 에디슨이 백열전구를 발명한 이래, 인공조명이 널리 쓰이면서부터입니다. 인간의 밤은 점점 밝아졌습니다. 밤에 활동하는 사람들이 늘어났습니다. 그 인간들이 모여 사는 도시의 밤은 화려해졌습니다. 오늘날 우리가 사는 도시는 24시간 작동하고 있습니다.

24시간 불 꺼지지 않는 도시, 그 뒤에 숨은 노동

도시와 시골은 여러 면에서 차이가 있지만, 그중에서도 밤의 모습은 극적으로 다릅니다. 밤늦은 시간 시골에 가면 집 안에서 새어 나오는 빛과 가로등을 제외하고는 불빛을 보기 어렵습니다. 가게가 좀 모여 있는 읍내도 별반 다르지 않습니다. 해 질 때쯤 되면 많은 가게가 문을 닫고, 밤 9시 무렵이 되면 거의 대부분의 가게가 영업을 마칩니다. 시골에 놀러 갔을 때 도시에서의 습관대로 밤에 물건을 사러, 또는 음식을 먹으러 가게를 찾다가는 낭패를 보곤 합니다.

도시는 완전히 다릅니다. 늦은 밤 화려한 불빛은 도시의 특징입니다. 청소년들에게는 갈 수 있는 곳이 좀 제한되어 있지만, 어른인 저는 마음만 먹으면 밤에 뭐든 할 수 있습니다. 예전에는 '24시간 영업' 하면 편의점과 찜질방, 감자탕집 정도밖에 없었지만, 요즘에는 김밥집, 햄버거 가게, 카페, 당구장, 노래방, PC방, 헬스장, 미용실, 네일아트 샵, 동물 병원 등 24시간 운영하는 곳을 찾기가 어렵지 않습니다. 24시간 운영하지 않더라도 밤늦은 시간까지 문을 연 상점은 아주 많습니다. 일부 대형 마트의 폐점 시간은 밤 12시입니다. 심야 상영을 하는 극장 역시 많습니다. 저녁 6시면 문을 닫던 박물관이나 미술관도 특정한 요일을 정해 밤 9시까지 문을 열기도 합니다. 게다가 서울시에서는 '올빼미버스'까지 운영하니 새벽에도 대중교통을 이용해 집에 올 수가 있습니다. 바야흐로 밤에 놀기 좋아하는 사람들에게는 천국 같은 세상이 열렸습니다.

하지만 당연히도, 24시간 깨어 있는 도시에서 사람들이 온갖 편의를 누리는 동안 누군가는 그 편의를 제공하기 위해 한밤중에, 그리고 새벽에 일해야 합니다. 야간 시간에 소비하고 즐길 거리가 많아진다는 것은 사람들이 퇴근하고 쉴 때 일터를 지키는 이들이 있

24시간 영업점들이 즐비한 서울 종로의 밤거리

어야 함을 의미합니다. 야간 노동을 감내해야 하는 사람들이 생겨
나는 것입니다.

  야간 노동은 삶의 패턴을 완전히 뒤흔듭니다. 한밤중에 일해야
하니 친구들 만나기도 어려워지고, 가족들과 얼굴 보기 힘든 경우
도 종종 있습니다. 야간 노동자의 삶을 오랫동안 연구해 온 미국 메
릴랜드대학교 사회학과 해리엇 프레서(Harriet B. Presser) 교수는 부
부 중 한 명은 주간에, 다른 한 명은 야간에 일하는 커플에게 태그
팀 커플(tagteam couple)이라는 이름을 붙였습니다. 이 명칭의 유래
는 이렇습니다. 프로 레슬링 경기 중 두세 명이 한 팀을 이루어 벌
이는 경기가 있는데, 팀당 한 명씩 링 위에 올라가 경기를 하다가

선수 교체를 할 때는 링 밖에 있는 다른 선수와 '태그'를 합니다. 그러면 둘은 위치를 바꾸어 한 명이 링 위로 올라오고 다른 한 명은 링 밖으로 나가지요. 한 명이 퇴근하고 집에 돌아오면 다른 한 명이 바로 출근하는 커플의 모습과 비슷하지요? 이들 태그팀 커플은 가정을 이루어 살고 있지만, 일상적으로는 집에서 스치듯 만나고 헤어집니다. 이런 상황에서 단란한 가정생활은 힘들겠지요.[1]

늦게까지 가게 문을 열어야 하는 자영업자의 사정도 비슷합니다. 특히 혼자서 가게를 꾸리는 '나 홀로 사장님'들은 28.8%가 주당 52~68시간을, 13.2%가 68시간 이상 일하고 있습니다.[2] 주 40시간 근무는 꿈도 못 꾸는 상황이지요. 작은 가게를 차리면서 멋진 사장님의 삶을 꿈꿨지만, 현실은 가족과 식사 한 끼 같이 할 시간도 내기 어렵습니다.

늦게까지 일하는 사람들이 많다 보니, 그들을 위한 시장이 또 만들어집니다. 2007년 대형 마트 영업시간이 자정까지로 확대되었습니다. 퇴근 시간이 늦어 장보기가 어려웠던 사람들에게 환영을 받았습니다. 하지만 덩달아 대형 마트 마감 직원들의 퇴근 시간도 늦어졌습니다. 자정에 영업을 종료하면 그들의 퇴근 시간은 새벽 1시 가까이 됩니다.

노동자들의 새벽 근무가 늘어나니 퇴근이 문제였습니다. 서울시는 새벽에 운행하는 올빼미버스를 만들었습니다. 이 서비스는 새벽 퇴근을 위해 택시를 타곤 했던 사람들에게 환영을 받았습니다. 그리고, 새벽에 일하는 버스 기사가 생겼습니다. 새벽에 아이를 맡기는 것도 문제가 됐습니다. 이를 해결하기 위해 24시간 어린이집이 만들어졌습니다. 덕분에 새벽 근무 노동자들도 아이를 맡기고 일터에 나갈 수 있습니다. 그리고, 새벽에 일하는 어린이집 선생님이 생겼습니다. 야간 노동은 또 다른 야간 노동을 낳았습니다. 악순환이지요. 야간 노동이 당연시되는 분위기가 확산되면서 노동자 전체의 삶의 질이 나빠졌습니다.

야간 노동자들의 삶은 어떨까

늦은 밤에 일하는 것은 여러 문제를 낳습니다. 우선 건강에 좋지 않습니다. 야간 노동자는 주간 노동자에 비해 적대감과 우울감이 높고, 위장 질환과 심장 질환의 위험성이 크며, 낮은 수면의 질로 피로도가 높다는 연구 결과가 다수 발표되고 있습니다.[3] 세계보건기구(WHO)는 밤 노동이 암을 유발한다는 연구 결과를 발표하기도 했습니다.

늦은 밤에 일하면 다른 사람들과 생활 패턴이 다르기 때문에 가족이나 친구, 친척들과의 교류가 어렵습니다. 특히 자녀가 있을 경우 문제가 심각합니다. 자녀와 마주하기 어려운 야간 노동자들이 자녀와 멀어지기 쉬운 것은 예상하기 어렵지 않습니다. 야간 노동자들은 우리가 도시의 밤을 즐길 때 늘 옆에 있어 왔지만, 우리는 그들의 삶을 제대로 들여다보지 못했습니다.

하지만 밤에 일하는 것이 꼭 나쁘다고만은 할 수 없습니다. 누군 가에게는 밤에 이런 일자리가 있다는 것이 기회이기도 하거든요. 제 이야기를 해 보지요. 저는 대학 생활을 할 때 가정 형편이 그리 좋지 않아 돈을 좀 벌 필요가 있었습니다. 하지만 학교에 다니며 돈을 벌기는 쉽지 않았습니다. 낮에는 학교에 가야 하고 저녁 시간에는 공부를 하거나 친구들과 함께 시간을 보내야 하니, 돈 버는 시간이 안 나오는 것입니다.

그때 선택한 것은 주유소 야간 아르바이트였습니다. 밤 10시부터 새벽 3시까지 일하는 곳이었습니다. 늦은 밤에 일하니 낮보다 시급도 1.5배가 많았고, 근무의 시작이 밤 10시이니 저녁 시간을 포기하지 않아도 되었습니다. 새벽 3시까지 일하는 것이 좀 피곤하긴 했지만, 아예 밤을 새는 것도 아니고 매번 1교시 강의가 있던 것도 아니니 저에게는 아주 안성맞춤인 자리였지요. 그렇게 야간 일자리가 있던 덕분에 저는 어렵지 않게 학교를 다닐 수 있었습니다.

하지만 이런 경우는 어떨까요? 만약 어떤 노동자가 대형 마트에서 근무하고 있는데, 어느 날 갑자기 근무시간이 자정까지로 확대되었다고 생각해 봅시다. 그렇다고 갑자기 일을 그만두기도 어렵습니다. 고용된 처지인 그의 삶은 밤늦은 시간까지 영업하기로 결정한 회사의 방침에 크게 좌우됩니다. 자발적으로 야간에 일하는 것과 어쩔 수 없이 야간에 일하는 것은 엄연히 다르지요. 어떤 경우는 자발적인 선택처럼 보이지만 강제적일 때도 있습니다. 요즘은 조금 나아졌지만, 불과 3~4년 전만 해도 IT 업계에서는 밤샘 근무가 당연시 되는 문화가 있었습니다. IT 업종에서 꿈을 펼치고 싶은 사람이라면, 혹독한 노동 환경을 어쩔 수 없이 받아들여야 했지요. 물론 밤늦게까지, 혹은 야간에 일하는 것이 주간 근무보다 더 많은 돈을 벌수 있어 이를 선택하는 사람들도 있습니다. 하지만 많은 경우 애초에 연장 근무와 야간 근무를 해야만 생활이 가능하도록 임금체계가 책정되어 있기도 합니다. 이 경우 야간 근무를 택하는 것을 진정한 자발적 선택이라 말할 수 없습니다.

제가 야간 노동을 기꺼이 받아들이고 지금도 좋은 기억으로 간직하고 있는 것은, 그곳이 저의 평생직장은 아니었기 때문입니다. 일하는 2년 남짓한 기간 동안 훗날을 도모할 수 있었고, 학교를 졸업한 후에는 다른 직업을 가질 수 있었습니다. 만약 잠시 거쳐 가는 과정이 아니라 오랜 세월 새벽일을 해야 생계가 유지되는 상황이었다면, 가정을 꾸렸는데도 새벽일 때문에 아이를 제대로 돌보기 어려운 상태였다면, 저는 그 일을 하지 못했거나 일하면서도 괴로운 시간을 보냈을 겁니다.

도시의 밤을 대하는 우리의 자세

이렇듯 도시의 밤은 개인의 선택과 기업의 결정이 맞물린 문제입니다. 더불어 이는 정책과도 밀접한 연관이 있습니다. 정책은 우리의 합의이고, 사회적 공감이지요. 우리 사회는 야간 노동을 어떻게 바라보고 있을까요?

2020년 들어 경기도 수원시는 환경미화원의 새벽 근무를 없애고, 근무시간을 오전 6시부터 오후 3시까지로 바꾸었습니다. 그 전까지 환경미화원의 근무시간은 새벽 3시부터 낮 12시까지였습니다. 그들이 새벽에 일하는 덕분에 우리는 아침에 출근하거나 등교할 때 깨끗한 거리를 마주할 수 있었지요. 이것은 우리가 누리는 편익입니다. 대신에 밤에 일하는 사람들이 치러야 하는 비용은 무엇일까요?

2015년부터 3년간 근무 중 사망한 환경미화원이 18명, 부상자가 1,804명에 달했습니다. 새벽에 일하는 까닭에 시야 확보가 잘 안 되다 보니, 후진하는 청소차에 치이거나 다른 차량에 의한 교통사고

2018년 환경미화원의 주간 근무 비중은 38% 수준으로,
정부에서는 이를 점차 확대해 나가고 있다.

도 잦았습니다. 그뿐 아니라 새벽에 쓰레기봉투를 치울 경우, 그 안에 들어 있는 뾰족한 물건이 잘 보이지 않아 부상을 입는 경우가 많았습니다. 환경미화원들의 사고가 잇따르자 환경부는 2019년 3월, '환경미화원 작업 안전 지침'을 통해 환경미화원들의 야간·새벽 작업을 주간 작업으로 전환하라는 권고를 내렸습니다. 이 권고에 따라 몇몇 지자체들이 환경미화원의 새벽 근무를 없애는 방향으로 근무 환경을 바꾸고 있습니다. 수원시도 그중 하나였던 것이지요.

전면적인 근무시간 조정에 앞서 수원시는 7개 동에서 시범 운영을 하고 그 결과를 조사했는데, 환경미화원의 만족도가 95%였다고 합니다. 위에서 말한 것과 같은 위험 요소가 사라진 데 대한 만족도가 높았고, 특히 이제까지 누릴 수 없었던 가족, 친구와의 소소한 행복을 누릴 수 있게 되어 행복하다고 했습니다.[4] 환경미화원들의 근무시간이 바뀌면서 우리의 거리가 깨끗해지는 시간이 3시간 늦춰졌습니다. 그 대신 환경미화원의 건강과 생활이 좋아졌습니다. 결국 여기서 정책을 결정하는 것은 여론입니다. 우리는 무엇을 선택하는 것이 좋을까요?

이 경우는 어떨까요? 낮에는 교통량이 많은 간선도로가 있다고 생각해 봅시다. 그곳의 차선이 많이 벗겨져서 새로 칠을 해야 합니다. 낮에 작업하면 하루 종일 극심한 교통 정체를 빚습니다. 이로 인해 수많은 사람의 시간이 낭비되고, 공회전 증가로 인해 오염 물질이 많이 배출되고요. 반면에 새벽 작업을 하면 별 무리 없이 작업을 마칠 수 있습니다. 그 대신 새벽에 일하시는 분들이 힘들겠지요. 이 경우는 어떻게 해야 할까요?

새벽 근무가 좋다 나쁘다를 이분법적으로 이야기하기는 참 어렵습니다. 같은 상황에 같은 논리를 적용하면 답이 쉽게 나올 것 같지만, 그 상황이라는 것도 다 정도의 차이가 있기 때문에 무 자르듯 딱 잘라 해답을 내기는 쉽지 않습니다. 비논리적인 것처럼 보일지라도 그때그때 판단할 수밖에 없지요.

2018년 10월에는 연중무휴 24시간 민원 서비스를 8년 동안 제공했던 경기도의 '365 24 언제나 민원실' 서비스가 폐지됐습니다. 이 서비스는 이용하는 고객(여기서는 시민이 되겠지요)들을 만족시킨 훌륭한 서비스로 상까지 받았습니다. 그런데 왜 폐지했을까요? 행정 서비스를 개선했다는 좋은 평가를 받았지만, 실제 이용자가 그리 많지는 않았습니다. 그런데 24시간 민원 창구를 운영하기 위해서는 누군가 그 일을 해야 했습니다. 얻을 수 있는 편익이 그리 크지 않는데도, 굳이 누군가의 희생을 담보로 24시간 민원 창구를 열 필요는 없겠지요.

유럽에서는 최근 몇 년 사이에 '밤의 도시'를 두고 상반된 정책이 나와 흥미를 끌었습니다. 우선 런던을 볼까요? 2016년 11월, 사디크 아만 칸(Sadiq Aman Kahn) 런던 시장은 에이미 라메(Amy Lamé)를 런던 최초의 '밤의 황제(Night Czar)'로 임명했습니다. 에이미 라메는 작가, 활동가, 방송 진행자, 클럽 운영자이며, 특히 퀴어 공연장 로열복스홀태번에서 '더키(Duckie)'라는 나이트클럽을 20년 넘게 운영하고 있는 런던 밤 문화의 대모(大母)입니다.

도시의 밤 문화가 만들어 내는 경제 효과는 매우 큽니다. 경제와 비즈니스 연구센터(Center for Economic and Business Research)와 런던퍼스트(London First)의 최근 보고서는 2014년 런던의 야간 경제가 영국 전체 경제에 기여한 규모는 약 38조 원이라고 밝혔습니다. 하지만 런던의 밤은 어려움을 겪고 있었습니다. 2010년도 초부터 상황이 나빠져 5년 동안 클럽의 50%가 문을 닫았고, 음악 공연장의 40%가 사라졌습니다. 이런 와중에 런던의 밤 문화와 밤 경제를 활성화시키고자, 시에서는 밤의 황제라는 직책을 만들어 냈습니다. 에이미 라메는 관련 업종과 이용자를 위한 새로운 비즈니스 전략을 마련하고, 거주 지역과 클럽의 공생 방안 등을 모색하고 있습니다.[5]

반면에 스위스에서는 완전히 다른 정책이 진행 중입니다. 스위스는 노동자들의 '밤 생활'을 보장하기 위해 상점 영업시간을 제한하고 있습니다. 2010년 제네바는 상점 영업시간 제한을 오후 7시에서 오후 8시로 연장하는 방안을 결정하기 위한 국민투표를 실시했습니다. 상점이 너무 일찍 문을 닫아 소비자들이(시민들이) 불편을 겪는다는 것이 개정안의 이유였지요. 그런데 투표 결과, 찬성 43.8%, 반대 56.2%로 이 법안은 부결됐습니다. 시민들이 늦게까지(그래 봤자 오후 8시까지였지만 말이죠) 상점을 이용하는 편익보다는 상점 노동자가 저녁 시간을 자유롭게 갖는 것이 더 중요하다고 생각했기 때

문이지요. 이것이 제네바 시민들의 결정이었습니다.[6]

유럽 여행을 가 본 사람들은 알겠지만, 유럽의 도시는 우리나라와는 비교도 안 될 정도로 상점들이 일찍 문을 닫는 것을 볼 수 있습니다. 특히나 일요일에는 영업을 안 하는 가게가 엄청 많지요. 자발적으로 영업을 쉬는 경우도 있지만, 법률이나 조례로 휴일 영업을 제한했기 때문에 문을 닫기도 합니다. 그 도시를 살아가는 사람들은 노동자들이 휴일에 쉴 권리, 휴일을 가족과 함께 보낼 권리가 더 중요하다고 여겼기 때문이지요.

자, 이제 우리의 선택이 남았습니다. 도시의 정책은 야간 경제 활성화에 초점을 맞춰야 할까요, 아니면 야간 노동자들의 권리 보호에 더 신경 써야 할까요? 장단점이 있습니다. 이분법적 선택만 있는 것도 아니지요. 선택지에는 '무엇을'도 있지만 '어떻게'도 있으니까요.

도시에는 밤에 활동하는 사람들이 점점 많아지고 있습니다. 그들 중에는 공룡의 틈바구니에서 살아남기 위해 어쩔 수 없이 밤을 선택한 초기 포유류처럼, 생존을 위해 밤에 활동하는 사람들이 존재합니다. 이미 적응해 버린 야행성 포유류처럼 밤의 활동을 즐기는 사람들도 존재하지요. 도시의 밤은 누군가에게는 꽉 짜인 일상을 벗어나는 해방구가 되기도 하고, 누군가에게는 생존을 위해 내몰린 시간이 됩니다. 로켓 배송, 새벽 배송의 편리함을 누리는 사이, 근무 시간이 늘어나고 야간 근무에 몰린 택배 기사가 숨을 거두는 사건이 잇따라 발생하고 있습니다.

새벽 배송의 편리함 뒤에는 새벽 노동이 존재한다.

우리는 도시의 활기찬 밤이 주는 편리함을 누리며 살고 있습니다. 하지만 그 이면에는 잠 못 이루는 야간 노동자들의 삶이 존재합니다. 공짜로 얻을 수 있는 것은 없습니다. 그 비용을 내가 제대로 치르지 않고 있다면, 누군가가 감당하고 있는 것입니다.

'시민의 발' 올빼미버스가
달갑지만은 않은 까닭

늦은 밤에 일을 하고, 밤늦게까지 도시를 즐기는 사람들이 많아지면서 심야 시간대의 교통 수요도 늘어났습니다. 하지만 막차가 끊기고 첫차가 다니기까지의 늦은 밤과 새벽은 대중교통의 사각지대였습니다. 자가용 승용차를 타지 않는다면 택시를 타거나 첫차가 다닐 때까지 기다려야 했지요. 2013년 서울시는 밤늦은 시간까지 연장된 시민들의 삶의 패턴에 맞추어 자정부터 새벽 6시까지 다니는 심야 버스 제도를 도입했습니다.

버스의 노선을 정하는 데는 빅데이터가 활용됐습니다. 심야 시간대에 사용한 휴대폰 데이터 30억 건과 심야 택시 승하차 데이터 500만 건을 분석해 심야 버스 수요 예측을 했고, 이를 토대로 종로, 홍대 앞, 강남 등의 중심 시가지와 주거지를 연결하는 노선이 만들어졌지요. 2021년 4월 현재 9개 노선 70대의 버스가 20~30분 간격으로 자정부터 새벽 6시까지 운행하고 있습니다. 2013년 9월부터 2018년 12월까지, 1,687만 명이 이용할 정도로 많은 시민이 심야 버스를 이용했습니다. 2013년 시민이 뽑은 서울시 10대 뉴스 중 1위에 오를 만큼 심야 버스에 대한 시민들의 호응은 높았습니다. '올빼미버스'라는 애칭도 생겼지요.

심야 시간 시민의 발이 되어 주는 올빼미버스

그렇다면 올빼미버스는 어떤 사람들이 주로 이용할까요? 2018년 7월, KBS 〈다큐멘터리 3일〉은 도봉산역을 출발해 동대문시장을 지나 온수역까지 가는 N16번 버스의 3일을 방영했습니다. 다큐 팀이 올빼미버스에서 처음 만난 사람은 동대문역사문화공원에서 청소 일을 하는 중년 남성입니다. 늦은 밤까지 청소 일을 마친 후 귀가를 위해 새벽 1시에 올빼미버스에 오릅니다. 다큐에는 유독 청소 일을 하는 분들이 많이 등장합니다. 이 중년 남성처럼 밤늦은 퇴근길에 올빼미버스에 오르기도 하고, 사람들이 출근하기 전 빌딩 청소를 마치기 위해 새벽 출근길에 버스를 타는 사람들도 있습니다.

대리운전 기사도 올빼미버스의 단골손님입니다. 손님의 '콜'을 받고 목적지까지 운전하고서 다음 '콜'을 위해 이동하는 사이, 이들은 올빼미버스에 올라탑니다. 새벽 1시에 근무를 마친 관광안내소 직원도 보입니다. 이렇게 늦은 시간까지 관광안내소를 여나 보네요. 뮤지컬 극장에서 일하는 사람, 야간 업소 악기 연주자, 팬터마임 공연자, 드라마 단역배우, 취업 준비생, 야근을 마친 금융 회사 직원, 3교대로 근무하는 병원의 간호사와 의류 도매상으로 일하는 분도 올빼미버스의 손님입니다.

취객이 많을 거라는 예상과 달리, 심야 시간에도 일을 하는 사람들이 주를 이뤘습니다. 올빼미버스가 가장 붐비는 시간은 새벽 2시경이라고 합니다. 이때는 낮의 러시아워처럼 발 디딜 틈 없이 버스 안이 꽉 차기도 한다는군요. 올빼미버스에 오른 사람들은 깊은 밤 시민의 발이 되어 주는 이 서비스를 예찬합니다. 이 버스가 없었다면 큰 불편을 겪었을 겁니다. 하지만 새벽에도 가득 찬 올빼미버스가 보여 주는 우리 사회의 모습이 무엇일까를 생각해 보면 마음 한편이 무겁습니다.

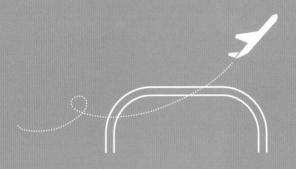

#두 번째 이야기

**우리 도시의 공생 지수,
초록불일까? 빨간불일까?**

#06

———— 다문화 ————

도시가 기억해야 할
이주민의 삶

#인천 차이나타운 #이태원 #대림동 #원곡동

이슬람에서 온 커리, 청나라에서 온 짜장면

여러분들은 어떤 음식을 좋아하나요? 저는 좀 특별한 것을 먹고 싶을 때면 인도 커리 가게를 찾아갑니다. 우리에게는 일본에서 유래한 '카레'라는 명칭이 익숙하지만, '커리'는 밥에 비벼 먹는 '카레'와 다른 매력이 있습니다. 화덕에서 갓 구워 나온 뜨끈뜨끈한 난(n-an)을 이국적인 향신료가 듬뿍 들어간 커리에 찍어 먹는 맛이 아주 일품이지요. 제가 자주 가는 커리 가게는 2003년에 문을 열었습니다. 터키 사장님이 운영하는 그 가게는 커리를 비롯한 할랄 음식을 만드는 곳입니다. 할랄 음식은 이슬람 종교를 가진 사람들이 율법을 어기지 않고 먹을 수 있는 음식을 말하는데, 인도 음식과 메뉴가 많이 닮았습니다(이슬람교는 인도에서 힌두교 다음으로 많이 믿는 종교거든요). 30여 년 전만 해도 우리나라에는 이슬람교를 믿는 사람들이 거의 없었습니다. 당연히 이슬람 율법에 맞는 음식을 파는 식당이 있을 리 없었지요. 그런데 1990년대 이후 외국인 노동자가 우리나라에 대거 몰려들면서 상황이 달라집니다. 이슬람교도가 점점 늘어나며 이슬람 공동체가 급격히 성장했고, 그들을 대상으로 하는 식당이 하나둘 문을 열었습니다. 그중에 저의 단골 커리 가게도 있었던 것이지요. 제가 처음 그곳에 갈 때만 해도 손님의 대부분은 외국 사람이었습니다. 하지만 요즘에는 한국 사람이 더 많습니다.

온 국민이 좋아하는 짜장면도 비슷한 과정을 거쳐 우리나라에 정착했습니다. 한적한 어촌 마을인 인천에 중국인이 이주하기 시작한 것은 1880년대 초반이었습니다. 1882년 임오군란 당시, 조선의 군란을 진압한다는 구실로 청나라 군대가 파병되면서 40여 명의 청나라 상인이 함께 조선에 들어옵니다. 1883년에는 부산과 원산에 이어 인천이 개항합니다. 항구 근처에는 조계지가 만들어집니다. 조계지는 외국인의 치외법권이 허용되는 불평등한 공간입니다. 하지만 조선 조정의 입장에서는 외국인의 활동을 조계지 안으로 제한하는 효과를 보기도 했지요. 그런 연유로 인천에는 청국 조계지가 있었습니다.

인천 중구 소재 짜장면 박물관은 원래 '공화춘'이라는 청요릿집이었다.

　인천의 조계지를 근거로 세력을 확장하던 청나라 사람들은 1920
년대에 가파르게 증가합니다. 당시 조선의 임금 수준은 청나라보다
훨씬 높았습니다. 이에 청나라 사람들, 특히 인천과 가까운 산둥반
도 사람들이 일자리를 쫓아 인천으로 왔습니다. 이렇게 우리나라에
정착한 중국 사람들과 그 후손을 화교(華僑)라 부릅니다. 청나라 노
동자들이 모이고, 청요릿집도 하나둘 문을 열었습니다. 청요릿집은
부두에서 일하는 노동자들에게 인기가 좋은 간편한 면 요리를 만들
어 팔았는데, 그것이 짜장면입니다.

　일자리를 찾아 우리나라로 이주한 외국인을 대상으로, 역시 이주
한 외국인이 문을 연 식당이지만, 그 덕분에 우리나라 사람들도 외

국에 나가지 않고 중국 요리를 먹을 수 있게 됐습니다. 우리나라에 들어온 지 100년이 넘은 짜장면은 이제 더 이상 외국 음식이라 불리지 않습니다.

'기회의 땅'으로 국경을 넘는 한인들

이주는 인류의 삶이자 역사 그 자체입니다. 사람들은 왜 자신이 태어난 곳에 평생 머물지 않고, 다른 나라로 떠날까요? 낯선 땅으로의 이주에는 수많은 사연이 있습니다. 결혼이나 유학 같은 자발적인 이유도 있을 테지만, 전쟁 같은 정치적 상황 때문에 강제로 이주하기도 하고, 가난을 벗어나려고 무작정 타국으로 떠나는 경우도 있지요.

우리 민족도 예외는 아닙니다. 20세기 초 청나라 사람들이 인천으로 넘어올 때, 조선의 농민들도 국경을 넘었습니다. 구한말과 일제강점기를 거치며 농촌의 삶은 피폐해졌습니다. 자작농은 소작농으로 전락하고, 소작농은 높은 소작료와 물 사용료를 감당하기 어려웠습니다. 더 이상 농촌에서 살 수 없었던 사람들은 농사지을 땅을 찾아 만주로, 일자리를 찾아 일본으로 떠났지요.

우리나라 역사상 근대적인 형태의 이민이 시작된 해는 1902년입니다. 1902년 12월 22일, 121명의 젊은 남자들이 하와이 사탕수수 농장에서 일하기 위해 인천항을 떠났습니다. 이들은 일본 나가사키에 내려 신체검사를 받고 최종적으로 102명이 갤릭호를 타고

1903년 1월 13일 하와이 호놀룰루에 도착했습니다. 미국 이민의 시작이었지요. 이후 1905년까지 7,000여 명의 조선인이 하와이로 이주해 사탕수수 농장에서 일했습니다. 농장에서의 일은 아침 6시에 시작되었고, 하루 10시간씩 중노동이 이어졌습니다. 농장 감독관들은 채찍까지 휘두르며 일을 시켰습니다.

6·25 전쟁 직후에는 미군과 결혼한 한국 여성, 이른바 '군대 신부(military bride)'가 대거 미국으로 이주했습니다. 전쟁 통에 부모를 잃은 고아들도 미국으로 보내졌고요. 1950년에서 1964년 사이, 6,423명의 한국 여성이 미군의 배우자로서, 5,348명의 전쟁고아가 입양을 통해 미국에 정착했습니다.[1] 1970년부터 1990년까지는 '아메리칸 드림'을 꿈꾸는 한국인 55만여 명이 일자리를 쫓아 미국으로의 이주를 선택했지요.

그뿐이 아닙니다. 1905년 멕시코 에네켄 농장으로의 이주를 시작으로 쿠바, 브라질, 파라과이, 볼리비아 등의 중앙아메리카와 남아메리카로도 많은 한국인이 이민을 갔습니다. 1960~1970년대 외화가 부족했던 시절, 광부와 간호사들은 서독으로 이주해 본국에 남아 있는 가족들을 먹여 살렸지요. 1970년대 말에서 1980년대 초까지는 중동 건설 붐이 있었는데, 그때 많은 노동자들이 중동에 나가서 돈을 벌었습니다. 이렇게 수많은 한국 사람이 기회를 찾아 국경을 넘었습니다. 2019년 기준으로 국경 너머에 살고 있는 재외 동포는 750만여 명에 달합니다.[2]

우리나라에 사는 외국인, 얼마나 될까

1990년대에 접어들면서는 거꾸로 우리나라가 기회의 땅이 됐습니다. 1990년대 초 신도시 건설과 함께 주택 200만 호 건설이 정책적으로 추진되면서 갑자기 대형 공사가 동시에 시행되자, 공사장 일손이 대거 필요했거든요. 또 소득 1만 달러 시대가 되자 우리나라 사람들의 '3D 업종' 기피가 심해져, 인력난은 더욱 심해졌습니다. 건설 현장에서도, 공장에서도 일할 사람을 구하기가 힘들었지요.

이때 한국계 중국인, 동남아시아인 등이 중심이 되어 많은 외국인이 우리나라 도시로 모여들었습니다. 이들 이주 노동자는 고국에서보다 더 높은 급여를 받았고, 대한민국의 도시는 부족한 노동력을 공급받았지요. 이것이 외국인 노동자들이 본격적으로 이주해 온 역사의 시작이었습니다. 이주 노동자는 공사 현장과 공장뿐만 아니라 농장, 숙박업소, 식당 등 한국 사람들이 일하기 꺼리는 직종을 중심으로 퍼져 나갔습니다. 국내에 취업한 이주 노동자의 수는 1991년 4만 5,449명에서 1995년 12만 8,906명, 2000년 28만 5,506명, 2019년 86만 3,000명으로 가파르게 늘어났습니다.[3]

1990년대 중반 이후에는 국제결혼을 통해 우리나라에 정착하는 사람들이 늘어났습니다. 결혼하지 못하는 농촌 총각이 너무 많아지자 정책적으로 국제결혼을 추진한 것도 한몫했지요. 여기에 더해, 우리나라를 찾는 유학생도 늘어나는 중입니다. 이렇게 거의 모든 지표가 국내 거주 외국인의 증가를 가리키고 있습니다. 2019년 기준, 전국적으로 252만 4,656명의 외국인이 우리나라에 거주하고 있습니다. 이는 전체 인구의 4.87%에 해당합니다.[4] 서울만 놓고 보면, 40만 명이 넘는 외국인이 우리와 함께 살고 있습니다.

서울 속 '작은 외국', 외국인 밀집 거주 지역

국내 거주 외국인이 많아지면서 외국인이 모여 사는 지역도 늘어나고 있습니다. 같은 나라 출신들이 특정 장소에 모여 사는 것은 자연스러운 현상입니다. 말도 잘 통하지 않는 남의 나라에 가서 산다는 것은 쉽지 않은 일이지요. 당연히 같은 나라나 문화권에서 온 비슷한 처지의 사람들에게 의존하게 됩니다. 먼저 정착한 이들은 신참들에게 취업이나 생활과 관련된 정보를 줄 수 있습니다. 또 출신 국가가 같거나 비슷한 문화를 공유하는 사람들이 모여 있으면 이들 집단을 대상으로 하는 상점이나 편의 시설, 종교 시설 등이 생기기 쉽습니다. 이런 시설은 또다시 비슷한 문화권의 이주민을 끌어모으고요. 그러면서 외국인 밀집 거주 지역이 생겨납니다.

지금이야 인구의 5%에 가까운 외국인이 국내에 살고 있지만, 1980년대까지만 해도 외국인을 보기는 쉽지 않았습니다. 개화기부터 우리나라에 정착한 화교들이 거주하는 '인천 차이나타운'이나 미군 부대 주변인 '이태원'처럼 특수한 곳에 가야만 많은 외국인을 만날 수 있었지요. 그러다 점차 국내에 거주하는 외국인이 늘었고, 외국인 밀집 지역도 여기저기 생겨났습니다. 프랑스인이 모여 사는 서래마을, 일본인이 거주하는 동부이촌동 등이 대표적인 예입니다.

서울 서초구 서래마을은 1985년 이태원에 있던 서울프랑스학교(LFS)가 이전해 오면서 프랑스인 마을로 바뀌기 시작했고, 동부이촌동은 1965년 한일 국교 정상화 이후로 한국에 중장기적으로 머물게 된 일본인들이 한강과 가깝고 주거 환경이 쾌적하며 교통이 편리하다는 이유로 모여들면서 일본인 마을을 이뤘습니다. 두 마을에 사는 프랑스인과 일본인 대다수는 대사관 직원, 또는 기업 주재원과 그 가족들이었습니다. 서래마을에는 프랑스인 500여 명, 동부이촌동에는 일본인 1,000여 명이 모여 살았으니, 앞으로 살펴볼 외국인 밀집 거주 지역과는 비교도 안 되는 적은 규모였지요. 하지만 모여 사는 것은 효과가 있었습니다. 프랑스와 일본의 식재료 및 음식을 파는 가게, 식당 등이 생겼고, 외국인들이 생활하기 편리한 환경이 만들어졌습니다. 그래서 마치 파리나 도쿄를 옮겨 온 듯한 이국적인 느낌을 주며 한국인들의 발길을 끌어들이기도 했습니다.

'코리안 드림' 좇아 온 외국인들은 어디에 살까

1990년대 들어 외국인 노동자의 이주가 본격적으로 시작되면서, 일자리를 구하기 쉬운 공단 주변에 교통 좋고 임대료가 저렴한 지역을 중심으로 외국인이 모여 사는 지역이 만들어졌습니다. 안산 반월공단 인근의 원곡동을 필두로, 가구 공장이 모여 있는 경기도 남양주시 화도읍, 대구 성서공단과 인천 남동공단 인근에 외국인이

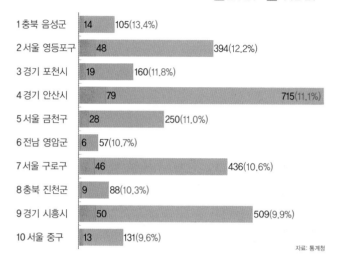

1 충북 음성군　14　105(13.4%)

2 서울 영등포구　48　394(12.2%)

3 경기 포천시　19　160(11.8%)

4 경기 안산시　79　715(11.1%)

5 서울 금천구　28　250(11.0%)

6 전남 영암군　6　57(10.7%)

7 서울 구로구　46　436(10.6%)

8 충북 진천군　9　88(10.3%)

9 경기 시흥시　50　509(9.9%)

10 서울 중구　13　131(9.6%)

자료: 통계청

외국인 비율 상위 시군구 현황
단위: 천 명, 2019년 기준

크게 늘었지요. 공장이 많은 부산, 김해, 창원으로도 외국인 노동자가 많이 이주하면서 경남 김해시 동상동에 외국인 노동자를 대상으로 하는 대형 상권이 형성되었습니다. 김해 동상동 외국인 거리에는 주말이면 수천 명의 외국인이 모여듭니다. 알아볼 수 없는 외국어 간판과 독특한 향신료 냄새, 수많은 외국인 노동자들이 거리를 가득 채우지요. 이국적인 풍경과 먹거리를 쫓아 많은 한국인도 외국인 거리를 찾습니다.

서울에서 가장 많은 외국인이 모여 사는 곳은 영등포구 대림동입니다. 그중에서도 대림2동의 외국인 비율이 매우 높습니다. 2020년

서울 대림동 차이나타운에는 중국어 간판이 즐비하다.

기준 내국인 1만 2,409명, 외국인 7,367명이 대림2동에 살고 있습니다.[5] 다른 외국인 밀집 지역과 다른 점은 대림2동에는 조선족을 비롯한 중국 국적 외국인의 비율이 압도적으로 높다는 것입니다. 대림2동 외국인의 99.3%가 중국 국적의 외국인입니다. 대림동이 새로운 차이나타운으로 불리는 이유입니다.

처음 조선족들이 자리 잡은 곳은 대림동 인근의 가리봉동이었습니다. 가리봉동은 구로공단과 맞닿아 있는 지역입니다. 가리봉동에는 벌집이라는 독특한 구조의 집이 있었습니다. 1970~1980년대 돈을 벌기 위해 지방에서 올라와 구로공단에 취업한 여성 노동자들이 저렴한 임대료로 살 수 있는 집이었습니다. '벌집'이라는 이름에서

1970~1980년대 구로공단 노동자들이 살던 가리봉동 '벌집'은
1990년대 이후 조선족으로 채워졌다.

도 느껴지듯이 아주 작은 방 여러 개가 다닥다닥 붙어 있는 곳이었습니다. 화장실과 마당은 공용이었고, 주거 환경은 매우 열악했습니다. 그 대신 임대료가 쌌습니다. 돈을 조금이라도 아끼려는 사람들, 주거비에 많은 돈을 쓸 수 없는 사람들이 이 집에서 살았습니다.

하지만 1990년대 들어 구로공단의 공장이 지방과 해외로 이전하면서 공장에서 일하던 사람들이 가리봉동을 떠났습니다. 벌집도 비었지요. 그 시기, 조선족 노동자들이 벌집을 채워 나갑니다. 임금이 낮고, 생활비를 아껴야 하고, 본국에도 돈을 보내야 하는 조선족 노동자들의 상황은 1970~1980년대 여성 노동자들과 크게 다르지 않았습니다. 그렇게 가리봉동은 조선족 밀집 거주 지역이 됐습니다.

그런데 2005년경부터 상황이 달라집니다. 가리봉동에 재개발이 추진되면서 벌집은 사라져 가는데, 돈을 벌기 위해 들어오는 조선족 수는 계속 늘어나 가리봉동의 임대료가 상승했거든요. 그러자 가리봉동과 가까운 대림동이 조선족의 새로운 주거지로 떠오르게 됩니다. 마침 대림동에는 세입자를 찾지 못한 채 비어 있는 집이 많았습니다. 재래식 산업 공단인 구로공단이 구로디지털단지·가산디지털단지로 재편되면서 대림동의 열악하고 저렴한 주택에 대한 수요가 줄었기 때문입니다. 대림동은 임대료가 저렴한 집이 많았고, 조선족이 일하는 직장과 가까웠고, 2호선과 7호선이 교차해 교통이 편리했으며, 가리봉동과도 가까웠습니다. 조선족의 거주지로 좋은 조건을 갖춘 셈이지요.

점차 대림동으로 조선족이 모여들었고, 중국 식당, 식재료 판매점, 휴대폰 가게, 직업소개소 등이 생겼습니다. 중국말을 할 줄 아는 조선족이 자리를 잡자, 조선족이 아닌 중국인들도 대림동으로 모였고요. 7호선 대림역 12번 출구로 나가면 한글 간판보다 중국어 간판을 더 쉽게 볼 수 있습니다. 대림2동은 대한민국 서울에 있지만, 한국 사람보다 중국 사람이 더 많이 사는 동네가 되었습니다.

대림동을 통해 드러난 이주민 혐오

2006년을 기점으로 우리나라는 인구 순유입 국가가 됩니다.[6] 이는 우리나라에서 외국으로 나가는 사람보다 외국에서 우리나라로 들어오는 사람이 많다는 뜻으로, 우리나라 도시가 기회의 땅이 되었다는 사실을 의미합니다. 기회가 있는 곳엔 사람들이 모여들게 마련이지요.

그런데 외국인 노동자를 바라보는 우리의 시선이 곱지만은 않습니다. 외국인은 범죄를 일으키고, 우리가 애써 만들어 놓은 사회질서를 무너뜨리는 존재라는 편견과 혐오도 존재합니다. 이런 혐오는 특히 외국인 밀집 지역, 그중에서도 대림2동을 대상으로 심심치 않게 등장합니다. 평소에는 인력 시장, 양꼬치나 마라탕을 파는 곳, 이국적인 분위기의 동네로 여겨지다가도, 특정 사건이 발생하면 대림동을 향한 편견과 공포가 고개를 치켜듭니다. 2017년 12월 대림동에서 살인사건이 일어났을 때처럼 말이지요.

2017년 12월 13일 새벽 4시 27분. 다툼을 벌이던 26세 청년이 가슴에 칼을 맞고 쓰러졌습니다. 신고를 받은 구급대가 청년을 병원으로 옮겼으나 숨지고 말았습니다. 하루 뒤 경찰에 붙잡힌 가해자는 25세 청년 황 모 씨였습니다. 밤늦게 술을 마시다가 시비가 붙은 끝에 일어난 불행한 사건이었습니다. 그런데 하필 가해자와 피해자가 모두 조선족이었고, 사건의 현장은 조선인 밀집 거주 지역인 서울 대림동이었습니다. 이날 새벽에 일어난 사건은 다음 날 포털 사이트 메인 뉴스가 됐습니다. 순간의 화를 참지 못해 일어난 우발적인 사건으로 한 청년이 사망하고 또 한 청년은 살인자가 된 비극 앞에서, 우리의 관심은 사람이 아닌 집단과 지역으로 향했습니다. "조선족을 추방하라!", "대림동은 우범지대다."와 같은 댓글이 달렸습니다. 이주민에게 배타적인 모습이 노골적으로 드러났지요.

조선족의 강력 범죄가 뉴스에 자주 오르내리고, 영화를 비롯한 많은 대중매체가 대림동을 범죄 소굴로 묘사하면서 조선족과 대림동에 대한 오해와 편견은 심해졌습니다. 하지만 통계는 편견이 사실이 아님을 보여 줍니다.

한국형사정책원구원 통계에 따르면, 2017년 기준 조선족을 포함한 중국 국적 소지자 10만 명당 범죄 검거 인원은 1,621명입니다. 이는 범죄율을 비교적 동일한 기준에서 파악하기 위해 인구 대비로 본 수치입니다. 그렇다면 중국인들의 범죄율이 정말 높은지 오른쪽 표를 보고 비교해 볼까요? 우선 한국에 거주하는 다른 외국인을 살펴봅시다. 몽골, 키르기스스탄, 우즈베키스탄의 10만 명당 검거 인원이 각각 2,367명, 2,089명, 2,005명으로 상위권에 속하는군요. 중국인들은 전체 조사 대상 16개 국가 중 6위로, 중간 정도에 해당합니다. 그런데 국내에 체류하는 중국인의 수 자체가 많다 보니 범죄 건수의 절대량도 덩달아 많아져 "중국인은 범죄율이 높다"고 생각했던 것은 아닌지 되묻게 됩니다.

이번에는 한국인과 중국인을 비교해 보겠습니다. 한국인의 10만 명당 범죄 검거 인원은 무려 3,481명에 달합니다. 1,621명인 중국인에 비해 월등히 많지요. 그러니 대림동에 모여 사는 조선족만 비난할 일은 아닙니다. 외국인 범죄는 발생 빈도에 비해 뉴스에 나올 확

인구 10만 명당 검거 인원 지수 비교

순위	국적	지수
1	몽골	2,367
2	키르기스스탄	2,089
3	우즈베키스탄	2,005
4	러시아	1,993
5	파키스탄	1,700
6	중국	1,621
7	타이완	1,273
8	타이	1,231
9	기타 국적	1,216
10	미국	1,076
11	캐나다	1,057
12	스리랑카	1,054
13	베트남	899
14	방글라데시	753
15	필리핀	551
16	인도네시아	411
17	일본	358

외국인 평균 1,353   내국인 평균 3,481

*국적별 외국인 인구는 '거주 외국인 인구 추정치'를 기준으로 함.
*2017 내외국인 국적별 전체 범죄 대상

자료: 한국형사정책연구원

률이 높으며, 또 우리에게 강한 인상을 줍니다. 그래서 사실보다 더 위험하게 느껴지는 것이지요.

그 후 한동안 잠잠하던 대림동에 대한 편견은 코로나19의 확산과 함께 다시 수면 위로 올라왔습니다. 지난 2020년 1월 29일, 국내 네 번째 확진자가 나오며 코로나19의 확산 방지를 위해 애쓰던 시기에 《헤럴드경제》는 「대림동 차이나타운 가 보니…가래침 뱉고, 마스크 미착용 '위생 불량 심각'」이라는 기사를 내보냈습니다. '담배 피우는 사람들이 길거리에 침을 뱉고 노상에 진열된 음식 앞에서 수다를 떨더라'는 내용이었습니다. 당시만 해도 코로나 확산 초기였기 때문에 길거리에 침을 뱉거나 길거리 음식 앞에서 수다 떠는 모습은 서울 어디에서나 볼 수 있는 흔한 광경이었지만, 그 기사에는 편견으로 가득한 댓글이 어김없이 달렸습니다. 하지만 대구·경북을 중심으로 코로나 확진자가 급증하던 3월 초까지도 대림동에 사는 조선족이 코로나에 감염된 사례는 없었습니다.[7] 이후로도 특별히 대림동에서 코로나가 확산된 사례를 찾기 어렵습니다. 편견을 사실인 양 여기고 특정 집단과 지역에 대한 혐오를 거침없이 드러낸 부끄러운 사건들입니다.

낯선 이들과 함께 사는 곳이 도시다

사실 우리는 외국인 노동자 덕을 많이 보며 살고 있습니다. 처음 우리나라에 외국인 노동자가 밀려들어온 이유도 신도시 주택 200만 호 공사 현장의 일손이 모자랐기 때문이지요. 지금도 공사장에 가면 수많은 외국인 노동자를 만날 수 있습니다. 최근에는 식당, 숙박업소, 요양 병원, 농장에서도 많은 외국인 노동자가 일하고 있지요. 이들이 없으면 공사장이, 공장이, 농장이 멈춥니다.

한쪽에서는 이렇게 말하는 사람들도 있습니다. "외국인 노동자들이 값싼 노동력을 제공함으로써 내국인 노동자의 임금 인상을 억제하고 일자리를 뺏는다." 물론 그런 측면을 부정할 수는 없습니다. 적은 인건비로 부릴 수 있는 노동력이 존재한다는 것은 고용주에게 이익이겠지만, 비슷한 처지의 내국인 노동자들에게는 큰 불만일 테니까요. 하지만 우리 경제는 중소 업체나 생산 현장, 농장을 중심으로 이미 상당 부분이 외국인 노동자의 노동에 의존하고 있습니다. 외국인 노동자가 없다면 당장 식당의 음식 가격이 올라갈 수도 있습니다. 또 실제 노동시장에서는 외국인 노동자들이 주로 일하는 힘든 현장에서 일하려는 내국인이 적은 것도 사실이고요. 1970년대 우리나라 광부들이 독일에 가서 일한 것도 광산에서 일하려는 독일 사람들이 적었기 때문이지요. 우리나라 광부들이 캐낸 석탄으로 당시 독일의 공장이 돌아갔습니다. 게다가 최근 급격히 하락한 출산율로 노동 인력 자체가 줄어들고 있습니다. 아마 외국인 노동자가 없으면 우리 도시는 제대로 작동하지 않을 것입니다.

물론 외국인들의 행동이 우리 사회의 규범과 어긋나는 경우도 있습니다. 대표적인 것이 쓰레기 무단 투기입니다. 한국인 가운데서도 쓰레기 무단 투기를 하는 사람이 있기는 하지만, 서울 대림동과 안산 원곡동 같은 외국인 밀집 거주 지역의 쓰레기 무단 투기는 좀 심각합니다. 그들의 나라에서는 쓰레기를 버릴 때 돈을 내지 않으니, 처음에는 잘 몰라서 그냥 검은 비닐 봉투에 담아 쓰레기를 버렸다고 합니다. 그런데 나중에 종량제 봉투를 사서 그 안에 쓰레기를 담아 버려야 한다는 사실이 알려진 다음에도, 쓰레기 무단 투기는 좀처럼 고쳐지지 않았습니다. 그들의 사회에서와 다른 규범을 쉽게 받아들이지 못했던 것이지요.

이때 우리가 해야 할 일은 "쓰레기 무단 투기하는 외국인 물러가라!"라고 외치는 것이 아니라, 한국 사회의 기본적인 규범을 익히고 체화할 수 있도록 도와주며 함께 살아갈 역량을 키우는 것입니다. 실제로 대림동과 원곡동처럼 외국인이 밀집해 살고 있는 지역에서는 외국인 스스로도 한국 사회에서 함께 살아가기 위한 노력을 지속하고 있습니다. 이들은 자율 방범대를 만들어 동네 순찰을 하는가 하면, 함께 모여 거리 청소를 하기도 합니다. 동네일에도 적극적으로 나서며, '상의 탈의'와 같이 한국 사회와 어울리지 않는 행동을 고치도록 이웃을 설득하고, 새로 이주해 온 사람들이 한국 사회에서 지켜야 할 규범을 익히도록 도움을 주기도 합니다.

기회가 있는 곳에 사람들이 모여들게 마련이지요. 이주민이 없다는 것은 그곳의 환경이 살기 어렵다는 사실을 의미하기도 합니다. 도시는 다양성을 먹고삽니다. 다양성을 잃은 도시는 죽은 도시입니다. 언어도, 문화도, 생각도 다른 이주민에 대해 막연한 두려움을 가질 필요는 없습니다. 두려움은 서로를 잘 모를 때 커지지요. 이제 서로를 더 잘 알기 위해 노력하고, 어떻게 어우러져 살 수 있을까를 고민해야 합니다. 그들이 가지고 온 다양한 문화를 도시의 자양분으로 삼고, 우리가 애써 만든 사회제도에 그들이 잘 적응할 수 있도록 도와야 합니다. 이주민을 배척하는 일은 옳지도 않고, 가능하지도 않습니다. 함께 살아갈 방법을 찾는 것이 훨씬 생산적입니다.

한국인보다 외국인이 더 많은
안산 원곡동

서울 지하철 4호선 안산역에 내려 큰길 하나를 건너면 매우 이국적인 풍경이 펼쳐집니다. 외국어가 빼곡한 간판, 그리고 길을 걷는 수많은 외국인이 이곳이 '다문화 마을 특구' 원곡동임을 알려 줍니다.

전국적으로 외국인이 모여 사는 곳이 늘어나고 있지만, 그중에서 가장 유명한 동네가 바로 경기도 안산의 원곡동입니다. 한때 우리나라를 찾는 외국인 노동자라면 모두 원곡동을 거쳐 간다는 말이 나올 정도로, 원곡동은 외국인 노동자들의 삶의 터전이자 정보의 원천입니다. 외국인 노동자들이 원곡동에 가면 한국말을 할 줄 몰라도 휴대전화를 개통할 수 있습니다. 고향 음식을 먹을 수 있고, 식재료를 구할 수 있는가 하면, 일자리를 찾기도 쉽고, 종교 활동도 할 수 있습니다.

원곡동의 역사는 반월공단과 함께합니다. 원곡동은 1980년대에 반월공단 노동자들을 위한 주거지로 개발됩니다. 반월공단에서 큰길 하나만 건너면 바로 원곡동 주택가가 나왔지요. 반월공단이 호황을 누릴 때 원곡동에도 많은 사람이 모여 살았습니다. 하지만 1990년대 들어 반월공단의 공장이 어려움을 겪습니다. 저임금을 앞세운 중국의 제조업이 크게 부상하면서부터입니다.

공장이 어려움을 겪자 공단 노동자들도 원곡동을 떠나게 됩니다. 설상

가상으로 인근에 신도시가 개발되면서 원곡동의 인구는 더 감소합니다. 이렇게 빈집이 늘어나고 동네에 활기가 떨어질 무렵, 외국인 노동자들이 원곡동에 자리 잡기 시작합니다. 외국인 노동자들은 반월공단과 인근 시화공단에 값싼 노동력을 제공해 주었습니다. 덕분에 공장은 계속 돌아갈 수 있었습니다. 원곡동은 공단과 가깝고 임대료가 저렴해 외국인 노동자들이 살기에 좋았습니다.

'외국인 밀집 거주 지역' 원곡동의 등장은 우리 도시가 처음 겪는 일이었습니다. 외국인들이 모여 살던 곳은 있었지만, 내국인보다 더 많은 곳은 없었기 때문이지요. 2020년 5월 기준, 원곡동에는 90여 개 나라에서 온 외국인 2만 4,865명이 내국인 6,449명과 함께 살고 있습니다.

2009년에 원곡동이 다문화 특구로 지정되고서부터는 세계 음식 문화 축제가 열리고, 세계 문화 체험관 등이 운영되고 있습니다. 자연 발생적으로 생긴 외국인 거리의 에너지를 도시의 경쟁력으로 삼으려는 안산시의 의도였지요. 다문화 특구 지정 이후 더 많은 한국 사람들이 원곡동을 찾아 세계 각국의 문화를 즐기고 있습니다.

원곡동 다문화거리 입구에 있는 휴대폰 가게

#07

장애가 장애 되지 않는
도시를 향해

#신호등 #무장애 도시 #유니버설 디자인

시각장애인은 길을 어떻게 건널까

많은 사람이 복잡하게 얽혀 살아가는 도시에는 다양한 신호가 필요합니다. 신호는 많은 이들이 직관적으로 알아차릴 수 있어야 하지요. 그래서 시각 신호를 많이 이용합니다. 인간은 다른 동물에 비해 상대적으로 시각이 뛰어나거든요. 주변을 인식하는 수단도 주로 시각이지요. 만약 우리가 땅속에 사는 두더지라면 우리 도시의 주된 신호는 후각 신호였을 겁니다.

도시에는 여러 가지 시각 신호가 존재합니다. 우리 눈은 특히나

색(色)을 잘 구분하니, 색깔이 곧 신호가 됩니다. 길을 알려 주는 도로 표지판의 색이 갈색이라면 관광지라는 뜻입니다. 차량 번호판이 노란색이면 영업용, 옅은 파란색이면 전기 자동차, 진한 남색이면 외교용이란 의미이고요. 일반 차선은 흰색이지만, 버스 전용 차선은 파란색입니다. 서울의 경우 노란색 버스는 순환버스, 녹색은 지선버스, 파란색은 간선버스, 빨간색은 광역버스를 가리킵니다. 또 서울 지하철 1호선은 남색, 2호선은 녹색, 3호선은 주황색, 4호선은 하늘색 등으로 표시되어 한눈에 쉽게 구분할 수 있지요. 이런 방식으로 우리는 다양한 색깔을 통해 손쉽게 정보를 주고받습니다.

도시의 시각 신호 중 최고봉은 신호등입니다. 사람들이 신호등을 제대로 읽지 못한다면 도시는 엉망진창이 됩니다. 다행히 대부분의 사람들은 신호등을 보고 판단하는 데 무리가 없습니다. 초록불이 켜지면 가고, 빨간불이 켜지면 멈춥니다. 덕분에 거리의 질서는 유지되고, 사람들은 원하는 곳으로 갈 수 있습니다.

하지만 도시에는 앞을 보지 못하는 사람도 존재합니다. 이들에게 횡단보도의 초록불, 빨간불 신호등은 무용지물입니다. 신호를 읽을 수 없는 시각장애인은 누군가의 도움이 없으면 지금이 건너도 되는 때인지, 멈춰야 하는지 판단할 수 없으니까요. 하지만 길을 건널 때마다 도움받는 것은 번거롭기도 하고 자존감도 상하는 일입니다. 상황이 이러니 대다수 시각장애인은 아예 길을 건널 일 자체를 만들지 않는 것을 선택했습니다. 그들은 집 밖으로 잘 나오지 않았습니다.

시각장애인용 음향신호기. 보행 신호등 기둥에 설치돼 버튼이나 리모컨을 누르면
보행 신호 점등 시 소리로 안내해 시각장애인의 횡단보도 이용을 돕는다.

시각장애인들이 '알아서' 조심하니, 대부분의 사람들은 별다른 문제의식 없이 신호등을 이용했습니다. '앞이 보이지 않는 사람들도 혼자서 안전하게 길을 건널 수 있어야 한다'는 생각조차 하지 못했던 것이지요.

도시에는 장애인이 함께 살고 있습니다. 앞서 말한 시각장애인뿐만 아니라 청각장애인, 지체장애인 등 신체적 제약 때문에 도시를 걷고 도시 시설을 이용하는 데 어려움을 겪는 사람들이 많습니다. 장애인도 엄연한 우리 도시의 구성원으로서 비장애인과 똑같이 도시에서 일상을 누릴 권리가 있지만, 그 권리는 오랜 세월 동안 무시되어 왔습니다. 다행스럽게도 1990년대 이후, 우리 도시는 장애가

장애 되지 않는 도시를 향해 조금씩 나아가는 중입니다. 지금은 꽤 많은 횡단보도 신호등에 시각장애인용 음향신호기가 설치되어 있습니다.

신체 건강한 젊은이가 표준인 도시

우리 도시에 '장애인 이동권'에 대한 인식이 생겨난 것은 패럴림픽(Paralympic)을 개최했던 1988년 즈음입니다. 1988년은 서울올림픽이 열린 해입니다. 당시 대한민국 정부는 88올림픽을 준비하면서 장애인 올림픽인 패럴림픽과 하계 올림픽을 서울에서 동시에 개최하기로 결정합니다. 패럴림픽을 치러야 하는 도시 입장에서 장애인의 이동이 불가능한 상황을 그대로 둘 수는 없었습니다. 급하게 노란색 점자블록이 길에 놓이고, 음향신호기가 설치됐습니다. 계단만 있던 빌딩 입구에는 경사로가 놓였습니다. 하지만 대부분 요식행위에 지나지 않았습니다.

시민들은 점자블록을 제대로 인식하지 못했습니다. 점자블록이 있는 곳에 물건을 쌓아 놓거나 자동차를 주차해 두는 경우가 많았습니다. 점자블록이 중간에 끊기는 등 설치가 잘못된 경우도 허다했고요. 보도 공사나 지하 매설물 공사를 위해 들어냈던 점자블록을, 다시 시공하는 과정에서 엉뚱한 곳에 설치하기도 했습니다. 횡단보도가 아닌 차도 쪽으로 안내하는가 하면, 도로의 장애물을 세심하게 고려하지 않아 점자블록을 따라가면 도리어 더 위험한 경우

점자블록 위에 폐기물이 쌓여 있어 시각장애인의 보행을 막고 있다.

가 많았지요. 시각장애인용 음향신호기는 제대로 작동하지 않았습니다. 휠체어 장애인을 위한 경사로는 경사가 너무 급해 혼자 힘으로 오르기 어려웠습니다. 장애인 화장실은 너무 좁아 휠체어를 돌릴 수 없었고, 그나마 이런 편의 시설이 설치된 곳도 드물었습니다.

모든 것이 하나같이 엉망진창이었습니다. 장애인이 마음 편히 도시를 거닐 수 있는 환경이 아니었지요. 이를 불합리하다고 생각한 시민들이 나서기 시작했습니다. "장애인 편의 시설을 올바르게 설치하고 운영하자. 부족한 편의 시설은 늘려야 한다." 1996년에 탄생한 장애인편의시설촉진 시민모임(편의연대)의 주장이었습니다. 이들은 '장애인 편의 시설'이라는 용어조차 낯설던 시절에 장애인의 이동권과 접근권을 화두로 던졌습니다. 장애인의 이동권을 확보하는 것은 국가와 우리 사회의 의무라고 이야기했지요.[1] 그리고 장애인의 편의를 위해 설치해 놓은 시설물을 찾아다니며, 얼마나 엉터리로 설치되어 있는지 알렸습니다.

그 전까지 우리 도시에서 장애인의 이동권은 전혀 고려의 대상이 아니었습니다. 게다가 도시의 보행 환경은 장애인이 아니더라도 위험천만했습니다. 신체 건강한 젊은이가 걸어 다니기에 불편하지 않을 정도, 딱 그 정도로만 도시가 설계된 탓입니다. 횡단보도가 사라지고 들어선 육교만 해도 그렇습니다. 젊고 건강한 사람들이야 좀 불편하더라도 계단을 오르내릴 수 있겠지요. 그런데 휠체어 장애인, 유모차를 끄는 사람, 어린이, 노인 들에게 육교의 높다란 계단은 어떻게 느껴졌을까요? 육교가 설치된 도로에는 무단횡단하는 노인들의 사고가 잇따랐습니다. 계단 오르기를 포기한 노인들이 무단횡단을 선택했고, 이것이 사고로 이어진 것입니다. 휠체어 장애인들은 아예 길을 건널 수 없었습니다. 하지만 우리는 이런 보행 약자의 이동권에 무신경했습니다.

휠체어도, 유모차도 잘 다닐 수 있으려면

많은 시민들에게 장애인 이동권은 나와 동떨어진 문제로 여겨졌습니다. 하지만 길을 제대로 건너지 못하는 사람들은 장애인뿐만이 아니었습니다. 노인, 어린이, 유모차 이용자들에게도 도시의 거리는 가혹했으니까요. 보행 환경을 개선하는 것은 장애인뿐 아니라, 이동에서 차별을 경험하고 있는 수많은 교통 약자들의 공통 문제인 것입니다.

장애인의 이동권 확보를 위한 노력이 있던 시기, 다른 한쪽에는 자동차 중심의 도시를 사람 중심의 도시로 바꾸자는 운동을 벌이는 시민들이 있었습니다. 보행권 확보를 위해 노력하던 시민단체와 장애인 이동권 확보를 위해 활동하던 시민단체는 공통의 문제의식에 공감했지요. 급기야 이들은 장애인과 비장애인을 나누지 말고, 모두가 함께 자유롭고 편안하게 걸을 수 있는 도시를 만들자며 힘을 모았습니다.

"휠체어가 잘 다닐 수 있는 도시를 만들자!"라는 구호는 "휠체어와 유모차가 잘 다닐 수 있는 도시를 만들자!"로 바뀌었습니다. 휠체어 장애인이 될 확률은 낮았으나, 유모차를 미는 부모가 될 확률은 매우 높았지요. 바뀐 구호에 귀를 기울이는 시민들이 늘어났고, 보행 약자의 이동권이 본격적으로 논의되기 시작했습니다. 결국 1997년 '장애인, 노인, 임산부 등의 편의증진보장에 관한 법률'이 제정됐고, 2006년 '교통약자의 이동편의증진법'이 만들어졌습니다.

바뀐 법률에 따라 도시도 변화했습니다. 횡단보도의 보도 턱이 낮춰졌습니다. 낮춰진 보도 턱을 휠체어, 유모차, 자전거, 퀵보드, 손수레가 편안하게 지날 수 있었지요. 또 저상버스가 생겼습니다. 저상버스는 일반 버스보다 바닥이 낮고, 휠체어 이용자가 쉽게 오를

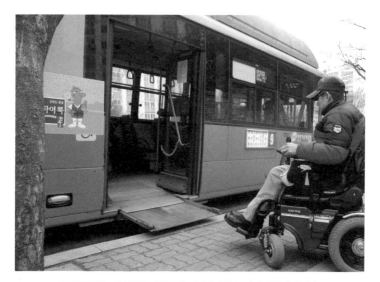
저상버스에는 출입구에 계단이 없고 경사판(슬로프)이 장착되어 있다.

수 있는 장치를 설치한 버스를 말합니다. 저상버스가 운행을 시작하자 휠체어 장애인도 버스를 탈 수 있었고, 무릎이 아픈 노인도 버스를 오르내리기 쉬워졌지요. 높다란 육교는 철거되고 횡단보도가 생겼습니다. 휠체어 장애인은 물론, 건강한 사람도 힘들게 계단을 오르내리지 않고 길을 건널 수 있게 됐습니다.

무장애 도시를 꿈꾸다

장애인 이동권을 위해 노력해 온 편의연대는 2009년 그 이름을 '장애물 없는 생활환경 시민연대'(무장애연대)로 바꿉니다. 비장애인을 기준으로 도시를 만들어 놓고 난 다음에 장애인을 위한 편의 시설을 만드는 것이 아니라, 애초에 장애물이 없는 도시를 만드는 것이 훨씬 중요하다는 생각의 전환이 있었거든요. 국적, 나이, 장애, 성별 등에 따른 제약 없이, 처음부터 모든 사람이 함께할 수 있도록 도시를 설계하자는 것입니다. 그러면 편의 시설을 따로 설치할 필요도 없을 테니까요. 이렇게 보편성을 중심으로 도시를 만드는 기법을 '유니버설 디자인(Universal Design)'이라고 합니다. 장애나 장벽이 없는 환경을 만든다는 뜻에서 '배리어 프리(Barrier Free)', 즉 '무장애'라고도 하고요.

무장애 운동은 장애인만을 위한 운동이 아닙니다. 장애인을 포함한 '모든' 사람이 자유롭고 평등하게 이용하고 활동할 수 있는 도시환경, 생활환경을 만드는 일을 목적으로 삼고 있지요. 이는 매우 중요한 개념입니다. 우리는 오랫동안 장애인을 '신체적·정신적 무능력자'로 차별해 왔습니다. 장애인 편의 시설을 만들 때는 장애인을 '위해' 시혜적으로 제공한다는 생각이 강했습니다. 하지만 무장애 환경, 유니버설 디자인의 기본 개념 속에는 장애인이 비장애인과 동등한 수준으로 도시환경을 이용할 당연한 권리가 있다는 생각이 전제됩니다. 장애인을 배려하는 착한 도시가 되는 것이 아니라, 장애를 비롯한 어떤 이유로도 차별하지 않는 게 기본인 도시가 되어야 한다는 것입니다.

무장애 운동은 우리 도시 곳곳에 적용되고 있습니다. 2015년 7월 29일 이후 새로 짓는 도서관, 학교, 주민센터와 같은 공공 건축물은

'장애물 없는 생활환경 인증'을 받아야 합니다. 건물 출입구에 턱이 있는지, 경사로 기울기는 적당한지, 복도의 폭은 충분히 넓은지, 바닥은 너무 미끄럽지 않은지, 장애인 주차 구역까지 가는 길이 편리한지, 엘리베이터 앞에 점자블록이 있는지 등 무려 94개의 체크리스트를 점검해 일정 점수 이상을 받아야만 건물을 짓고 사용할 수 있습니다.

문화재청은 2026년까지 궁궐과 종묘, 조선왕릉을 유니버설 디자인을 도입한 무장애 공간으로 만들겠다고 밝혔습니다.[2] 무장애 놀이터, 통합 놀이터도 만들어지기 시작했습니다. 한때는 장애 아동 전용 놀이터를 만들려는 시도가 있었는데, 최근에는 장애 아동과 비장애 아동이 함께 놀 수 있는 통합 놀이터를 만드는 방향으로 정책이 전환되고 있는 거지요. 2016년 서울어린이대공원에 만들어진 '꿈틀꿈틀놀이터'가 그 예입니다. 이곳에는 완만한 경사로를 이용해 올라갈 수 있는 조합 놀이대, 지체장애인도 쉽게 탈 수 있는 넓은 그네, 휠체어도 쉽게 올라가는 뺑뺑이, 앉아서도 서서도 쉽게 이용할 수 있는 음수대 등이 설치되어 있습니다. 장애 아동뿐만 아니라 비장애 아동에게도 아주 인기가 높은 놀이 시설이지요. 이렇게 애초에 무장애 놀이터, 통합 놀이터를 만들면 장애인을 위한 놀이터를 따로 만들 필요가 없습니다.

많은 이들의 노력으로 도시는 변화해 갔습니다. 장애인 이동권을 배려하는 도시가 되었고, 이를 배려가 아닌 당연한 권리로 생각하

서울 영등포구 당산공원의 무장애 놀이터 '너와 나 우리 모두의 놀이터'. 휠체어도 쉽게 올라갈 수 있는 '회전 놀이대'와, 몸이 불편한 어린이도 이용할 수 있는 '바구니 그네' 등이 있다.

는 도시가 되었으며, 장애인을 비롯한 모든 보행 약자의 이동이 편한 도시가 되어 가고 있습니다. 지금도 우리는 모두가 함께하는 도시를 향해 나아가고 있습니다.

하지만 여전히 갈 길은 멉니다. 가장 기본적인 장애인 편의 시설조차 제대로 작동되지 않는 곳이 많거든요. 2017년 9월, 부산의 한 시민단체는 공공시설이 모여 있는 연제구 일대의 횡단보도 51곳을 대상으로 '시각장애인용 음향신호기' 설치 실태 조사를 했습니다. 20곳에는 음향신호기가 설치되지 않았고, 설치된 31곳의 횡단보도 가운데 30곳은 시각장애인이 제대로 이용할 수가 없었습니다. 시각장애인이 다른 사람이나 동물의 도움 없이 길을 건널 수 있는 데는

단 한 곳뿐이었습니다.[3]

2019년, 서울시는 강북권 보도 866km에 설치된 장애인 보행 편의 시설을 전수조사했습니다. 총 1만 6,268건이 '교통약자법 시행규칙'에서 정한 설치 기준에 부적합한 것으로 나타났습니다.[4] 2020년 총선에서 시각장애인 국회의원이 당선되자, 국회는 시각 안내견의 국회 출입을 허용할 것인지를 놓고 고심했습니다. '개'의 국회 출입은 규정 위반이라는 것이지요. 도입된 지 한참 된 저상버스 역시 운영 미숙으로 휠체어 장애인이 타고 내릴 때 2분 이상의 시간이 걸립니다. 전국 6만여 개의 놀이터 중 통합 놀이터는 10개가 되지 않습니다. 아직 갈 길이 멉니다.

우리는 아주 오랜 세월 동안 장애인은 없는 셈치고 도시를 만들어 왔습니다. 과거를 돌이켜봤을 때 최근 30여 년 동안 일어난 변화는 매우 고무적입니다. 변화가 오기까지 많은 시민들의 노력이 있었습니다. 그 방향을 놓치지 않고 열린 도시로 나아가기 위해서는 끊임없이 관심을 가지고 점검해 나가야 하지 않을까요? 장애인이나 비장애인 모두 똑같이 도시의 구성원이니까요. 만약 장애가 있다면, 그건 사람에게 있는 것이 아니라 우리가 사는 도시환경에 있는 것입니다.

누구나 갈 수 있는 산길,
무장애 숲길

울창한 숲길을 걸으며 맑은 공기를 마시면 가슴이 뻥 뚫리는 것 같지요. 하지만 산을 오르는 게 그림의 떡인 사람들이 있습니다. 험한 산길 때문에 휠체어에 의지해야 하는 장애인, 다리가 아픈 노인, 유모차를 끌고 온 사람 등은 산행을 엄두도 내지 못하거든요. 다행스럽게도, 최근 누구나 편하게 산책을 즐길 수 있는 숲길이 늘고 있습니다. 계단이나 턱 같은 장애물이 있는 가파른 산길을 나무 데크와 흙길을 깐 완만한 길로 만들고 있거든요. 이런 숲길을 무장애 숲길이라 부릅니다. 서울시 서대문구에 위치한 안산 자락길을 한번 가 보겠습니다.

안산은 서대문형무소와 연세대학교 사이에 있는 높이 296m의 야트막한 산으로, 많은 시민이 즐겨 찾는 곳이지요. 하지만 산을 오르기 어려운 장애인이나 노인, 임산부, 어린아이가 있는 가족에게는 아무리 낮고 가까운 산이어도 갈 수가 없었습니다.

2011년 6월, 안산 등산로 한쪽에 1.5km 길이의 무장애 숲길이 조성되면서 산을 오르기 어려운 사람들도 쉽게 안산을 찾을 수 있게 됐습니다. 개장식 때 안산 자락길을 찾은 한 휠체어 장애인은 평생 처음 혼자 힘으로 산에 올랐다며 감격하기도 했습니다. 육아에 지친 부모들도 아이를 유모차에 태우고 숲속의 향기를 맡을 수 있게 됐습니다. 완만한

무장애 산책로로 조성된 안산 자락길

경사의 길을 천천히 걸으며 숲을 즐기고 싶은 사람들도 안산 자락길을 찾았고요.

안산 자락길은 계속 연장되어, 2013년 11월에 이르러 안산 중턱을 빙 둘러 7km 길이의 순환형 무장애 숲길로 완성됐습니다. 장애 유무에 관계없이 누구나 산을 한 바퀴 돌 수 있는 숲길로는 우리나라 최초의 시도지요. 이곳엔 50~100m마다 폭 3~4.5m의 쉼터가 있어 두 대의 휠체어가 마주 보고 지나가기에 무리가 없습니다. 장애인 화장실과 전동 휠체어 충전기도 설치되어 있고요.

2011년에 서울, 부산 등에서 시작된 무장애 숲길은 빠르게 확산되었습니다. 서울에만 15개가 넘는 산에 무장애 숲길이 조성되었고, 가야산, 내장산, 월악산 등 전국 20개 국립공원 47개 구간에도 무장애 탐방로가 설치됐습니다. 보행 약자도 숲을 즐길 수 있는 시대가 열린 것이지요. 휠체어와 유모차로는 집 앞 횡단보도조차 보도 턱에 막혀 갈 수 없었던 시절과 비교하면 상상하기 힘든 변화입니다.

#08

— 동물권 —

도시에서 반려동물과
사는 법

#보신탕집 #반려동물 화장장 #반려견 놀이터

키우던 개를 보신탕으로 먹던 시절

제가 어렸을 때, 그러니까 1980년대만 하더라도 실내에서 개를 키우는 경우는 거의 없었습니다. 그때 개는 널찍한 마당에서 길러졌지요. 오래된 찌그러진 냄비가 밥그릇이었고, 사람들이 먹다 남긴 찌개에, 역시 먹다 남긴 밥과 반찬을 말아 주었습니다. 지금 생각하면 미안한 마음이 들지만, 또 생각해 보면 그때 개들은 참 맛있게도 먹었습니다. 나무로 뚝딱뚝딱 지은 개집에 살며 짧은 줄에 묶인채 마음껏 움직일 수도 없었지만, 주인을 보면 좋아하고 낯선 사람이 집을 기웃거리면 짖었습니다. 잔반을 처리하고 집을 지키는 일이 개의 임무였고, 개는 그 역할을 충실히 해냈습니다.

줄에 묶인 개가 가여워 보일 때면 줄을 풀어 주었습니다. 목줄이 풀리자마자 개는 집 밖으로 뛰어나가 온 동네를 돌아다니다 해 질 때쯤 집에 돌아왔습니다. 길에다 똥을 싸 놓았고, 길에서 사랑을 했습니다. 두 마리 개가 궁둥이를 붙이고 있는 모습을 동네에서 심심치 않게 볼 수 있었습니다. 짓궂은 아이들은 바가지에 뜨거운 물을 담아다가 개의 궁둥이에 뿌리기도 했습니다. 가여운 개들은 깜짝 놀라 달아났고, 아이들은 깔깔대며 웃었습니다.

그러다 새끼를 낳고, 새끼가 어느 정도 자라면 어미는 어른들 손에 끌려 동네 어딘가로 갔습니다. 그리고 고기가 됐습니다. 자기를 보고 반갑게 꼬리를 흔들던 개가 고기가 된 순간, 어떤 아이들은 슬퍼했지만, 또 어떤 아이들은 맛있게 먹었습니다. 그때는 개를 잡아먹는 것이 자연스러운 일이었는데도, 어른들은 개 잡는 장면을 아이들에게 보여 주지 않으려 했습니다. 끔찍한 장면이었으니까요. 개는 튼튼한 나뭇가지에 목이 매달린 채 낑낑댔고, 어른들은 몽둥이로 개를 때렸습니다. 어렸을 때 개 잡는 장면을 목격한 제 친구는 시내 뒷골목이나 경치 좋은 산자락에 보신탕집이 많던 시절에도 개고기를 절대 먹지 않았습니다.

기르던 개를 잔인한 방법으로 잡아먹거나 개장수에게 파는 것을 싫어하는 사람도 많았지만, 그런 일이 사회적으로 문제가 되지는 않았습니다. 개에 대한 사회적 인식이 그랬습니다. 꼬리 치며 사람을 따르는 개를 예뻐하다가도, 복날이 되면 으레 보신탕집을 찾았으니까요. 불과 30여 년 전에 말이지요.

그때는 맞고 지금은 틀리다

오늘날에는 30년 전 방식대로 개를 키우면 불법입니다. 동물보호법에는 동물을 키우는 사람이 동물에게 해서는 안 되는 일과, 자신이 키우는 동물이 다른 사람에게 피해를 주지 않기 위해 지켜야 할 일들이 명시되어 있습니다. 개를 키우는 사람은 개라는 종의 특성에 맞는 사육 환경에서 길러야 합니다. 몸을 제대로 움직이기 힘든 짧은 줄에 묶어 키우는 것은 개의 본성에 맞지 않습니다(동물보호법 제3조). 매일 맵고 짠 찌개에 밥을 말아 주는 것 역시 개의 건강을 해칠 수 있으므로 안 됩니다(제7조 제1항). 줄을 풀어 개가 동네를 활보하게 놔둬서도 안 됩니다. 개가 집 밖에 나갈 때는 목줄을 꼭 해야 하며, 특히 도사견이나 핏불테리어와 같은 맹견일 경우에는 입마개까지 해야 합니다(제13조의2 제1·2항).

개가 길에 싸 놓은 똥을 그냥 두어도 안 됩니다. 개가 똥을 싼 즉시 치워야 합니다(제13조 제2항). 개에게 뜨거운 물을 뿌리면 안 됩니다. 장난으로 동물에게 고통을 주는 행위는 불법입니다(제8조 제1·2항). 개를 몽둥이로 때려죽여서도 안 되며, 먹기 위해 동물을 죽일 때도 혐오감을 주거나 잔인한 방법을 써서는 안 됩니다. 도축 과정

반려견과 산책하는 시민. 2개월령 이상의 반려견 산책이나 외출 시
목줄을 착용하는 것은 의무다.

에서 불필요한 고통을 줘서도 안 되며, 의식을 잃은 상태에서 도축
해야 합니다(제10조). 다만 개를 먹는 것은 불법이 아닙니다.

　이처럼 똑같은 행위라도 불과 30년 전에는 문제 되지 않던 일이
현재는 불법이 되기도 합니다. 위의 예에서 합법과 불법을 가른 법
률은 '동물보호법'입니다. 동물보호법은 1991년에 제정되었습니다.
그러니까 1991년 이전에는 집에서 동물을 어떻게 키우든 그 방식
을 규제하는 법은 없었습니다. 하지만 시대가 바뀌면서 동물도 법
으로 보호해야 한다고 생각하게 됐고, 결국 동물보호법이 만들어졌
습니다. 제정된 법률은 시대가 흘러가며 사회적 필요와 논의에 따
라 개정됩니다. 동물보호법은 제정 이후 21차례 개정되었고, 산책

할 때 목줄을 채우고 배설물을 즉시 치워야 한다는 조항은 2007년에 만들어졌습니다.

동물의 존엄성을 이야기하다

우리나라 동물보호법은 '인간이 동물에게 가하는 불필요하고 잔인한 고통을 최소화하는 것'에 큰 의미를 두고 출발했습니다. 이 법을 관통하는 핵심 단어는 '고통'입니다. 단, 현행법에서 보호하는 동물은 "고통을 느낄 수 있는 신경 체계가 발달한 척추동물"로 한정합니다. 인간과 비슷한 신경 체계를 가진 척추동물은 인간처럼 고통을 느끼는 것으로 여겨집니다. 이는 과학적으로도 증명된 사실입니다. (해외에서는 보호해야 할 동물의 범위를 확대해 나가는 추세입니다. 일례로 스위스에서는 살아 있는 랍스터를 끓는 물에 넣으면 불법입니다. 무척추동물인 갑각류도 고통을 느낀다고 여긴다는 주장을 받아들인 결과지요.)

인간은 살아가며 동물을 잡아먹고, 동물의 털과 가죽을 이용하게 마련인데 도대체 어떻게 동물을 고통으로부터 보호한다는 것이냐는 회의적인 견해도 존재합니다. 일면 맞는 말입니다. 채식주의자도 있지만 대부분의 인간이 고기를 먹고 사니까요. 이는 자연 상태에서 포식자가 다른 동물을 먹이로 삼는 것처럼 매우 자연스러운 행위입니다. 동물보호법에선 이렇게 동물을 먹는 것까지 부정하지는 않습니다. 다만 불필요하게 고통을 주며 잡아먹지 말자는 것이지요. "식용 목적으로 도축할 경우, 반드시 의식이 없는 상태에서 도축하자." 이 정도의 도리는 지키자고 하는 것이 동물보호법의 규정입니다.

동물보호법은 동물이 겪는 고통의 범위도 정의합니다. 동물의 본래 습성과 신체 원형을 훼손하며 키우는 경우, 동물을 굶주리게 하거나 영양 결핍 상태로 방치하는 경우가 모두 고통에 해당합니다. 농장에서 키우는 가축이든 집에서 기르는 반려동물이든, 동물을 길들여 키우기로 한 이상 인간은 법적인 책임을 다해야 합니다. 상해, 질병, 공포와 스트레스로부터 동물을 보호해야 하는 것이지요.

동물보호법은 "동물도 생명체로서 존엄성을 갖는다"는 생각에서 출발합니다. 존엄성을 지닌 존재이니 함부로 대할 수 없다는 겁니다. 동물을 잡아먹고, 동물의 부속물을 이용해 온 인간이 동물의 존엄성을 논하며 동물과의 관계를 되묻는 것은 참으로 놀라운 일입니다. 인간의 존엄성에서 출발해 인권이라는 개념이 생겨 난 것이 불과 300여 년 전이니 말입니다.

보편적 권리로서의 인권은 아무 조건 없이 오직 인간이라는 이유로 모든 인간에게 적용되는 원칙입니다. 인종, 성별, 종교, 성적 지향 등과 관계없이 인간이라면 누구나 태어나면서부터 존엄성을 지니고 있으며, 그 존엄성을 국가가 보장해야 한다는 원칙은 오랜 투쟁과 논의 끝에 합의된 현대 문명국가의 윤리적 기초이지요. 하지만 아무리 기본 철학을 공유한다 하더라도 국가가 인정하고 책임져야 하는 인권의 범위가 어디까지인지에 대해서는 늘 논란이 있어

왔고, 인권의 정의는 시대와 사회에 따라 달라졌습니다.

예컨대 성소수자가 참정권을 갖는 것은 논쟁에 부칠 것도 없이 당연한 일이지만, 동성 결혼의 경우에는 우리나라를 포함한 많은 나라에서 금지되어 있습니다. 우리나라에 사는 외국인에게 국민건강보험을 적용하는 것이 옳은지, 적용한다면 어떤 방식이어야 하는지에 대해서도 의견이 분분합니다. 사람들 사이에서도 이러한데 동물과 인간이 어떻게 살아갈지를 정하는 것은 쉬운 일이 아니겠지요. 어떤 방향이 옳든지 간에, 사회적 합의 없이는 함께 살아가는 길을 만들 수 없습니다.

도시에 반려동물이 살아간다

2020년 봄 코로나19가 유럽을 강타하여 확진자가 급증하자, 유럽의 각국 정부는 시민들의 외출을 금지했습니다. 사람들은 특별한 이유 없이 집 밖으로 나가면 안 되었습니다. 외출이 가능한 경우는 '생필품을 사기 위해 마트, 빵집, 약국을 가는 경우', '치료를 위해 병원을 가는 경우', '재택근무가 불가능해 직장으로 출근하는 경우' 등에 한정되었습니다. 그리고 하나 더, '개를 산책시킬 경우'에도 집 밖으로 나갈 수 있었습니다. 이를 빌미로 집 밖에 나가고 싶어 하는 온 가족이 번갈아 가며 산책을 시키는 바람에, 개가 하루 종일 산책하는 일도 있었습니다. 우리에게는 좀 우스운 광경처럼 보였지만, 유럽 사람들이 평소 개를 어떻게 여겨 왔는지를 알 수 있습니다.

우리나라에서 동물의 존엄성에 대한 사회적 인식의 확산은 반려동물 수의 증가와 궤를 같이합니다. 마당 한구석에서 짧은 줄에 묶어 키우던 개는 어느 사이엔가 집 안으로 들어왔습니다. 사람과 함께 사는 동물을 부르는 명칭이 '가축'에서 '애완동물'로, 그리고 '반려동물'로 변했고요. 인간을 위한 도구가 아닌, 인간과 함께 살아가는 동반자로 동물을 인식하는 사람들이 늘어났지요.

"반려동물 인구 1,000만 시대"라는 표현을 들어 봤을 것입니다. 우리나라 인구가 5,000만 명이 좀 넘으니, 따져 보면 5명 중 1명이 반려동물과 함께 살고 있다는 이야기지요. 도시 어디를 가도 개와 산책하는 사람을 쉽게 볼 수 있습니다. SNS에는 고양이 사진이 넘쳐 나고, 고양이 사진을 즐겨 찾아보는 이들을 가리키는 '랜선 집사'라는 말까지 생겼습니다.

이런 상황을 반영하듯, 반려동물을 대상으로 하는 산업도 빠르게 성장하고 있습니다. 초기에는 반려동물의 건강을 돌보는 동물병원, 털을 깎아 주고 사료를 비롯한 반려동물 용품을 파는 애견 숍이 거의 전부였습니다. 하지만 최근에는 그 종류와 숫자가 크게 늘었습니다. 반려동물을 동반할 수 있는 카페나 호텔은 기본입니다. 동반 정도가 아니라 아예 반려동물을 위한 카페도 많이 생겼고요. 여기에 반려동물 전용 케이블 TV 채널, 택시, 반려견 훈련·교육 시설, 심지어 반려동물 장묘 시설까지 업종을 불문하고 다양한 기업이 반려동물 사업에 뛰어들고 있습니다. 2020년 반려동물 관련 산업의

일부 지역은 주민 반발로 사업이 취소되는 경우도 있지만, 반려견 놀이터는 점차 늘고 있다.
사진은 인천시 연수구의 반려견 놀이터 '송도 도그 파크'.

규모는 3조~6조 원 정도로 예상됩니다.[1]

민간 영역뿐 아니라 도시 정책을 펴는 공공 영역에서도 반려동물을 위한 시설을 짓고 있습니다. 대표적인 것이 반려견 놀이터입니다. 2019년 기준으로 전국에 31개의 반려견 놀이터가 있습니다.[2] 각 지자체에서 만든 반려견 놀이터는 일반 공원처럼 세금으로 짓고 세금으로 관리됩니다. 반려견을 키우는 시민도 많고, 반려견 용품을 사고 동물병원을 이용하는 등의 과정을 통해 세금을 내기도 하니, 반려견을 위한 시설을 세금으로 운영하는 것은 충분히 고려할 만한 일입니다. 반려동물도 이제 엄연한 도시의 구성원으로 인정받기 시작한 것입니다.

반려동물, 도시의 당당한 구성원이 될 수 있을까

그런데 모든 사람이 반려동물에게 따뜻한 시선을 보내는 것은 아닙니다. 키우는 입장에서는 가족이나 다름없는 존재지만, 다른 누군가에겐 무섭고 불쾌한 존재로 여겨지기도 하거든요. 사람이 개에 물려 크게 다치거나 죽었다는 뉴스, 종종 들어 봤을 것입니다. 실제로 반려동물이 늘면서 그 피해도 늘고 있습니다. 서울대병원 응급의학과의 조사 결과에 따르면, 인구 1,000명당 개에 물려 응급실을 방문한 환자가 2011년 5.6명에서 2016년 7.6명으로 증가했습니다. 공동주택인 아파트에서는 개 짖는 소리로 인한 갈등도 큽니다. 여전히 목줄을 채우지 않거나 개의 배설물을 치우지 않는 견주도 있고요.

도시의 공적 공간을 두고, 반려동물을 사랑하는 사람과 그렇지 않은 사람의 입장 차는 무척 큽니다. 2017년 6월, 서울 서초구 반포 근린공원에 반려견 놀이터가 완공됐습니다. 계단 오르기, 원형 통과하기, 장애물 피하기 등 반려견이 좋아할 만한 놀이 시설이 설치됐습니다. 반려견을 키우는 주민들은 놀이터 개장을 손꼽아 기다렸지만, 인근 주민들이 극구 반대했습니다. "아이가 물리면 어떡하냐"는 걱정부터 "왜 내 세금으로 개를 위한 시설을 만드냐"는 불만이 이어졌지요. 개장을 반대하는 300~400건의 민원이 쏟아지자 결국 서초구는 반려견 놀이터를 개장도 못한 채 철거했습니다.

반려동물이 세상을 떠난 후 사체를 처리하는 방식을 두고도 사

유실·유기 동물 수 추이

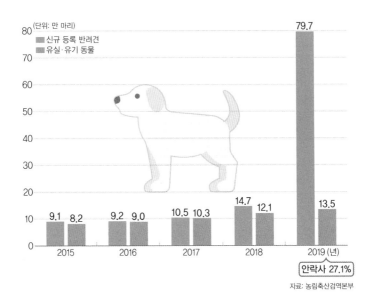

(단위: 만 마리)
- 신규 등록 반려견
- 유실·유기 동물

연도	신규 등록 반려견	유실·유기 동물
2015	9.1	8.2
2016	9.2	9.0
2017	10.5	10.3
2018	14.7	12.1
2019 (년)	79.7	13.5

안락사 27.1%

자료: 농림축산검역본부

회적 갈등이 끊이지 않습니다. 장묘 업체에서 반려동물을 화장하려는 수요는 늘고 있는데, 혐오 시설이라는 편견을 깨기가 쉽지 않거든요. 사람의 화장장을 짓는 데도 반대가 많은데, 반려동물 화장장을 짓는 것이 쉽지는 않겠지요. 그 때문일까요? 전국에 합법적인 반려동물 화장장은 40여 개에 불과하고, 비슷한 숫자의 무허가 화장장이 난립하고 있습니다.

최근에는 반려동물의 수가 급증한 만큼 버려지는 동물의 숫자도 늘어나고 있어 문제입니다. 쉽게 입양해서 키우다가도, 무책임하게 동물을 유기하는 사람들이 상당히 많다는 이야기지요. 버려진 개들은 생존의 위협을 느끼고, 사람 역시 야생성이 되살아난 개에게 위협을 느낍니다. 반려묘에서 길고양이가 된 고양이들은 동네 주민들이 내놓은 쓰레기봉투를 마구 뜯어 대기도 하고요. 서울의 한 공원에서는 몇몇 사람들이 반려 토끼를 몰래 유기해 문제가 된 적도 있습니다. 토끼는 번식력이 매우 뛰어나 특별한 천적이 없는 경우 한 쌍의 토끼가 1년 만에 수십 마리로 불어나거든요. 늘어난 유기 동물을 돌보는 사람도 있는데, 집 나온 고양이를 돌보는 '캣맘'과 고양이가 집 근처를 배회하는 것을 싫어하는 사람들 간의 갈등도 여전합니다. 개나 고양이 관련 이슈를 다룬 인터넷 기사에는 서로를 혐오하는 댓글이 살벌하게 이어집니다.

반려동물을 향한 호불호는 사람들 사이에서 첨예하게 갈려, 논쟁은 늘 평행선을 달립니다. 2017년 가을, 반려동물을 둘러싼 뜨거운 논란이 있었습니다. 한 50대 여성이 아파트 엘리베이터에서 유명 연예인 가족의 개에 물려 사망하는 사건이 일어났거든요. 당시 개의 위협으로부터 사람을 보호하고, 개를 제대로 관리하지 못한 건주의 처벌을 강화해야 한다는 여론이 들끓었지요. 이에 대해 일부 반려동물 애호가들은 흔치 않은 사고가 일반적인 사례처럼 부풀려진 것이 억울하다는 반응이었고요.

반려동물을 키우는 사람들과 그렇지 않은 사람들이 평화롭게 공존하는 도시를 위해서는 '동물 보호' 논의에서 한발 더 나아가야 합니다. 처음 동물보호법이 만들어졌을 때는 말 그대로 '동물 보호'를 위한 조항만 있었습니다. 하지만 동물이 인간과 함께 살아가기 위해서는 동물이(정확히는 동물 주인이) 지켜야 하는 의무나 규칙도 분명 필요하지요. 동물보호법에 맹견 관리 조항이 신설된 것이나, 반려동물 보유세를 도입해야 한다는 이야기가 나온 것도 이런 맥락에서 비롯됐습니다.

반려동물은 오랫동안 숫자도 적었고, 그들을 도시의 구성원으로 바라보는 시각도 전혀 없었습니다. 하지만 세상이 바뀌고 있습니다. 전에는 없던, 또는 있었으나 눈에 띄지 않았던 존재를 사회가 받아들이는 방식은 그 사회의 성숙도를 보여 줍니다. 세상이 다양성을 존중하는 방향으로 나아가면서, 앞으로도 목소리를 내지 못했던 존재들이 속속 드러날 것입니다. 우리가 예전에 만나지 못하고, 인지하지 못했던 집단을 얼마든지 맞닥뜨릴 수 있다는 뜻이지요. 외국인 노동자, 조선족, 이슬람교도, 예멘 난민, 성소수자도 그렇게 만났고, 이제는 반려동물 차례입니다. 아직은 낯선 구성원인 반려동물과 평화롭게 공존하기 위해 우리는 무엇을 생각해야 할까요?

한쪽에는 반려동물을 가족처럼 아끼고 사랑하는 사람이 있다면, 다른 쪽에는 반려동물이 그저 무섭거나 불쾌한 사람도 있습니다. 둘 사이에는 존엄한 생명체로서의 동물이 있고요. 서로의 존재를 무시한 채 사회적 합의를 이룰 수는 없습니다. 이들이 도시에서 함께 살아갈 방법을 찾기 위해서는, 우선 각자의 입장을 인정해야 하지 않을까요.

반려동물의 봄날을 꿈꾸는
동물 복지 공간

우리나라의 유기 동물 문제는 심각합니다. 많이 키우는 만큼 많이 버리
는 걸까요? 2019년에는 모두 13만 5,791마리의 유기 동물이 구조·보
호됐습니다. 2018년보다 12.1% 증가한 수치입니다. 동물을 좋아하는
사람은 늘어났지만, 15년 이상을 책임지고 키워야 하는 생명체에 대한
인식 부족이 빚어낸 비극이지요. 단 하나의 생명이라도 가볍게 여기지
않는 사회적 인식이 절실한 가운데, 2020년 '동물과의 공존'을 향한 의
미 있는 시설 두 곳이 문을 열어 눈길을 끕니다. 바로 동물권행동 카라
에서 지은 '더봄센터(The Bom Center)'와 울산광역시가 개관한 '애니언
파크(Anian Park)'입니다.

동물권행동 카라는 적극적인 동물 구조 활동으로 유명한 동물보호 단
체입니다. 비위생적이고 좁은 사육 시설인 '뜬장'에서 불법적으로 사육
되던 개, 재개발로 철거된 마을에 버려진 개와 고양이, 보호자의 돌봄
을 제대로 받지 못한 중증장애 동물 등을 구조하면서 동물권에 대한 인
식이 확산하는 데 크게 기여했지요. 이들에게는 고민이 있었습니다. 학
대받고 버려진 동물을 구조하기 위해 어디든 달려갔지만, 구조 이후의
상황은 녹록지 않았거든요. 최선을 다해 돌봤지만, 넉넉지 않은 재정
때문에 동물들에게 최고의 환경을 제공해 주지 못했습니다. 구조는 됐

카라 더봄센터 전경

으나 입양되지 못한 동물도 많았고요. 카라는 '구조 이후'에 대한 고민 끝에 더봄센터 건립 계획을 내놓았습니다.

2020년 10월 문을 연 더봄센터는 구조된 동물이 넓은 잔디밭과 쾌적한 보금자리에서 살아가면서 인간에게 상처받은 마음을 치유할 수 있도록 돌봅니다. 입소한 동물이 새로운 가족을 만나 다시 행복하게 살수 있도록 돕는 것이 더봄센터의 궁극적인 목표지요. 구조와 돌봄, 입양의 선순환 구조를 만들고자 한 것입니다.

울산의 애니언파크는 더봄센터가 문을 열기 한 달 전에 개관했습니다. 더봄센터가 유기 동물을 성공적으로 입양시키는 데 중점을 두고 있다면, 애니언파크는 반려동물의 행복하고 성공적인 도시 생활에 초점을 맞추고 있어요. 동물과 사람이 함께하는 행복한 공간을 의미하는 애니언파크라는 이름답게, 반려견에 대한 이해를 돕는 프로그램을 비롯해 반려견과 보호자가 도시의 시민들과 더불어 살아가기 위해 익혀야 하는 예절을 교육받는 프로그램이 제공되지요. 울산시는 애니언파크를

교통사고로 뒷다리에 장애를 얻게 된 '자람이'는 더봄센터에서
휠체어 생활을 하고 있다.

열면서 울산을 시민과 동물이 조화롭게 공존하는 '반려 친화 도시'로 만들기 위한 구체적인 계획도 발표해 기대를 모았습니다. 더봄센터와 애니언파크, 두 공간의 시도가 더 큰 울림으로 이어져 동물권에 대한 인식이 굳건해졌으면 좋겠습니다. 동물이든 인간이든 생명의 무게는 똑같으니까요.

#09

하늘길, 물길, 땅길, 올킬

#투명 방음벽 #하굿둑 #고속도로 #생태통로

방음벽이 투병해지자, 새가 부딪혔다

"기찻길 옆 오막살이 아기 아기 잘도 잔다. 칙폭 칙칙폭폭 칙칙
폭폭 칙칙폭폭. 기차 소리 요란해도 아기 아기 잘도 잔다." 〈기찻길
옆〉이라는 동요를 흥얼거리다 보면 문득 궁금해집니다. 정말 시끄
러운 기차 소리에도 아기는 곤히 잘 수 있을까? 기찻길 옆 오막살이
에서도 잠을 잘 자는 아기는 소음에 이미 적응한 상태겠지만, 엄밀
히 생각하면 그런 시끄러운 곳에는 집을 지으면 안 됩니다. 하지만
사람은 넘치고 땅은 부족한 도시에서는 엄격한 규제가 없다면 기찻
길 옆에도 집이 들어섭니다. 그래도 걱정 없습니다. 우리에겐 방음

벽이 있으니까요. 큰 차가 지나가는 산업도로 옆에도, 빠른 속도로 달리는 자동차 때문에 엄청나게 시끄러운 고속도로 옆에도 집이 들어섭니다. 방음벽을 설치하면 되니까요.

국내 방음벽의 역사는 1979년으로 거슬러 올라갑니다.[1] 경부고속도로 서하남 지역에 설치된 제품이 1세대 방음벽의 효시로 꼽히지요. 이전까지 자동차 소음은 있어도 신경 쓸 정도는 아니었고, 크다 해도 그런 대로 참을 만했습니다. 더 이상 참을 수 없을 만큼 자동차 소리가 커졌을 때, 그 문제를 해결하기 위해 기꺼이 돈을 쓸 용의가 생겼을 때, 방음벽은 탄생했습니다. 한번 방음벽이 세워지자 여기저기에서 방음벽을 설치해 달라는 요구가 쏟아졌습니다.

1980년대 이후 자동차 수가 급증하면서 덩달아 방음벽의 수도 늘어났습니다. 방음벽은 소음을 막는 것에는 어느 정도 성공했지만, 도시환경에는 악영향을 끼쳤습니다. 도시 곳곳에 세워진 높고 기다란 철제 방음벽은 마치 성벽같이 안과 밖을 분리했거든요. 회색의 높고, 길고, 볼품없고, 지저분한 성벽이 도시 곳곳에 칸막이를 쳐 놓은 것 같았습니다.

도로 양쪽에 거대한 방음벽이 세워지기도 했습니다. 수 킬로미터를 도로와 자동차, 방음벽만 보고 운전해야 하는 터널 같은 도로도 생겨났지요. 어두침침한 방음벽 뒤편에는 쓰레기가 쌓여 갔습니다. 도로변에 만들어진 아파트는 담장 대신 방음벽을 둘렀습니다. 아파트 단지 안에 사는 사람들은 방음벽의 소음 차단 효과를 누렸지만,

불투명 알루미늄 재질의 1세대 방음벽. 방음벽 안팎의 공간을 단절시킨다.

아파트 바깥쪽 인도를 걸어야 하는 사람들은 자동차가 쌩쌩 달리는 위험한 차도와 볼품없고 지저분한 방음벽 사이를 걸어야 했습니다. 높고 긴 방음벽 옆을 걷는 것은 너무도 재미없는 일이었습니다.

건물과 거리 사이에 높은 벽을 세우니 건물은 도시로부터 더욱 고립되었습니다. 거리에서는 방음벽 안쪽에서 무슨 일이 일어나는지 알 수가 없었습니다. 방음벽 안과 밖의 시선이 분리되자 고립된 사람들은 불안해했습니다. 고립된 사각지대는 치안도 허술하고, 도난 사건이 일어나기도 쉽거든요. 방음벽은 소리만 막은 것이 아니라 거리와 건물, 건물과 사람 사이도 막아섰습니다.

방음벽의 문제점이 하나둘 드러났습니다. 하지만 집 안으로 밀려들어오는 소음을 막아 주는 방음벽을 포기할 수는 없었습니다. 신경을 거스르는 소음 속에서 살 수는 없으니까요. 시끄럽다는 민원이 들어오면 방음벽 설치만큼 효과적인 대응책이 없었습니다. 소음이 심한 도로변이나 철길 주변에도 방음벽을 세우면 아파트를 지을 수 있었고요. 이 간단한 해결책을 버리기 힘들었지요. 괜히 어렵게 소리 자체를 줄이려 노력하거나, 소리를 고려한 도시계획을 할 필요가 없었습니다. 게다가 사람들이 지적하는 문제점은 대부분 '미관을 해친다'와 '시선을 막는다'였습니다. 그리하여 미관을 해치지 않고, 시선을 막지 않는 방음벽을 생각했습니다. 투명 방음벽이 등장했습니다.

투명 방음벽은 물리적인 분리까지 극복할 수는 없었지만, 시각적인 단절은 해소할 수 있었습니다. 게다가 기존 회색의 투박한 알루미늄 방음벽에 비해 보기도 좋았습니다. 초기에 만들어진 투명 방음벽은 조금만 시간이 지나도 금세 누렇게 변해 보기도 안 좋고 투명이라 부르기도 민망했지만, 최근 들어 유리나 아크릴로 된 부녕 방음벽이 설치되면서 투명도가 오래도록 유지되었습니다. 이음새가 없는 깔끔한 투명 방음벽도 등장했고요. 시원시원한 유리로 된 투명 방음벽은 소음은 막아 주면서 조망권을 확보해 줬고, 답답한 마음도 없애 줬고, 왠지 세련되어 보이기도 했습니다. 도시는 좀 더 밝아졌습니다. 사람들은 좋아했습니다. 그리고, 새가 날아와 부딪혔습니다.

시야 차단 문제 해결을 위해 개발된 투명 플라스틱 소재 방음벽.
시간이 지나면 황변 및 백화 현상으로 투명도가 급격히 떨어지고 지저분해진다.

편리한 고속도로? 동물에겐 장애물일 뿐

2017년 10월, 세종시의 한 도로에 설치된 투명 방음벽 아래에서 파랑새, 꿩, 멧비둘기 등 야생 조류 10여 마리의 사체가 발견됐습니다. 인천시 서구 가정동의 한 아파트 투명 방음벽에는 매달 20여 마리의 새가 부딪혀 죽습니다. 통유리 외벽으로 단장한 부산 해운대 마린시티 아이파크가 완공되자 하루 20~30마리의 새가 날아와 부딪혀 죽었습니다.

시민들이 자연을 관찰한 결과를 기록하고 공유하는 '네이처링'(www.naturing.net)이라는 온라인 플랫폼에서는 2018년도부터

2015년 3월 울산과 밀양을 잇는 국도 24호선에서 죽은 채 발견된 황조롱이.
이 새는 도로변 방음벽과 충돌해 죽은 것으로 보인다.

'야생 조류 유리창 충돌 조사'라는 프로젝트가 진행되고 있습니다. 이곳에는 매일 전국 각지에서 조류의 유리 충돌 사례가 올라옵니다. 참새, 까치, 직박구리, 박새와 같은 친근하고 쉽게 볼 수 있는 조류뿐만 아니라 칡부엉이, 새매, 긴꼬리딱새, 알락꼬리마도요 등 흔치 않은 새의 충돌 소식도 심심치 않게 볼 수 있지요. 시민들의 기록을 살피다 보면 이러다 새가 멸종하겠다는 말이 절로 나옵니다.

국립생태원에 따르면 우리나라에서 하루 2만 마리의 새가 투명 방음벽과 건물 유리창에 부딪혀 죽습니다. 해외 상황도 심각하긴 마찬가지입니다. 뉴욕시에서만 연 9만 마리의 새가, 미국 전역으로는 3억~10억 마리의 새가 유리창이나 투명 방음벽에 부딪혀 목숨을 잃는다는 통계도 있습니다.

인간은 여러 측면에서 지구에 서식하는 동식물을 위협하고 있는

데, 그중 하나가 동물들이 살던 곳을 조각조각 파편화하는 것입니다. 우선 도로를 생각해 볼까요? 사람과 사람을, 도시와 도시를 연결해 주는 도로는 동물들이 자연스럽게 지내고 있던 자연을 둘로 나누었습니다. 그러자 길을 건너던 많은 야생동물이 차에 치여 목숨을 잃었습니다. 로드킬(roadkill)이라는 단어가 생겨났지요. 홍수를 막기 위해, 물을 이용하기 위해, 강 하구에 설치된 댐과 보는 또 어떻고요. 바다와 강을 오가며 산란하는 물고기들의 길이 막혀 버렸습니다. 그리고 이제는 투명 방음벽과 통유리 건물이 대거 등장하면서 새들의 길까지 막아섰습니다.

하늘을 자유롭게 날아다니는 새들의 길까지 인간이 가로막게 될지는 몰랐을 것입니다. 하지만 답답함을 벗어나고 싶은 마음에, 왠지 멋져 보여서 설치한 투명 방음벽과 통유리 외벽 건물은 그 어려운 일을 해냈습니다. 이로써 인간은 동물의 하늘길, 바닷길, 땅길을 모두 막아섰습니다. 그리고 사람들은 자신들이 설치한 시설물이 동물의 길을 막을 수 있다는 것을 뒤늦게 알아차렸습니다.

현대식 고속도로 건설이 한창이던 1940~1950년대 무렵 미국에서 등장한 '로드킬'이라는 단어는 2000년대 들어 한국 사회에 상륙했습니다. 한국에서 고속도로가 급격히 증가하며 야생동물의 찻길 사고가 눈에 띄게 늘어나던 시기였지요. 기존의 고속도로는 산과 물을 피해 가며 길을 내느라 구불구불한 곡선 구간이 많았지만, 토목 기술이 발달하면서 산을 관통하고 계곡을 넘나드는 직선형 도로가 많이 만들어졌습니다. 곳곳에서 동물의 길이 끊어졌습니다. 도시에서는 고양이가, 도시 바깥에서는 고라니가 차에 치였지요.

로드킬 전문가 최태영 박사의 계산에 따르면, 연간 10만 마리의 고양이와 6만 마리의 고라니가 차에 치여 숨지고 있습니다.[2] 고양이 사체는 도시에서 쉽게 발견됩니다. 또 "야생동물 주의" 표지판의 주인공이 사슴이어서 그런지, 로드킬이라고 하면 고양이와 고라니가 먼저 떠오릅니다만, 고라니보다 더 많은 수의 너구리가 숨지고, 그보다 훨씬 많은 설치류가 차에 치입니다. 두꺼비를 비롯한 양서류의 로드킬 수는 조사조차 어렵습니다. 현재의 계산으로는 포유류, 조류, 양서류 등 척추동물을 합하면 전국적으로 연간 약 200만 건의 로드킬이 발생하는 것으로 추정됩니다.

강 하구에 건설된 둑도 비슷한 문제를 일으켰습니다. 하굿둑이 생기자 강과 바다를 오가며 사는 물고기들의 생존이 위태로워졌거든요. 강과 바다를 오가는 물고기로 가장 유명한 것은 연어지만, 우리나라에는 뱀장어가 더 많습니다. 뱀장어는 연어와 반대로 어른 물고기로 강에서 살다가 태평양 한복판으로 나가 알을 낳습니다. 그곳에서 깨어난 새끼 뱀장어들은 다시 3,000km를 헤엄쳐 가까운 바다까지 와서 강 하구에서부터 강물을 거슬러 올라갑니다. 하지만 바다와 강이 만나는 곳을 하굿둑이 가로막고 있으면 뱀장어가 민물로 올라가지 못하겠지요. 하굿둑 건설 이후 우리나라 뱀장어의 개체 수는 급격히 감소합니다.

야생동물이 안전하게 이동하려면

국내 최초의 투명 방음벽은 1993년 올림픽대로 변에 세워졌습니다. 원래는 철제 방음벽을 설치할 계획이었는데, 한강을 볼 수 없게 된다며 아파트 주민들이 민원을 넣자 투명 방음벽을 세우는 것으로 계획을 바꿨지요. 높이 4m의 투명 방음벽은 1990년대 초 보편적이었던 알루미늄 방음벽에 비해 세 배 많은 예산이 들어갔습니다. 당시의 신문기사를 보니, 시 관계자는 "국내 최초인 만큼 방음 효과 및 바람 저항도와 설치 기술 문제점 등을 면밀히 검토하고 있으며 효과가 좋을 경우 예산이 가능한 대로 확대해 나갈 예정"이라고 말하고 있네요.[3] 신기술로 만든 방음벽을 설치한다는 자부심은 느껴지지만, 투명 방음벽의 가장 큰 문제인 '새들의 충돌'에 대한 언급이 없는 걸 보면 이를 예상하지 못했던 것 같습니다.

사실 어떤 새로운 물건이 세상에 나왔을 때 그 부작용을 바로 알기는 쉽지 않습니다. 그래서 물건이 도입되고 나서 한참 뒤에 물건의 사용과 관련한 규범이 하나둘씩 생기고는 합니다. 이를 문화지체 현상이라고 부릅니다. 물질적인 것(기술)과 비물질적인 것(규범)의 변동 속도가 다르기 때문에 일어나는 부조화를 말하지요. 예를 들어 휴대폰이 처음 대중화되었을 때는 휴대폰에 대한 규범이 없었으나 점점 '공연장에서는 끈다', '대중교통 안에서는 작게 통화한다', '길을 걸으며 스마트폰을 보지 않는다' 등의 규범이 생기는 것과 같습니다. 문화지체라는 용어는 주로 인간 사회에 적용되지만, 의도치 않게 야생동물의 길을 막아 버린 것을 뒤늦게 깨달은 상황에도 대입할 수 있겠습니다.

인간의 시설물이 야생동물에게 피해를 준다는 사실을 알고서도 가만히 있을 수는 없겠지요. 사람들은 대책을 찾아 나섰습니다. 야생동물의 서식지가 도로 때문에 단절된다는 것을 깨닫자, 도로 위아래로 생태통로를 만들었습니다. 야생동물이 먹이나 짝을 찾아 안전하게 이동할 수 있도록 전용 길을 낸 것입니다. 1998년 지리산국립공원 시암재를 지나는 도로 아래 우리나라 최초의 생태통로를 설치한 이래, 2021년 5월 현재 508개의 생태통로를 만들었습니다.[4]

한편 보(洑)가 물고기의 이동을 막는다는 지적이 일자, 보 한쪽에 물고기가 이동할 수 있는 어도(魚道)를 설치했습니다. 1966년 양양 남대천에 첫 번째 어도가 설치된 이후, 2020년까지 전국에 5,393개의 어도가 생겼습니다. 전체 보의 15.9%에 어도가 설치된 거지요.[5]

조류의 투명 창 충돌을 막기 위해서는 버드 세이버(bird saver)가 대안으로 여겨졌습니다. 버드 세이버는 맹금류 모양의 스티커를 말합니다. 작은 새들의 천적인 매, 솔개 모양의 스티커를 이용해 투명 방음벽이나 유리창을 피하도록 만들겠다는 것이 그 취지지요. 국내 최초의 버드 세이버 부착 사례는 찾기 어려우나, 자동차전용도로 투명 방음벽에 부착한 최초의 사례는 기록이 남아 있습니다. 2013년 북부간선도로 신내 IC, 경부고속도로 반포 IC의 투명 방음벽에 부착한 것입니다. 그 이후 많은 유리 건물과 투명 방음벽에 버드 세이

도로 윗부분에 설치된 육교형 생태통로. 야생동물이 생태통로를 이용하도록
유도하기 위해서는 생태통로 앞뒤 도로변에 울타리를 설치해야 한다.

버가 붙었습니다. 2017년 4월에는 충북 청주시의 한 고등학생이 동
네 투명 방음벽에 새들이 자꾸 부딪혀 죽자 도지사에게 편지를 보
내 버드 세이버 설치를 요구한 일도 있습니다. 문제의식에 공감한
충청북도는 청주시 창리사거리 일대 500m 길이의 투명 방음벽에
버드 세이버를 부착했지요.

동물들의 눈높이로 생각해 보자

모든 투명 방음벽에 버드 세이버가 부착된 것이 아니고, 어도 설
치율은 약 16%에 불과하며, 생태통로 효용성에 대한 의문이 매년
제기되고 있지만, 어쨌든 문제를 인지하고 고치기 위해 노력하는

것은 매우 다행스러운 일입니다. 하지만 할 때 제대로 해야 합니다. 그렇지 않으면 실질적인 효과도 없고, 노력했다는 사실 자체로 면죄부가 되어 문제를 더욱 흐려 놓기 때문입니다.

생태통로가 제 기능을 다하기 위해서는 동물들이 도로로 뛰어드는 것을 막으면서 통로로 이끄는 유도 울타리 설치가 필수인데, 설치가 부실한 경우가 많습니다. 하굿둑에 낸 어도 중 일부는 지나치게 경사가 급해 힘이 약한 새끼 장어들은 올라갈 엄두도 내지 못하고요. 동물들의 눈높이에 맞지 않은 시설은 이름뿐인 것이지요.

그동안 열심히 붙였지만, 버드 세이버는 효과가 없는 것으로 밝혀졌습니다. 사실 여태껏 조류 충돌에 대한 체계적인 조사 자체가 없기도 했습니다. 다행히 국립생태원이 2017년 11월부터 1년간 야생 조류 충돌 실태 조사를 벌였습니다. 이 조사 결과를 바탕으로 새의 충돌을 막는 방법을 찾아 발표했지요. 가로 10cm, 세로 5cm 간격으로 물방울무늬나 얇은 줄을 인쇄해 유리에 붙이면 새가 그것을 보고 피한다는 것입니다. 현재 국립생태원의 권고에 따라 전국의 방음벽과 유리창에 새로운 조류 충돌 방지 스티커가 부착되고 있으며, 국립생태원은 그 결과를 모니터링해 개선 방안을 꾸준히 제시하고 있습니다.

인간은 편의를 위해 도시에 시설물을 설치합니다. 동물의 목숨을 일부러 희생시키겠다고 도로를 깔고 건물을 올리는 사람은 없겠지요. 하지만 의도치 않았다 해도 동물들의 생존이 위협받는 결과가

최근에는 투명도를 높이고 백화 현상을 막는 투명 방음벽이 많이 설치되고 있다.
경관은 개선되고, 조류 충돌은 크게 늘었다. 맹금류 스티커는 효과가 없다.

조류 충돌 방지 스티커가 부착된 투명 방음벽. 새들이 창문에 반사된 하늘을 허공으로
착각하지 않도록 격자형 무늬를 세로 5cm, 가로 10cm 이내 간격으로 표시하는 것이 핵심이다.

나타났습니다. 뒤늦게 알아차린 우리는 문제를 제기하고, 조금씩 고쳐 가고 있습니다.

도로는 빠른 이동을 위해 만들어졌습니다. 요즘 같은 때 자동차 없는 세상을 생각하기는 어렵습니다. 그런데 그 결과 동물들의 땅길이 끊겼습니다. 홍수도 막아야겠고, 물을 이용해야 하니 댐이나 둑을 쌓을 수밖에 없다고 생각했습니다. 그 결과 물길이 끊겼습니다. 소음은 막아야겠는데 그냥 알루미늄 벽을 세우니 답답해 투명 방음벽을 올렸으며, 멋지고 세련되어 보여 통유리 외벽을 가진 건물을 지었습니다. 그 결과 하늘길이 막혔습니다.

이제 도시 사는 인간이 느끼는 불편함이나 답답함 정도의 감정, 특정 건축 재료의 유행만으로도 야생동물의 삶과 죽음을 결정지을 수 있는 시대가 됐습니다. 인간의 힘이 그렇게까지 되어 버렸습니다. 지금 이 글을 쓰고 있는 저도, 글을 읽고 있는 여러분도 그런 인간 중 한 명입니다. 혹시 지금, 우리의 사소한 취향이나 취미, 습관이 동물들의 삶 전체를 뒤흔들고 있는 것은 아닐까요? 우리는 자연 앞에서 조금 더 겸손해질 필요가 있습니다.

다시 살아난 새들의 땅,
을숙도에 놓인 생명의 길

강원도 태백에서 발원한 낙동강은 무려 500km를 흐르며 토사를 옮겨 옵니다. 강 하구에 이르러 힘이 빠진 강물은 토사를 내려놓고 바다로 흐릅니다. 그렇게 우리나라에서 가장 긴 낙동강은 우리나라에서 가장 큰 삼각주를 남겼습니다.

비옥한 낙동강 삼각주는 새들의 땅이었습니다. 특히나 낙동강 끝자락에 자리한 삼각형 모양의 땅 을숙도가 그랬습니다. 동아시아와 오스트레일리아를 오가는 철새들은 을숙도를 찾았습니다. 한때 동양 최대의 철새 도래지라 불렸지요. 이런 생태적 중요성 때문에 을숙도를 포함한 낙동강 하류의 철새 도래지는 1966년에 천연기념물 제179호로 지정됐습니다.

하지만 사람들은 부산이라는 대도시에 접해 있는 을숙도를 새들에게 그냥 내어 주지 않았습니다. 1960년대 중반에는 파밭이 생겼습니다. 그러다 1987년에는 낙동강 하굿둑이 설치되면서 강물과 바닷물이 들고나던 길이 막히고, 을숙도 주변의 생태계는 남북으로 단절되다시피 했습니다. 강바닥을 긁어낸 흙도 을숙도에 쌓았지요. 1992년 이후에는 부산 시민들이 버린 쓰레기와 분뇨를 매립하는 곳이 됐습니다. 새들은 점점 줄어들었습니다.

낙동강 하류의 철새 도래지

부산시는 뒤늦게 을숙도 생태계의 중요성을 깨달았습니다. 2000년대 들어 훼손된 자연을 하나둘씩 복원하기 시작했습니다. 담수습지, 기수습지, 염수습지 등 다양한 종류의 습지를 만들어 여러 동식물이 살 수 있는 환경을 만들었습니다. 생태계가 살아난 을숙도는 새들의 섬이자 부산·경남 지역 최고의 생태 교육장이 되었습니다.

을숙도 인에는 낙동강하구에코센터, 낙동강문화관, 탐조대, 습지, 생태공원 등이 들어섰습니다. 이곳에 문을 연 부산야생동물치료센터는 교통사고로 다친 고라니, 유리 충돌로 부상당한 새들을 치료합니다. 2019년에만 새 565마리를 비롯한 641마리의 동물이 이곳에서 치료를 받고 자연으로 돌아갔습니다. 을숙도를 관통하는 도로에는 생태통로가 설치되어 포유류와 양서류의 이동을 돕습니다. 낙동강 하굿둑에는 지하 2층 깊이에 45m 길이로 어도가 설치됐고요. '낙동강 이야기'라 이름 붙여진 전시관 지하에 가면 어도를 따라 물고기가 이동하는 광경을 눈앞에서 볼 수 있습니다.

2004년 승학산 정상에서 내려다본 을숙도. 낙동강 하굿둑을 기준으로
사진의 왼쪽에는 을숙도철새공원이, 오른쪽에는 을숙도생태공원이 들어서 있다.

바다와 강, 습지와 철새가 어우러진 을숙도에 가면 생생하고 다양한 생
태 체험을 할 수 있습니다. 아, 간 김에 에코센터의 유리창에는 제대로
된 조류 충돌 방지 장치가 부착되었는지, 생태통로 주변에 울타리가 설
치되었는지, 어도로는 정말로 많은 물고기가 지나가는지 꼼꼼히 살펴
보는 것도 잊지 마세요.

10

도시 생활자가 된
동식물 이야기

#가로수 #참새 #직박구리 #외래식물 #꽃매미

도시 속에 자연이 있다

따지고 보면 도시는 원래 동식물들의 땅이었습니다. 그 땅을 사람들이 점령한 것이지요. 인간의 구조물이 도시를 채우고, 돌과 아스팔트가 흙바닥을 덮으면서 평화롭게 살던 동식물을 쫓아냈습니다. 도시에서 중요한 것은 인공 구조물이지 자연은 아니었으니까요. 하지만 도시가 아무리 세련된 인공물의 천국이라 해도, 지구라는 '계(system)'의 일부분일 뿐입니다. 사람들이 아무리 없애려 애를 써도 꿋꿋하게 도시에서 살아가는 동식물이 많다는 사실, 알고 있나요? 며칠만 신경 쓰지 않으면 화단에 잡초가 무성해지고, 여름마다 우리가 모기에게 피를 내어 주고 있는 것만 봐도 짐작이 가지요.

어떤 동식물은 인간과 도시에 잘 적응해 인간을 이용하며 살아갑니다. 보도블록 틈새에서도 사는 질경이는 강하면서도 부드러운 잎을 지녀 사람들이 아무리 밟고 지나가도 질기게 살아남습니다. 오히려 신발에 씨앗을 붙여 멀리 퍼트리는 식으로 인간을 이용하기까지 하지요. 공원의 비둘기는 사람들을 졸졸 쫓아다니며 먹이를 달라고 구구거리고, 몇몇 참새들은 식당 테이블 아래를 부지런히 오가며 떨어진 음식을 가져갑니다.

제비는 일부러 사람들의 집을 찾아들어 그곳에 둥지를 짓고 새끼를 키웁니다. 인간 가까이에 사는 것이 안전하기 때문이지요. 야생의 공간에는 뱀, 솔개 등 천적이 많지만, 인간은 그런 천적들을 물리쳐 줍니다. 도시에 한옥이 많았던 시절에는 한옥 처마 밑에 집을 지었습니다. 한옥이 점점 사라지면서 제비도 줄어들었지만, 요즘에는 제비도 바뀐 도시환경에 슬슬 적응해 가는 듯 보입니다. 아파트나 빌라 1층에 거주 공간을 짓지 않고 주차장을 만드는 방식이 유행하면서(이를 필로티 구조라고 합니다), 주차장 천장이 한옥의 처마처럼 비바람을 막아 주는 역할을 한다는 사실을 알아차린 것이지요. 요즘 도시에 사는 제비들은 빌라의 필로티에 집을 많이 짓습니다.

한편 사람들도 점차 도시를 '자연스럽게' 만드는 데 관심을 가졌습니다. 빼곡히 건물만 짓는 것이 아니라 알록달록 꽃나무도 심고

처마가 사라진 도시에서 아파트나 빌라의 필로티는 제비의 새로운 집터가 됐다.

생태공원도 만들어, 도시에 살면서도 자연을 느끼고 싶어 했습니다. 그 과정에서 인간이 선택하거나, 거꾸로 인간을 선택하거나, 인간이 제거하려 안간힘을 써도 꿋꿋이 살아남는 온갖 다양한 생명체들이 도시에 살게 되었지요. 그렇다면 과연 도시 속 동식물은 어떤 방식으로 인간과 함께 살아가고 있을까요?

가로수의 역사

길가에 줄지어 선 가로수는 인공 구조물로 둘러싸인 도시에서 가장 쉽게 접할 수 있는 자연입니다. 가로수 모습이 변하는 것을 보면서 계절을 느끼지요. 도시 사람들은 봄이면 흩날리는 벚꽃을 보며, 여름이면 무성한 잎이 만들어 주는 그늘을 찾으며, 가을이면 붉고 노랗게 물든 잎이 떨어진 낙엽을 밟으며, 겨울이면 잎이 떨어진 가지 사이로 들어오는 햇빛을 받으며 한 해를 보냅니다.

가로수는 꽤 오랜 역사를 갖고 있습니다. 고대 이집트의 상형문자에 가로수에 대한 기록이 남아 있고, 중국 주(周)나라 기록에는 지금의 가로수와 비슷한 열수(列樹)라는 명칭이 등장합니다. 우리나라에서는 정조 13년(1789)에 임금 정조가 아버지 사도세자의 묘를 찾아가는 능행길에 소나무와 능수버들을 심었다는 기록이 전해집니다.

지금 우리에게 익숙한 도시의 가로수는 프랑스의 나폴레옹 3세(Napoleon III, 보나파르트 나폴레옹의 조카) 시절에 시작되었습니다. 1853년의 파리는 불량 주택이 가득하고 하수도 시설이 제대로 갖춰지지 않아 거리에는 오물이 넘쳐 났습니다. 어둡고, 지저분하고, 좁고, 구불거리는 길을 걷는 것조차 곤욕이었지요. 나폴레옹 3세는 이런 파리를 개조하기 위해 오스만 남작(Georges E. Haussmann)을 파리 시장으로 임명했습니다. 오스만은 파리를 개선문을 중심으로 한 대로(大路)와, 대로 사이를 연결하는 직선의 소로(小路)를 만들어 물류와 통행 환경을 획기적으로 개선했습니다. 지하에는 거대한 하수도를 만들어 오물이 넘치던 파리의 모습을 깨끗하게 바꾸었고요. 그 규모가 얼마나 큰지 지금도 사람이 편안하게 지나다닐 수 있을 정도고, 상수도관, 난방관 같은 각종 시설물 역시 하수도관을 따라

개선문에서 바라본 샹젤리제 거리. 19세기 중엽 대대적인 파리 도심 정비 사업의 일환으로 나폴레옹 3세와 오스만 남작이 막대한 예산을 들여 조성해 오늘날의 모습을 갖추게 되었다.

설치되어 말끔히 정비된 도시 모습을 갖출 수 있었습니다.

우리가 알고 있는 파리 샹젤리제 거리의 고풍스러운(당시에는 새 건물이던) 저층 고밀도 건물은 그때 지어졌습니다. 넓고 깨끗한 보도, 가로등은 거리 양편의 1층 카페와 어우러지면서 파리만의 거리 문화를 만들었지요. 오스만은 바로 그 길에 가로수를 심었습니다. 달라진 파리의 모습은 이 도시를 방문한 이들의 마음을 사로잡았고, 근대 도시의 상징이 되어 전 세계로 퍼져 나갔습니다. 대로와 보도, 가로등과 가로수가 있는 길은 개화기를 지나 우리나라의 도시에도 도착했지요.

우리 홀은 주선 사람 만히 사는 촌과 본정에 갔다 오는 손님이 만하요. 그분들 중 남녀 한패가 사람의 눈을 꺼리는 듯 드러와서 고요히 차 마시고는 다시 장곡천정(長谷川町) 애스팔트 거리로 뚜벅뚜벅 거러 차츰차츰 사라저 가는 풍경은 참으로 무에라 말할 수 업시 조와요. 더구나 길거리의 포푸라 가로수 입사귀가 시름업시 떨어지는 만추(晚秋)나 함박눈이 푸실푸실 오는 삼동(三冬)의 겨울밤 외투에 잠긴 피씨(彼氏) 목도리에 고개를 파묻은 궐녀.

— 「끽다점 연애풍경(喫茶店戀愛風景)」 중에서, 《삼천리》 제8권 제12호, 1936년 12월

1930년대 중반, 당시의 이삼십 대 청년들은 어릴 때부터 신문물의 영향을 받으며 자랐습니다. 그들은 조선 시대를 살았던 부모 세대와는 완전히 달랐고, 서구 스타일의 옷을 입고, 카페와 백화점을 찾았지요. 《삼천리》라는 잡지에 실린 위의 글은 모던 보이, 모던 걸의 모습을 그리고 있는데, "가로수"란 표현이 눈길을 끕니다. "포푸라 가로수"라 적힌 나무는 양버들나무로, 양버즘나무(플라타너스)와 함께 당시 서울의 대표적인 가로수였습니다. 근대적 교통수단이 지나가는 큰길과 그 양쪽에 세워진 가로등, 가로수는 근대 도시 서울을 상징하는 경관이었습니다. 그러니 모던 걸, 모던 보이에 대한 이야기에 모던 도시의 경관을 상징하는 가로수가 등장하는 것은 지극히 자연스러운 일이지요.

현재 도시의 가로수 수종은 매우 다양하지만, 옛 서울 경성(京城)

남산 쪽에서 담아낸 경성 시가지 중심부 전경. 가로변에는 가로수도 보이는데,
이렇게 가로수를 심는 것은 근대의 새로운 풍경이다.

의 가로수는 플라타너스와 포플러가 대부분이었습니다. 1917년 조
선총독부에서 발간한 『도로 요람』에는 가로수 식재(植栽) 목적과 기
준이 상세히 언급되어 있으며, 1927년 7월에 발행된 잡지 《동광》에
는 도심지 가로수의 요건 여덟 가지가 서술되어 있습니다. 여름에
무성하고 겨울에 관리가 쉬운 활엽수, 공해와 해충에 강한 나무, 아
랫부분에 가지가 많지 않은 나무, 오래 사는 나무, 줄기가 곧게 자라
는 나무, 꽃과 열매가 없는 나무 등이 그것입니다.[1]

　다른 항목들은 이해가 되지만 왜 꽃과 열매가 없는 나무가 가로
수의 조건이 되었을까요? 행여 운전하거나 길을 걷는 사람들이 아
름다운 꽃과 열매에 시선을 빼앗겨 위험해질까 염려해서였을까요?

아니면 땅에 떨어질 꽃잎과 열매를 치울 여력이 없었던 것일까요? 어쨌든 이러한 기준에 맞춰 선택된 나무가 바로 플라타너스와 포플러였습니다. 이후 수양버들, 은행나무가 주요 가로수 대열에 합류했습니다.

그런데 이제는 가로수의 조건이 꽃과 열매가 '있는' 나무로 바뀐 것 같습니다. 가로수가 만들어 내는 경관에 대한 관심이 커지면서 예쁜 꽃을 피우는 나무가 사람들의 사랑을 받고 있지요. 한동안 벚나무를 많이 심다가, 최근 몇 년 사이에는 이팝나무가 인기 있는 가로수로 꼽힙니다. 덕분에 4월의 벚나무, 5월의 이팝나무가 도시의 봄을 하얀 꽃으로 장식하지요.

도시의 나무에 얽힌 특별한 사연

도시에 가로수가 없으면 얼마나 삭막할까요? 어떤 도시는 특색 있는 가로수를 심어, 도시의 상징으로 만들기도 합니다. 이를테면 남산을 끼고 있는 서울시 중구는 2006년부터 도심의 가로수를 남산의 상징인 소나무로 교체했습니다. 2016년에는 진짜 '남산 위의 저 소나무'를 가져다 심기도 했는데, 남산의 서울 성곽을 복원하면서 그곳에 있던 소나무를 도심의 가로수로 옮겨 심은 것이지요.

멋진 가로수 길은 관광객을 끌어모으기도 합니다. 경남 창원시 진해구 여좌천과 서울시 여의도 윤중로에는 매년 4월이면 아름다운 벚꽃을 보러 수백만 명의 인파가 모입니다. 충남 아산시에 있는 현충사 가는 길에는 수령 60년의 은행나무 350그루가 가을의 정취를 찾아오는 사람들을 반기고요. 서울시는 덕수궁 돌담길을 비롯한 은행나무가 있는 가로수 길에 낙엽이 질 때면 일정 기간 낙엽을 치우지 않고 그대로 두어 시민들이 가을을 만끽할 수 있도록 합니다.

1,000그루 이상의 메타세쿼이아가 장관을 이루고 있는 전남 담양군의 메타세쿼이아 길은 가로수 길로는 유일하게 유료화된 곳입니다. 2012년부터 이 길을 걸으려면 돈을 내야 합니다. 모두에게 열려 있던 '길'을 돈을 내고 걸어야 하는 변화는 논란을 낳기도 했습니다. 유료화 이후 방문객이 줄었지만, 여전히 많은 이들이 입장료를 지불하고 그 길을 걷습니다. 그만큼 사람들은 멋진 가로수가 심어진 길을 사랑합니다.

도시에서 나무의 가치가 높아졌음을 보여 주는 것이 조경수로 등장한 빼어난 나무들입니다. 2009년 입주를 시작한 서울의 한 아파트 단지에는 천년 고목이 옮겨 온 일도 있었습니다. 느티나무는 가지가 넓게 퍼지는 수형으로 우리나라 사람들이 특히나 좋아하는 나무입니다. 넓은 그늘을 만들어 주는 느티나무는 시골 마을의 정자나무로 많이 심었고, 그 덕분에 나이 많은 느티나무가 아직도 전국 각지의 마을에 많이 남아 있지요. 이 1,000년 묵은 느티나무는 원래 경북 군위의 한 마을에서 살았습니다. 긴 세월 동안 한자리에 우뚝 서서 마을의 수호신 역할을 톡톡히 했지요. 그런데 인근에 댐이 생기면서 수몰될 처지가 됐습니다. 나무는 경북 고령으로 한 차

서울 서초구 반포의 한 아파트 단지에 있는 1,000년 된 느티나무. 단지에 옮겨 심기 전에는 고목의 위용을 자랑했지만, 이식된 뒤에는 제대로 자리 잡지 못해 거의 고사한 상태가 됐다.

례 옮겨졌고, 곧이어 한 건설사에 10억 원에 팔려 서울의 아파트에 옮겨 심어졌습니다. 나무를 심은 건설사는 1,000년 된 느티나무가 아파트 이미지 고급화와 분양에 긍정적인 역할을 할 것을 기대했고, 기대대로 이 나무는 단숨에 사람들의 관심을 끌었습니다.

하지만 1,000년 된 느티나무는 비슷한 기후인 경북 고령으로의 이주는 용케도 잘 견뎠지만, 추운 북쪽으로의 이주까지 견뎌 내지는 못했습니다. 서울에 자리 잡은 지 1년 만에 느티나무가 죽어 가고 있다는 소식이 알려졌습니다. 지금은 나무의 대부분이 고사했고, 다른 느티나무를 접목해 근근이 생명을 유지하고 있습니다. 아파트의 가치를 높이려던 인간의 욕심이 1,000년 된 나무를 죽음으로 내

몰랐습니다. 천년 고목을 단지에 심으면 집의 가치가 정말 올라가는 것일까요? 고향 땅에서 마을 사람들의 사랑을 듬뿍 받으며 살아가던 나무가 도시 한복판에 옮겨져 고사 직전까지 내몰린 것은 못내 씁쓸합니다.

도시에 온갖 새가 날아든다

전 세계 거의 대부분의 도시에서 참새는 인간과 함께 살아갑니다. 작고 날랜 몸으로 인간의 공격을 잘도 피해 냈지요. 방앗간을 그냥 지나치지 않았던 참새의 후예들은 식당 안까지 들어와 사람들이 바닥에 흘린 음식을 주워 달아납니다.

참새의 뛰어난 적응력은 학자들의 관심을 끌었습니다. 캐나다 맥길대학의 루이스 르페브르(Louis Lefebvre) 박사는 창의적인 행동을 하는 새 808종을 연구했는데, 대부분의 새가 한 가지 창의적인 행동을 보인 반면 참새는 44가지나 되는 재주를 보였다고 합니다. 참새는 배수관, 환기 장치 등 어떤 곳에서든 둥지를 짓고, 담배꽁초를 물어다가 기생충을 쫓으며, 거미줄에서 곤충만 빼먹기도 하고, 자동문 센서 앞을 서성이며 식당 문을 열 줄도 알았습니다. 도시가 온통 녀석들의 밥상이자 집터인 셈입니다.[2]

참새 외에 비둘기, 까치, 제비 등도 오랫동안 도시에 터를 잡고 인간과 함께 살아왔습니다. 그런데 최근 직박구리가 여기에 가세했습니다. 원래 산새인 이 녀석은 이제 도시에서도 흔히 볼 수 있는

에어컨 실외기에 앉아 있는 직박구리. 1980년대까지는 주로 남부지방 숲속에서 살았지만, 최근에는 도심에서도 많이 관찰된다. 어느새 참새, 비둘기, 까치와 함께 도시 새의 주요 멤버로 자리를 잡았다. 시가지에 유실수가 늘어나고 숲은 줄어들면서, 산새들의 도시 방문이 이어지고 있다.

새가 됐습니다. 2015년 서울연구원의 조사에 따르면, 서울 도심에서 직박구리는 까치와 참새만큼 많이 발견됐습니다. 직박구리가 도시에 정착한 이유는 다양하겠지만, 가로수의 변화도 한몫했습니다.[3]

앞에서 가로수가 점점 예쁜 꽃을 피우는 나무로 바뀌고 있다고 했지요? 그렇게 예쁜 꽃을 피우는 나무들은 맛있는 열매를 맺습니다. 벚나무나 이팝나무의 열매는 직박구리 입에 딱 맞으니, 시끄러운 도시에 적응할 수만 있다면 산에서 도시로 이사 온 것은 꽤 괜찮은 선택인 셈입니다. 사실 직박구리의 등장 전부터도 사람들이 도시에 심어 둔 나무는 산새들의 좋은 먹이가 되어 왔습니다. 지금도 그 열매를 먹기 위해 박새와 곤줄박이는 물론, 황새 따라가다 가랑이가 찢어진 뱁새(붉은머리오목눈이), 꼬리를 위아래로 딱딱 흔들어 대는 딱새 등이 자주 도시로 내려옵니다.

도시에 뿌리 내린 나무는 새들에게 열매를 내어 줄 뿐만 아니라 은신처와 번식 장소를 제공합니다. 또 이들 나무는 곤충을 불러들여 새들의 중요한 단백질 창고가 되어 주기도 하지요. 우리가 도시에 나무를 심는 이유는 당연히 사람을 위한 것이지만, 결과적으로 새들의 삶에도 많은 영향을 미치고 있습니다.

국경을 넘어온 녀석들, 적응 끝판왕은 누구?

인간이 일부러 심거나 키우지 않아도 동식물은 꾸역꾸역 도시로 들어옵니다. 특히 항구 도시에는 외국에서 건너온 식물이 많이 자랍니다. 산림청 국립수목원의 조사에 따르면, 부산, 인천, 군산 등 우리나라 주요 항만이 있는 도시의 전체 식생에서 외래식물이 차지하는 비율이 2010년 36.3%에서 2016년 48.6%로 증가했습니다.

마크로카르파달맞이, 오피키날리스갈레가, 갈퀴지치, 미국풀솜나물 등 이름도 생소한 이 식물들은 배를 타고 우리나라의 항구 도시로 건너왔습니다. 외국에서 건너온 식물들이 우리나라를 온통 점령하고 생태계를 교란시킬 것 같지만, 꼭 그렇지는 않습니다. 1,000년 된 느티나무의 사례와 같이 식물들은 원래 살던 곳에서 지내는 것이 가장 좋습니다. 낯선 항구 도시에 발을 디딘 외래식물들은 힘겨운 적응을 거쳐야 하고, 그 과정에서 상당수는 적응하지 못하고 죽어 갑니다.

하지만 그 '낯섦'은 이주해 온 식물을 대하는 터줏대감에게도 해당됩니다. 자생식물들은 평생 접해 보지 못한 새로운 식물에 속수무책으로 자리를 빼앗기기도 하거든요. 이렇게 낯선 곳에서도 성공적으로 자리 잡는 외래식물에게는 '생태계 교란종'이라는 딱지가 붙어 제거의 대상이 됩니다. 어쩌다 보니 인간의 배를 탔고, 낯선 땅에 내려 적응하고 살아간 죄밖에 없는 외래식물 입장에서는 억울할 수도 있겠습니다. 한편으로 그들 입장에서는 '생태계 교란종'이란 딱지가 영광스러울 수도 있겠네요. 그만큼 왕성하게 번식했다는 뜻이기도 하니까요.

사실 생태계에 국경은 없습니다. 동식물들이 우연히 이동해 온 곳에 하필 인간이 그어 놓은 국경이 있었을 뿐이지요. 지금 우리 주변에서 함께 살아가고 있는 녀석들 가운데 완벽한 '토종'은 누구일까요? 도시의 여름 풍경을 앙증맞게 수놓는 개망초도, 늦은 시간에 꽃을 피워 밤을 밝히는 이름마저 예쁜 달맞이꽃도, 어디서나 눈에 띄어 너무도 친숙한 토끼풀도 모두 외래식물입니다. 외래식물은 우리나라에 처음 왔을 때 적응하지 못하거나, 너무도 적응을 잘해 다른 토종식물의 자리를 빼앗기도 하지만, 시간이 지나며 공존하는 법을 깨치기도 합니다. 이렇게 기존 식물들과 어울려 살 때가 되면 외래식물에 '귀화식물'이라는 이름이 붙습니다.

식물뿐 아니라 동물도 국경을 넘습니다. 2006년, 꽃매미라는 낯선 곤충이 우리나라 도시에서 눈에 띄기 시작했습니다. 중국 남부 및 동남아시아의 더운 지방이 원산지로 추정돼 '중국 매미'라고 불렸지요(전문가들은 세간에 알려진 대로 꽃매미가 2006년에 처음 출현한 것이 아니라, 이미 지난 1930년대 국내에서 관찰된 적이 있다고 합니다). 나무와 풀이 있는 곳이라면 어디서든 꽃매미가 자랐습니다. 문제는 꽃매미가 식물의 즙을 빨아 먹고 산다는 사실입니다. 식물이 애써 광합성을 해서 양분을 만들어 내는 족족 꽃매미가 줄기에 딱 붙어 빨아 먹으니 식물에 좋을 리가 없습니다. 이는 식물을 키우는 인간에게도 곱지 않게 보였습니다. 게다가 낯선 꽃매미에게는 천적이 없어서 개체 수가 급격히 늘어났습니다.

꽃매미가 날개를 펴면 시뻘건 속살이 드러나는데, 곤충이라면 사족을 못 쓰는 새나 거미도 그 모습에 먹을 엄두를 내지 못했습니다. 하지만 새나 거미 가운데 모험심이 강한 녀석들이 있었습니다. 그들은 꽃매미를 먹고, 위협적인 빨간색을 띠고 있어도 독이 없다는 사실을 알게 됐습니다. 꽃매미 알집에 알을 낳는 꽃매미벼룩좀벌이라는 천적도 등장했습니다. 꽃매미보다 먼저 깨어난 꽃매미벼룩좀벌의 애벌레는 꽃매미 알을 먹어치웠지요. 꽃매미의 개체 수가 급격히 줄었습니다. 꽃매미가 아예 없어지진 않았지만, 다른 모든 곤충을 제치고 홀로 살아갈 것만 같던 위협적인 기세는 꺾였지요. 그렇게 도시 속 생태계는 안정을 되찾았습니다.

2006년부터 이상 증식하기 시작한 꽃매미의 약충.
최근에는 천적들이 꽃매미를 잡아먹어 꽃매미의 개체 수가 서서히 줄어들고 있다.

나뭇잎을 갉아 먹는 애벌레와도 함께 살 수 있을까

동식물들은 이래저래 도시에 적응해 살아가고 있습니다. 도시의 상징이 되는 한편 관광객을 끌어모으기도 하고, 유실수의 달콤한 향을 맡고 도시로 스스로 찾아오기도 하고, 인간의 욕심 때문에 강제 이주하기도 하며, 어쩌다 국경을 넘어 낯선 도시에 발을 들여놓기도 합니다. 모두 치열한 삶의 현장입니다. 동식물들은 도시에서 나름대로 적응하며 사람들 틈바구니에서 살아갑니다. 그렇다면 우리는 도시 속 동식물 어디까지 적응하고 받아들일 수 있을까요?

우리가 골라 심고 가꾸고 키우는 동식물뿐만 아니라 잡초라 부르는 풀, 식물에 기대어 사는 곤충, 곤충을 먹고사는 새도 인간의 의도와 상관없이 도시에 모여 삽니다. 아름다운 꽃을 좋아하는 우리는, 그 꽃나무의 잎을 먹고 사는 애벌레를 보며 "애벌레가 잘도 먹네. 새들도 배를 채우겠네."라고 말하기보다는 "빨리 약을 쳐!"라고 외칩니다. 지극히 인간 중심적인 관점이지요.

도시는 거칠고 위험한 야생 상태의 자연으로부터 인간을 보호해 주는 보호막 역할을 해 왔습니다. 인간은 황무지를 개척하고, 숲을 깎아 살기 좋은 도시로 바꿔 갔지요. 하지만 그 결과 자연도, 도시 속에 살고 있는 사람들의 마음도 황폐해졌습니다. 어느덧 우리는 자연을 느낄 수 있는 도시를 꿈꾸기 시작했습니다. 그러면서도 여전히 자연의 위협으로부터 보호받고 싶어 하고요.

하지만 자연은 인간의 통제 아래 완벽히 들어오지 않습니다. 해충이나 유해 동물로부터 도시를 보호한답시고, 과도한 개입으로 도시 생태계를 교란시켜 동식물들의 삶을 망쳐 놓기 일쑤입니다. 자연과 함께 살아가려면 인간은 방어선을 조금 거두어들이고 자연에 도시를 더 많이 내주어야 합니다. 인간에게 유해하다고 그저 간단히 제거 대상으로 삼는 것은 잔인할뿐더러, 효과도 없습니다. 우리는 지극히 인간 중심적인 기준부터 내려놓아야 하지 않을까요?

지금, 새 보기 딱 좋은
도시의 장소

서울에는 어떤 새가 살고 있을까요? 참새와 비둘기, 그리고 또 누가 있을까요?

'서울의 새'(www.facebook.com/BirdsSeoul)라는 모임이 있습니다. 새를 좋아하는 평범한 시민들이 서울의 새를 관찰하고 기록하는 활동을 하지요. 이들은 여의샛강생태공원, 서울어린이대공원, 창경궁, 북서울꿈의숲, 중랑천, 강서습지생태공원, 탄천, 안양천 등 서울 8개 지역을 정기적으로 모니터링합니다. 이들이 서울 한복판에서 관찰한 새는 여러분의 상상을 뛰어넘을 겁니다.

나무발발이, 검은이마직박구리, 흰배뜸부기, 쇠동고비, 붉은가슴흰꼬리딱새, 쇠유리새, 매, 흰꼬리수리, 독수리, 붉은배새매, 새매, 새호리기, 참매, 큰기러기, 노랑부리저어새, 솔부엉이, 원앙, 칡부엉이, 황조롱이, 물총새, 꾀꼬리, 쇠딱따구리, 오색딱다구리, 큰오색딱다구리, 청딱다구리, 흰눈썹황금새 등 120여 종의 야생 조류가 탐조단의 눈으로 확인됐습니다. 서울은 사람만의 도시가 아니었습니다. 다양한 새와 더불어 살아가는 공간인 거지요.

경기도 수원의 한 아파트 단지에서 시작된 '아파트 탐조단'(facebook. com/groups/1803333173156369)도 있습니다. 도심 속 아파트로 찾아

강서생태습지공원의 칡부엉이(가운데). 시민 탐조 모임 '서울의 새' 활동 중 관찰되었다. 이들은 탐조 결과를 기록에 남기고, 결과 보고서를 발간하는 등 서울이 다양한 생명과 함께하는 도시임을 알리고 있다.

드는 새를 관찰하는 모임입니다. 아파트 정원수에 기대어 많은 새가 살아가고 있거든요. 이들은 아파트 베란다에 잣, 과일과 같은 새 먹이와 물그릇을 내놓기도 합니다. 그런데 아파트에는 어떤 새들이 올까요? 박새, 동박새, 곤줄박이, 딱새, 황조롱이, 밀화부리, 노랑턱멧새, 상모솔새, 붉은머리오목눈이, 물까치가 보입니다. 어떤가요? 이런 새들이 평상시 여러분 눈에도 보였나요?

'이웃 새 관찰 모임'이라는 모임도 있습니다. 에코샵홀씨(wholesee.com)라는 환경교육 교구 개발 회사에서 시작된 모임입니다. 참새, 까치, 박새와 같이 친숙한 새들을 관찰하고 이들의 생태에 관한 이야기를 나눕니다. 지금 소개한 모임들은 모두 시민에게 열려 있습니다. 내가 사는 아파트에, 동네에, 도시에 함께 살고 있는 새들을 관찰해 보는 건 어떨까요? 아마 도시가 달라 보일 겁니다.

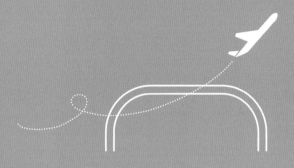

도시 개발,
어떻게 해야 지속가능할까?

11

'뜨는 동네'의 딜레마,
극복할 방법 없을까

#홍대 앞 #삼청동 #북촌

자연스러운 변화, 숲의 천이

생태계는 끊임없이 변화합니다. 변화가 기회인 생물이 있는가 하면, 재앙인 생물도 있지요. 변화에 잘 적응하는 종은 개체 수가 늘어나면서 주변 환경을 바꿔 갑니다. 그러면서 또 다른 생물 종을 끌어들이고, 그 과정에서 누군가는 삶의 터전을 빼앗기기도 하지요. 어느덧 생태계의 모습은 못 알아볼 정도로 달라집니다.

풀 한 포기 없던 척박한 땅이 숲으로 바뀌는 과정을 살펴보면 무척이나 역동적입니다. 먼저 땅속 깊은 곳에서 지구 내부의 에너지와 원소를 담고 있는 용암이 분출됩니다. 용암은 지표면을 따라 흐르다가 그대로 식어서 돌이 됩니다. 새로 생겨난 땅에는 생명이 살아갈 만한 흙도, 영양분도 매우 부족합니다. 그곳에 가장 먼저 지의류가 자리를 잡습니다. 조류(藻類)와 균류의 공생으로 만들어진 지의류는 다른 식물이 살아갈 수 없는 척박한 땅에서도 살 수 있습니다. 균류는 수분과 미네랄을 조류에 공급하고, 조류는 광합성을 해서 균류를 먹여 살립니다. 조류와 균류는 한 몸이 되어 풀 한 포기 없는 척박한 땅을 개척하지요. 그러면서 조금씩 흙이 만들어지고, 흙에 영양분과 수분 함량이 증가합니다. 지의류가 바꿔 놓은 환경은 아직 풀이 살기엔 척박하지만, 이끼가 자라기엔 충분합니다. 지의류와 이끼가 함께 땅을 일궈 놓으면, 이제는 어디선가 날아온 풀씨가 뿌리를 내릴 수 있습니다.

풀은 나무가 없는 환경에서 넓은 땅을 차지하며 초원을 이루기 시작합니다. 더 많은 흙이 만들어지고, 더 많은 양분이 흙에 쌓이면 이제 작은 나무가 살아갈 수 있는 조건이 됩니다. 키 작은 나무(관목)가 합세해 땅을 더 일구면, 그다음엔 제법 키가 큰 나무도 뿌리를 내릴 수 있습니다. 그러면 햇빛이 많은 곳을 좋아하는 소나무 같은 양수(陽樹)가 자라기 시작합니다. 소나무는 점점 높이 자라 숲을 이루고, 그늘을 만듭니다. 자라는 데 햇빛이 꼭 필요한 어린 소나무는 울창한 숲에선 살아가기 힘듭니다. 그 틈을 타서 그늘에서도 잘 사는 참나무와 같은 음수(陰樹)가 자라납니다. 한동안 양수와 음수가 함께 살아가는 혼합림이 지속되다가, 숲은 점점 음수림으로 바뀌고 소나무는 숲의 가장자리로 밀려납니다. 이렇게 시간의 흐름에 따라 한 공간에서 주로 살아가는 식물군이 변하는 과정을 '천이(遷移)'라고 합니다.

환경이 변하면 그곳에서 살아가는 주된 식물도 바뀝니다. 변화를 만들어 내는 주체는, 다름 아닌 그곳에서 사는 식물들이지요. 그물처럼 관계를 형성한 생물 종들이 스스로의 질서를 찾아가는 것입니다. 지의류의 활동이 이끼가 살아갈 터전을 만들고, 이끼의 활동이 풀의 등장을, 풀의 활동이 관목의 등장을, 관목의 활동이 양수의 등장을 촉진하고, 양수가 만들어 놓은 '울창한 숲' 자리는 최종적으로 음수가 차지하는 것처럼요. 오랜 변화를 거치며 생태적으로 안정을 찾은 현재의 숲도 앞으로 어떻게 바뀔지 모릅니다. 자연환경은 시시때때로 변화하니까요.

마을은 살기 좋아졌는데, 주민이 왜 떠날까

도시의 모습도 늘 생물처럼 변하게 마련입니다. 도시환경이 바뀌면 그곳에서 살아가는 사람들도 바뀌지요. 작은 어촌 마을에 무역항이 생기면 그곳에 사는 사람도 어부에서 부두 노동자로 달라집니다. 새로 만들어진 항구 도시는 편리한 교역 환경 덕분에 공장을 불러들이고, 공장은 노동자들을 도시로 불러들입니다. 시간이 지나 조선업이 발달하면서 배의 규모가 커지지만, 기존의 오래된 작은 항

군산 내항의 기능이 외항으로 이전하면서
항구 인근 마을에 빈 건물이 방치되어 있다.

구에는 커다란 배가 정박하기 어렵게 마련이지요. 그러면 도시 외곽에 새로운 항구가 생기고, 기존의 항구는 쇠퇴합니다. 옛 항구에 기대어 살던 사람들은 하나둘 도시를 떠납니다. 비어 가던 예전의 항구는 공원으로, 상가 건물로, 집으로 바뀌어 다시 태어나고요. 몰라보게 달라진 환경에 이끌려 또 다른 사람들이 과거의 항구를 찾아와 도시는 다시 활기를 띠기 시작합니다.

도시는 흥망성쇠를 겪습니다. 어촌 마을이었다가 항구 도시, 산업단지 등으로 바뀌는 등 지역의 성격이 변하기도 합니다. 도시는 옷을 갈아입듯 그때그때 걸맞은 사람들을 특정 지역으로 불러들입니다. 변화는 도시에서 늘 일어나는 자연스러운 일이지요. 그런데 최근 우리나라 도시에서 일어나는 변화는 많은 사람의 우려를 낳고 있습니다. 바로 '젠트리피케이션(gentrification)' 때문입니다.

젠트리피케이션에서 '젠트리(gentry)'는 영국에서 귀족 다음가는 상류층인 '신사 계급' 사람들을 뜻합니다. 1960년대 중반 젠트리들이 런던 중심부의 낙후된 도심으로 이주를 하면서 해당 지역의 주거 환경, 문화적 특징 등이 바뀌게 되었는데, 변화를 주도한 계층의 이름을 따서 젠트리피케이션이라는 말이 생겼습니다. 원래 젠트리피케이션은 저소득층이 모여 사는 낙후된 지역이 중산층의 유입으로 점점 고급 주거지로 바뀌는 현상을 의미했습니다. 그런데 그 결과 집값과 임대료가 상승해, 기존의 저소득층이 밀려나고 그 자리를 높은 주거비를 감당할 수 있는 이들이 채우는 방식으로 주민이 교체되는 현상이 자꾸 반복됐지요. 이후 젠트리피케이션은 지역의 환경이 개선되는 동시에, 기존 주민이 쫓겨나고 거주자가 바뀌는 과정 전체를 지칭하게 되었습니다.

젠트리피케이션이라는 용어가 우리나라에서 대중화된 지는 10여 년에 불과하지만, 그동안 우리나라에 이러한 현상이 없었던 것은 아닙니다. 판자촌이나 산동네처럼 주거 환경이 열악한 곳의 환경을 개선하는 수단으로 우리 도시는 오랫동안 전면 철거 재개발, 즉 모든 건물과 길을 부수고 새로 짓는 방식을 선호했습니다. 전면 철거 재개발은 도시환경을 극적으로 바꿔 놓습니다. 낙후되고 비위생적이며 불편했던 지역이 일순간 새롭고 깨끗하며 편리한 지역으로 바꿔지요. 하지만 원래 그곳에 살던 사람들 대부분은 이렇게 개선된 주거 환경의 혜택을 누리지 못했습니다. 환경이 개선됨과 동시에 집값과 임대료가 급등했기 때문입니다. 낙후된 동네의 열악한 주거 환경은 주민들의 삶의 질을 떨어뜨리지만, 역설적이게도 임대료가 낮은 집을 공급해 소득이 낮은 이들의 보금자리가 됩니다. 이런 공간이 새롭고 깨끗하게 정비되면 대부분의 저소득층은 쫓겨날 수밖에 없지요.

정부는 재개발을 시행할 때 일정 비율의 임대 아파트를 의무적으로 짓도록 하는 등의 보완책을 내놓았지만, 그 양이 적었고 임대료는 예전 집보다 훨씬 비싸졌습니다. 서울의 뉴타운 사업이 한창이던 2010년경 국토해양부가 발표한 자료에 따르면, 수도권 주택 재개발 이후 원주민 재정착률은 평균 34%에 불과했습니다. 나머지 70%에 가까운 주민은 개발과 함께 다른 곳으로 옮겨 갔다는 말이지요. 서울의 구로구, 성동구 등의 일부 뉴타운에서는 원주민 재정착률이 10%대에 머물렀습니다. 젠트리피케이션은 이미 존재했던 것입니다.

핫 플레이스, 좋기만 한 것은 아니다

젠트리피케이션은 원래 '주거지'에 대해 주로 쓰던 말인데, 우리나라에서는 '상업지역'의 변화를 설명하면서 부각되었습니다. 우리나라의 상업지역 젠트리피케이션은 다음과 같은 비슷한 과정을 거

서울 서대문구 남가좌동과 북가좌동에 걸쳐 있는 가재울은
다가구·다세대 주택이 밀집한 곳이었다.

재개발이 완료된 가재울3구역. 2003년 가재울 일대가 2차 뉴타운으로 지정되어
대규모 재개발이 시작되면서 많은 원주민이 터전을 떠나야 했다.

치며 일어납니다. 도심 가까운 곳에 오래되고 낡은 건물이 모인 동네가 있습니다. 이곳의 낡은 건물은 임대료가 저렴해 창의적인 활동을 하는 예술가나 독특한 개성을 지닌 상인들이 부담 없이 자리를 잡지요. 시간이 지나며 그들의 활동은 동네에 활기를 불어넣고, 점차 그 지역만의 독특한 문화를 형성합니다. 특색 있는 공간이라는 소문이 나면서 유동 인구가 증가하고, 사람들이 사랑하는 유명한 상업 거리가 됩니다. 장사가 잘되자, 건물주의 판단으로, 부동산 개발 업자의 부추김으로, 자본력이 뛰어난 대형 프랜차이즈 회사의 제안으로 임대료가 올라갑니다. 높아진 임대료를 감당하지 못하는 예술가와 상인들은 결국 그 지역을 떠나고, 자본력이 있는 대형 프랜차이즈 회사가 빈자리를 채웁니다. 개성 있는 거리를 만들던 예술가와 상인들이 떠나면, 그 거리는 다른 지역과 별다른 차이가 없어집니다. 사람들 발걸음이 줄어듭니다.

젠트리피케이션이란 용어를 처음으로 대중화시킨 서울 홍대 지역을 한번 살펴보겠습니다. 젊음과 예술, 유행의 중심지인 홍대 앞 일대는 30년 전만 해도 지금처럼 많은 사람이 찾는 곳이 아니었습니다. 서울 서부 지역의 중심 상권은 홍대 앞이 아니라 연세대와 이화여대, 서강대가 모여 있는 신촌이었거든요. 홍대 앞은 주거지와 상업지가 혼재되어 있었고, 오래된 건물의 임대료는 신촌에 비해 저렴했습니다. 특히 미술대학이 유명한 홍대의 특성에 맞춰 이곳에 화방, 공방, 미술 학원, 갤러리 등이 생겼습니다. 저렴한 임대료는 작업 공간이 필요한 젊은 예술가에게 안성맞춤이었습니다. 예술가들은 작은 공방을 내기도 하고, 자신들이 만든 물건을 거리로 가지고 나와 팔기도 했습니다. 시간이 지나면서 거리의 화가가 등장하고, 길거리 공연도 생겼습니다. 독특한 거리 문화는 젊은이들을 끌어들였고, 특색 있는 카페와 갤러리가 늘어났습니다. 또 1994년 라이브 클럽 '드럭'을 시작으로 각종 클럽이 생겨나면서 홍대 앞은 인디 음악의 메카가 됐습니다.

이처럼 홍대 앞은 저렴한 임대료 덕분에 젊고 창의적인 사람들이 특별한 자본 없이도 자신의 꿈을 펼치기에 더없이 좋은 곳이었습니다. 거기에 더해 홍대 거리의 예술적이고 자유로운 분위기가 널리 알려지면서 이곳은 독특한 소비문화 공간으로 자리 잡았습니다. 그러나 임대료가 치솟자 초기 홍대 앞 문화를 만들어 낸 사람들은 하나둘 떠나갔고, 그 자리는 높은 임대료를 감당할 수 있는 이들로 채워졌습니다. 그 뒤로 홍대 인근의 연남동, 상수동, 망원동 등이 개성 있는 가게들로 주목받기 시작한 까닭은 폭등한 임대료 탓에 밀려난 소상공인들이 상대적으로 임대료가 저렴한 주변 지역으로 이동했기 때문입니다. 하지만 이제 그곳들마저 임대료가 오르며 홍대 앞과 비슷한 젠트리피케이션 현상이 확산되고 있는 중입니다.

이런 일은 삼청동, 가로수길, 경리단길, 성수동 등 서울의 특색 있는 거리 상권에서 반복적으로 일어났습니다. 어떤 지역이 매력적인 공간으로 이름나면 임대료가 올라갑니다. 이는 자연스러운 현상

지난 1979년 오픈한 이래 33년간 한자리를 지켜 오던 홍익대학교 앞 리치몬드과자점이
2012년 1월 31일 폐점했다. 이곳에는 대기업에서 운영하는 커피 전문점
엔제리너스커피가 입점했다.

지난 2020년 연말, 코로나19로 상권이 침체되자 높은 임대료를 감당하지 못하고
홍대 중심가에서 엔제리너스커피가 폐점했다.

입니다. 사람들이 모이는 명소에는 자본이 몰려들게 마련이니까요. 그러니 기존에 낮은 가격을 내고 가게를 꾸리던 영세 상인들은 떠날 수밖에 없습니다. 참나무에 자리를 내준 소나무처럼 말이지요.

자연스러운 것이 정의로운가

젠트리피케이션은 어찌 보면 도시의 발달 과정에서 나타나는 지극히 자연스러운 일일 수 있습니다. 변화에 따른 사람들의 교체 또한 자연스러운 일이고요. 사람들은 시장의 흐름에 따라 움직였을 뿐이니까요. 그런데 자연스러운 일이라고 해서 그대로 받아들여야 할까요? 사람들이 살아가는 도시와 생태계는 많은 측면에서 닮아 있습니다. 하지만 그 둘 사이엔 결정적인 차이점이 있습니다. 도시는 사람의 개입이 가능합니다. 따라서 자연스럽지만 옳지 않은 점들을 바로잡으려는 노력을 할 수 있습니다.

'변화가 자연스럽다'는 것도 곰곰이 생각해 볼 문제입니다. 변화 자체는 자연스러운 일이지만 '지금과 같은 방식의 변화'가 정말 자연스러운지에 대해서는 이견이 존재합니다. 모든 도시에서 변화가 일어나지만, 변화의 양상과 변화를 맞이하는 개인의 삶은 그 도시의 구성원이 만들어 놓은 제도에 따라 달라집니다.

앞서 살펴본 상업지역 젠트리피케이션의 가장 큰 문제는 '거리를 활성화시킨 주인공이 변화의 수혜를 입지 못하고 동네 밖으로 내몰린다'는 사실입니다. 현재 젠트리피케이션이 일어나고 있는 지역에서는 장사가 좀 된다 싶으면 건물주가 어김없이 임대료를 올려 달라고 해 기존의 세입자가 쫓겨나는 경우가 많습니다. 물론 건물주도 자신이 투자한 것에 걸맞은 이득을 봐야 하지만, 그렇다고 제 손으로 가게를 일궈 그 동네 가치를 올려놓은 세입자가 왜 쫓기듯 떠나야 할까요? 이들이 노력에 대한 보상을 받기는커녕 한순간에 밀려나 버리는 것이 과연 옳은 일일까요? 이는 정의롭지 못합니다. 새롭게 만들어진 가치를 모두 건물주가 가져가 버리는 상황이 계속된다면, 아무도 우리 도시를 더 긍정적인 방향으로 변화시키려 하지 않을지도 모릅니다.

약탈적 변화, 대안이 절실하다

앞서 보았던 예술가나 상인들과는 또 다른 마음으로 도시에 활력을 불어넣은 이들이 있습니다. 도시가 빠른 속도와 높은 건물, 새것만을 가치 있는 것으로 여기며 나아갈 때 느린 속도, 오래된 것, 세월의 흔적 등의 소중함을 알아본 사람들이지요. 이들은 도시의 낡은 한옥과 근대 건축물을 철거하지 말고 보존하자고 주장했습니다. 자동차가 최우선이 되는 도시를 걷기 좋은 도시로 변화시키자고도 했고, 콘크리트로 덮어 놓았던 도심의 하천을 생태 하천으로 복원하자고도 했습니다. 원주민을 쫓아내는 전면 재개발의 폐해를 극복하는 방법을 생각해 보자고도 했고요.

그 덕분에 도시의 모습은 다채로워졌습니다. 서울 북촌, 전주 한옥마을, 인천·군산·대구의 근대 건축물 밀집 지역 등이 개발의 바람을 비껴 살아남았습니다. 차 없는 거리, 걷고 싶은 거리가 들어서며 회색빛 도시의 오아시스 역할을 톡톡히 했고요. 또 생태 하천이 복원되면서 물은 깨끗해지고, 하천 주변의 생태계가 살아나 사람들의 발길을 끌어들이기도 했습니다. 전면 재개발 대신, 지역의 자원과 주민의 힘을 구심점 삼아 동네를 바꾸려는 '도시 재생'이 새롭게 시도되기도 했습니다.

그런데 이렇게 다양한 가치를 발굴해 도시를 가꾸는 데 기여했던 이들은 고민에 빠졌습니다. 무슨 고민이냐고요? 한옥을 지키자, 임대료가 올라 기존 거주민들이 쫓겨났습니다. 보존한 근대 건축물의 가치가 알려지자, 동네로 대형 자본이 몰려들어와 건물 가격과 임대료를 높여 기존의 생활환경이 파괴되고 있습니다. 차 없는 거리가 조성되자, 임대료가 올라 영세 상인들이 떠나야 했습니다. 생태 하천이 되자, 주변 재개발이 가속화되어 오염된 하천 주변의 저렴한 주택에서 살던 사람들이 밀려났습니다. 도시 재생 사업이 시작되자, 임대료가 치솟았습니다. 경제적 가치에 밀린 공공적 가치를 고려해 추진했던 활동이 성공하자, 역설적으로 그곳에 살던 주민들이 쫓겨나는 결과로 이어지고 있는 것입니다.

새로운 가치를 발굴해 내는 과정에서 사회적 약자가 손해를 보는 상황, 실제 지역의 혁신을 만들어 낸 주체들이 그 열매를 따지 못하고 단지 그곳에 땅과 집을 소유했다는 이유만으로 열매를 가져가는 상황은 빨리 개선되어야 합니다. 이대로 두었다가는 아무도 도시의 가치 창출을 위해 나서지 않을지도 모릅니다.

　젠트리피케이션의 폐해가 거듭되자, 이를 막기 위한 노력도 곳곳에서 진행되고 있습니다. 최근 상가임대차보호법이 개정된 것도 그 일환입니다. 이 법에 따라 가게를 운영하는 세입자가 계약 유지를 요구할 수 있는 기간이 기존 5년에서 10년으로 늘어났지요. 세입자가 자신의 가게에 투자하고, 그로부터 이득을 얻고, 주변 환경의 변화에 적응할 수 있는 충분한 시간을 갖게 하기 위함입니다. 하지만 아직 이것만으로는 부족합니다.

　도시 공간은 변화하고 발전하게 마련입니다. 도시가 살기 좋은 모습으로 바뀌고, 주거 환경이 쾌적해지는 것을 마다할 사람은 없습니다. 하지만 변화의 수혜를 땅과 건물 소유자가 모조리 가져가고, 기존 공간 이용자들은 배제된 채 결국에는 내쫓기는 것으로 마무리되는 일은 바람직하지 않습니다. 이런 약탈적 변화 속에서는 구성원들이 평화롭게 공존할 수 없을 테니까요.

월세 낮춘 삼청동길은
부활할 수 있을까

'삼청동길'이라 부르는 상업 거리는 서울 종로구 삼청파출소부터 삼청공원 입구까지 약 850m의 가로변을 말합니다. 좀 더 넓게는 경복궁 동십자각에서 삼청파출소까지를 포함하기도 합니다. 이 거리는 경복궁과 창덕궁 사이의 한옥 밀집 지역인 북촌의 일부입니다.

삼청동길은 1960년대까지만 해도 서울의 고급 한옥 주택가로 여겨졌지만, 주변에 총리공관, 감사원, 프랑스문화원 등의 공공 기관과 미술관이 들어서면서 상업화의 길을 걷습니다. 삼청동은 서울 대다수의 상업지와는 달리 분위기가 독특했습니다. 한옥이 남아 있었고, 터를 잡고 있는 미술관과 공공 기관은 시끌벅적한 분위기와는 거리가 멀었지요. 그 사이사이에 세련되고 조용한 분위기의 상점이 자리해 여유롭고 호젓한 느낌을 자아냈습니다.

이런 분위기는 2000년대 들어 크게 달라집니다. 1990년대 후반부터 월전미술관(현재 한벽원미술관), 국제갤러리, 갤러리 현대, 금호미술관 등 많은 미술관이 문을 열면서 삼청동 일대에 위치한 미술관이 크게 늘었습니다. 덩달아 미술관과 어울리는 분위기 좋은 카페와 레스토랑 역시 급증하지요. 이때 삼청동은 누구나 한 번쯤 와 보고 싶어 하는 핫한 거리로 변했습니다. 유동 인구가 늘어났고, 임대료도 크게 올랐습니다.

삼청동은 한때 골목골목 들어선 갤러리와 예술가 작업실, 카페,
조그만 가게들로 독특한 개성을 자랑했다.

그러자 기존 가게들이 떠났고, 공실률은 20%까지 치솟았습니다. 삼청동은 사람들의 관심에서 멀어졌지요.

삼청동은 우리나라 상업지역 젠트리피케이션을 초기에 겪은 곳입니다. 이제 막 젠트리피케이션을 겪는 지역은 오른 임대료를 감당할 수 있는 대형 프랜차이즈 업체가 들어서고 있었지만, 이미 그 단계를 지난 삼청동은 빈 가게가 늘어나고 거리가 외면받는 상황에까지 이르렀습니다. 상황의 심각성을 느낀 건물주들은 임대료를 내리기 시작했습니다. 2019년에는 임대료가 가장 높던 시절에 비해 50% 가까이 낮은 임대료의 가게도 등장했습니다. 우리나라 상가 임대료는 한번 오르면 여간해서는 내려오지 않습니다. 공실률이 높아 임대료를 크게 낮춘 사례는 주요 상업가 중 삼청동이 처음 겪는 일입니다.

그리고 시간이 흐른 지금 빈 가게가 조금씩 채워지고 있습니다. 임대료를 낮춘 삼청동은 과거의 영화를 다시 누릴 수 있을까요? 활기를 되찾는다면, 그다음 임대료는 어떻게 될까요?

#12

콘크리트 덮인 땅,
빗물은 어디로 가야 하나

#광화문광장 #포장도로 #옥상 정원 #레인 가든

광화문광장에 폭우가 내리면

2002년 6월 25일 밤 8시 30분. 2002 한일 월드컵 준결승전에서 대한민국과 독일이 만났습니다. 수많은 사람이 거리로 나와 열광적인 응원을 보냈습니다. 응원 장소 중에서는 거리 응원의 발상지, 광화문 네거리가 있었습니다. 국민들의 열광적인 응원에도 불구하고 경기는 1 : 0 독일의 승리로 끝이 났습니다. 월드컵 사상 처음 16강 본선 진출에 이어 4강에 오르는 기적 같았던 대한민국 축구대표팀의 질주는 여기서 멈췄지만, 광화문 네거리에 모인 55만 명은 퇴장하는 선수들에게 아낌없는 박수를 보냈습니다.

16년이 지난 2018년 6월 27일 밤 11시. 2018 러시아 월드컵 본선 F조 마지막 경기에서 대한민국과 독일이 다시 만났습니다. 이 경기 전까지 우리 축구대표팀은 기대에 못 미치는 경기력을 보이며 무승 2패로 예선 탈락이 확정된 상태였습니다. 그래도 사람들은 광화문광장에 모여 대한민국의 마지막 경기를 응원했습니다. 결과는 2 : 0 대한민국의 승리! 비록 16강 진출은 좌절됐지만, 광화문광장에 모인 5,000여 명의 사람들은 멋진 경기를 보여 준 선수들에게 아낌없는 박수를 보냈습니다.

아, 그런데 왜 2002년에는 '광화문 네거리'에 모였고, 2018년에는 '광화문광장'에 모였냐고요? 그사이에 광화문광장이 만들어졌기 때문입니다. 광화문광장은 2009년 8월 1일에 문을 열었습니다. 2004년 서울광장, 2005년 청계광장에 이어 서울 도심 한복판에 들어선 세 번째 광장이었습니다. 왕복 16차선의 넓은 도로였던 광화문 앞 세종로는 시민의 공간으로 탈바꿈했습니다. 그리고 1년 뒤인 2010년 9월 21일, 광화문 일대에 시간당 100mm가 넘는 폭우가 쏟아졌습니다. 광화문 일대는 물에 잠겨 버렸습니다.

사라진 은행나무와 광화문 침수

숲에 비가 내립니다. 땅에 떨어진 빗물의 일부는 식물의 뿌리로 흡수되고, 일부는 땅속으로 스며듭니다. 갈 곳을 찾지 못한 빗물은 지표면을 따라 낮은 곳으로 흐릅니다. 식물에 흡수된 물은 증산작용을 통해 다시 하늘로 올라가 구름이 됩니다. 땅속에 스며든 물은 지하수가 되고요. 또 지표면을 따라 흐르던 물은 계곡과 강을 거쳐 바다로 흘러갑니다. 바다에서 뜨거운 태양을 만난 물은 수증기가 되어 하늘로 올라가고, 구름이 된 후 다시 땅으로 내려오지요.

도시에도 비가 내립니다. 도시도 지구 생태계의 일부이니 숲에 떨어진 빗물과 비슷한 경로로 물이 순환합니다. 하지만 다른 점이 있습니다. 인공 구조물로 뒤덮인 도시에서는 빗물의 움직임이 정체되거든요. 시가지가 넓어지는 과정을 생각해 보세요. 흙 위에 건물이 세워지고, 도로가 깔리지요? 흙이 드러난 땅이 줄어들기 때문에 예전에는 땅속으로 스며들던 물이 갈 곳을 잃고 길 위를 떠돌 수밖에 없는 구조이지요. 흙이 감춰진 도시는 홍수 위험이 높습니다.

16차선의 차도가 놓여 있던 세종로에는 차도만 있었던 것은 아닙니다. 차도를 가르는 중앙분리대에 수령이 50~100년 된 은행나무 29그루가 살고 있었습니다. 이 은행나무들은 광화문광장이 조성되면서 인근으로 옮겨 심어졌습니다. 은행나무가 원래 살던 공간에는 흙이 넓게 노출되어 있었습니다. 그런데 은행나무가 옮겨지면서 흙은 돌포장으로 바뀌었지요.

광화문광장이 조성된 다음 해인 2010년 가을, 광화문 일대에 집중호우가 내렸습니다. 광화문 북쪽 고지대에서 흘러내려온 빗물 일부는 우수관이라는 배수 시설을 통해, 일부는 도로 면을 따라 흘러

2005년의 광화문 일대. 세종로는 왕복 16차로의 넓은 도로였다.

2010년의 광화문광장. 왕복 16차로인 세종로가 10차로로 줄어들고,
중앙에 광장이 조성되었다.

1996년 경복궁 쪽에서 바라본 세종로. 중앙분리대의 은행나무 29그루는 광화문광장이 조성될 때 부근으로 옮겨졌다.

광화문광장 쪽에 모였습니다. 그런데 비가 갑자기 너무 많이 온 탓에 이 일대의 빗물을 하천으로 보내던 우수관이 꽉 찼습니다. 과거에는 빗물이 도로를 따라 흐르다가 이곳에 있던 은행나무 아래 흙 속으로 스며들었지만, 흙이 사라진 곳에서 빗물은 갈 곳을 잃었고 결국 침수로 이어졌습니다. 침수의 원인에는 여러 가지가 있었지만, 그중 흙이 사라진 것도 중요한 원인으로 지목됐습니다.

2016년에 발표한 국민안전처 자료에 따르면, 지난 50년 동안 서울시의 '불투수 면적', 즉 빗물이 땅속으로 스며들지 못하는 면적이 7배나 늘어났습니다. 전국 평균 불투수 면적률은 7.9%지만, 시가지 비율이 높은 부천시, 수원시, 목포시, 광명시의 경우 각각 61.7%,

49.3%, 46.3%, 43.9%의 불투수 면적률을 보입니다.[1] 흙바닥이었던 길이 아스팔트나 콘크리트로 포장되고 건물이 세워지면서 불투수 면적이 급격히 증가한 것입니다.

도시의 홍수는 불투수 면적 증가와 큰 상관관계가 있습니다. 시가지에 내리는 빗물은 자연의 흙과 인공적인 우수(雨水) 시설이 감당합니다. 흙이 무슨 일을 할까 싶겠지만 정말 큰 역할을 합니다. 정원, 공원, 가로수 밑, 보도블록 틈새, 공터, 운동장에서와 같이 노출된 흙은 물을 땅속으로 들여보내거든요. 우리 주변에서 흔히 볼 수 있는 점토 형태의 흙은 자기 부피의 40%에 해당하는 물을 저장할 수 있습니다. 다시 말해, 빗물을 담아내기 위해서는 일단 흙이 외부로 노출되어야 합니다.

하지만 불투수 면적이 늘어나면서 흙이 감당하는 빗물의 양은 줄어들고 있습니다. 그만큼 우수 시설이 감당해야 하는 양이 불어나는 것이지요. 증가하는 도시의 불투수 면적에 맞춰 우수 시설 또한 늘어나지 않는다면 홍수 위험은 더욱 높아집니다.

불투수 면적의 증가는 홍수 이외의 또 다른 문제점도 낳습니다. 빗물이 지하로 스며들지 못하면 지하수가 고갈됩니다. 그러면 하천으로 안정적으로 유입되는 물의 양이 줄어 도시 하천의 물이 부족해지거나 말라 버립니다. 또 빗물이 흙에 스며든 뒤에 하천으로 흐를 경우에는 토양의 정화 작용으로 많은 오염 물질이 걸러지지만, 도로 같은 불투수 면을 따라 흐르다가 하천으로 바로 들어가면 도시의 오염 물질을 그대로 하천으로 옮기게 됩니다. 불투수 면의 증가는 평상시에는 하천의 수량을 부족하게 하고, 비가 오면 물과 오염 물질을 함께 하천으로 보내게 되어 하천 수질에 악영향을 미칩니다. 이에 하천 생물의 종 다양성과 개체 수도 감소합니다.

물을 머금는 도시, 어떻게 가능할까

오랫동안 도시의 홍수 방지는 우수관에 빗물을 모아 도시 바깥으로 빠르게 배출하는 것을 중심으로 이루어졌습니다(중앙 집중형 빗물 관리). 하지만 불투수 면적이 증가하면서 이와 같은 방식이 점점 한계에 다다르자, 이제는 비가 오는 그 지점에서 빗물을 감당하는 방식이 대안으로 떠오르고 있습니다(분산형 빗물 관리).

우리나라에는 불투수 면적 증가를 막기 위한 직접적인 제도가 없지만, 해외의 몇몇 도시들은 각종 규제를 통해 불투수 면적의 무분별한 확대를 막고 있습니다. 미국 코네티컷주는 불투수 면적 총량제를 실시하여 도시의 전체 불투수 면적률을 11% 이내로 유지합니다. 독일의 함부르크시는 땅 소유주에게 불투수 면적 $1m^2$당 0.73유로(약 950원)의 세금을 부과하고 있고요.[2]

깔끔한 포장도로로 도심을 정비하던 시절을 지나, 도시는 이제 빗물이 흘러가는 길을 고민해야 하는 시점이 됐습니다. 빗물을 머금었다가 자연스럽게 내보내도록 도시를 바꾸려면 어떻게 해야 할까요? 우선 도로부터 생각해 보겠습니다. 기왕에 길을 포장해야 한다면 물이 스며들 수 있게 포장하는 방법이 있습니다. 자동차가 다녀야 하는 차도는 어쩔 수 없더라도, 사람이 걸어 다니는 인도까지 틈새 없이 포장하는 일은 지양하는 것입니다. 조금씩 여유 있게 포장재의 틈새를 살려 빗물이 땅에 스며들 수 있도록 말이지요. 최근에는 차도나 자전거도로에 쓰이는 포장재도 투수성이 강화된 제품이 개발되었어요. 투수성 포장재의 사용을 늘린다면 자연적인 물의 순환을 기대할 수 있습니다. 단, 안전성과 기능 유지력을 꼼꼼히 점검해야 합니다. 투과된 빗물로 인해 포장재 아래의 흙이 유실될 경우 도로가 파손되어 위험할 수 있고, 설치 초기에는 물을 잘 통과시키던 제품도 흙과 먼지가 쌓이면서 얼마 못 가 기능을 상실할 수도 있으니까요.

건물 위에 '옥상 정원'을 만드는 것도 좋은 방법입니다. 옥상에 정원을 만들면 생활공간과 가까운 곳에서 자연을 접할 수 있습니다. 이는 인간에게만 좋은 것이 아니라 도시에서 함께 살아가는 다양한 생명에게도 서식 공간을 제공하는 일석이조의 효과를 얻을 수 있습니다. 옥상에 흙을 채우고 식물을 심으면 태양의 직사광선을 막아 주고 단열 효과를 높여 냉난방 에너지의 사용을 줄일 수 있기도 합니다. 쾌적한 정원이 들어서니 건물의 가치가 높아지기도 하고요. 그리고 우리의 관심사인 '빗물' 또한 건물 옥상에 저장할 수 있습니다. 물론 이때에도 건물의 안전을 꼭 고려해야 합니다.

옥상 정원은 건물 소유자나 이용자에게 이득이 되는 것은 물론

삽입 부재 투수 블록. 블록 일부분에 하수구 같은 물 빠짐 부재를 삽입했다.

이고 같은 도시를 살아가는 사람들에게도 이롭습니다. 이렇게 개인 소유의 건물에 사사롭게 하는 일들도 공공적 가치를 창출한다면, 나라에서 세금을 지원하기도 합니다. 베란다에 태양광 발전기를 설치하거나 오래된 한옥을 유지하는 데 보조금을 주는 것도 같은 이유에서입니다. 최근 들어 건축 밀도가 높은 대도시에서는 옥상 정원을 도시 녹화(綠化)의 대안으로 주목하고 있습니다. 옥상 녹화 공공성을 인정하여 서울시, 인천시, 경기도 등의 지자체에서는 녹화 비용의 상당 부분을 지원하고 있지요.

그 밖에 빗물을 흡수하는 작은 정원을 설치하는 것도 생각해 볼 수 있습니다. 혹시 '레인 가든(Rain Garden)'이라고 들어 봤나요? 말

그대로 빗물을 사용하는 정원이라는 뜻인데, 도심 길가나 중앙분리대 등에 작은 화단 모양으로 조성되어 있는 공간입니다. 콘크리트 도시에 들어선 작은 정원은 예쁘기도 하지만, 빗물을 땅에 스며들게 하는 중요한 역할을 합니다. 빗물이 하수도를 거치지 않고 지하의 토양으로 흘러가게 해, 빗물의 흐름을 늦출 수 있거든요. 게다가 보도 위 가로수, 배전반, 전봇대 등 원활한 보행을 가로막는 거리 시설물을 한 줄로 정비하면서 그 아래에 작은 정원을 꾸미면 보행 환경 개선 효과도 상당합니다.

그렇다면 아예 빗물을 모아 수돗물 대신 사용하면 어떨까요? 수원월드컵경기장 지하에는 지붕과 바닥을 흐르는 빗물을 모으는 2만 4,000톤 규모의 '빗물 저장 시설'이 있습니다. 이는 홍수를 막을 수 있는 댐 하나가 시내 한복판에 있는 것과 비슷한 효과를 냅니다. 잔디를 키울 때 이 물을 사용해 물값을 절약할 수도 있습니다. 작게는 '빗물 저금통'을 곳곳에 설치하는 것도 좋은 방법입니다. 대구시, 울산시 등에서는 빗물 저금통 설치를 지원하고 있습니다. 이 역시 물값을 아끼면서 홍수 때 우수관의 과부하를 막는 역할을 합니다.

이런 시설들은 상습 침수 지역에 집중적으로 설치될 때 그 효과를 더 볼 수 있습니다. 상습 침수 지역인 서울 성동구 송정동 일대는 서울시가 지원하는 '빗물마을'에 선정됐습니다. 빗물마을 조성 사업은 마을의 투수율을 높이고, 빗물 저장 시설을 만들어 빗물 이용과 빗물 저축 효과를 얻는 프로젝트입니다. 필요한 비용은 서울

광화문 일대의 침수를 막기 위해 도로변에 만든 '레인 가든'.
흙이 드러난 소형 정원을 통해 빗물의 땅속 유입을 유도한다.

옥상에 연결된 관을 통해 옥상에 떨어진 빗물을 모으는 빗물 저금통.
모인 빗물은 청소나 조경 용수로 사용한다.

시에서 지원하지만, 주민들의 적극적이고 자발적인 노력이 있어야 사업 대상에 선정될 수 있습니다. 빗물마을에는 빗물 공원, 옥상 정원, 텃밭, 빗물 마당 등이 조성됩니다.

2010년 큰 홍수를 겪은 서울에는 두 종류의 시설이 생겼습니다. 하나는 강서 지역에 설치된 대형 빗물 배수 터널입니다. 지하 40미터 깊이에 설치된 대형 터널 속에 32만 톤의 빗물을 저류시킬 수 있습니다. 또 하나는 앞서 살펴본 레인 가든처럼 투수율을 높이는 시설입니다. 하나는 인공 구조물의 힘에 기대, 또 하나는 자연의 방식으로 접근해 빗물을 땅속으로 보내고 있습니다. 대형 빗물 터널도, 레인 가든도 서울의 홍수 예방에 도움을 주고 있습니다.

예부터 홍수 예방은 도시의 중요한 기능이었습니다. 고대 로마의 도시들이 괜히 홍수로부터 안전한 언덕 위에 있는 것이 아니지요. 하지만 인구가 늘고 규모가 커진 지금, 홍수를 피해 언덕 위에만 모여 살 수는 없습니다. 대형 우수관을 만드는 것처럼 인위적인 방법을 쓰더라도 홍수를 피해야 하는 것이지요. 그러나 도시 바닥을 인공 구조물로 덮어 버려 빗물의 자연스러운 길을 없애 놓고서, 문제를 해결하겠다고 다시 커다란 인공 우수관을 만드는 일은 그다지 효과적이지 않습니다. 자연의 원리를 잘 살펴보고, 그 원리를 최대한 활용하는 것이 문제 해결의 기본 아닐까요? 그래도 모자란 부분이 있다면 그때 인공적인 구조물을 설치하는 것이 바람직합니다. 그것이 생태계에도 좋고, 결국엔 비용이 덜 듭니다.

인수동 빗물마을엔
마을 공동체가 살아 있다!

그동안 도시에서는 비가 오면 가급적 빠른 시간 안에 빗물을 도시 밖으로 내보내려고 했습니다. 이런 물 관리 체계에서는 하천의 처리 능력을 벗어난 집중호우가 내리면 어김없이 도시가 침수되었습니다. 하지만 비가 그치고 나면 언제 그랬냐는 듯 물이 부족한 상황이 반복됐지요. 비가 많이 내릴 때는 물이 넘쳐서 고민이고, 비가 그치고 나면 물이 부족해서 고민인 난감한 상황. 이를 극복할 수는 없을까요? 물론 있습니다! 빗물을 버려야 할 대상이 아니라, 이용할 수 있는 자원으로 보는 것이지요.

서울시의 빗물마을 조성 사업은 버려지는 빗물을 자원으로 활용하자는 취지에서 시작되었습니다. 땅속으로 빗물을 스며들게 하고 빗물의 이용을 높이는 마을을 만들자는 것이지요. 이 사업의 대상지로 선정되면 도로의 불투수 포장을 투수 포장으로 바꿔 빗물을 머금을 수 있도록 하는 한편, 빗물 저금통과 빗물 정원 등 빗물 이용 시설이 곳곳에 설치됩니다. 주민들은 빗물 이용 시설을 관리하고, 그 시설에 모인 빗물을 청소나 조경 등의 용도로 사용할 수 있지요. 2016년을 시작으로 매년 3개 정도의 마을이 새롭게 빗물마을로 조성되어 2020년 기준으로 서울에만 16개의 빗물마을이 존재합니다.

빗물을 잘 흡수하는 투수 블록을 깐 인수동 빗물마을의 길

강북구 인수동 516번지 일대의 인수동 빗물마을도 그중 하나입니다. 인수동 빗물마을은 16개 빗물마을 중에서도 성공적인 마을로 평가받고 있습니다. 빗물마을 가운데 기껏 예산을 들여 만들어 놓은 빗물 이용 시설이 제대로 사용되지 않고 방치된 경우도 종종 있거든요. 그렇다면 인수동 빗물마을의 성공 비결은 무엇일까요?

인수동 주민들은 빗물마을 소성 사업 이외에도 마을 꽃 지도 제작, 공동 조경, 담장 허물기 등 마을을 가꾸기 위한 공동체 활동을 함께 해 왔습니다. 마을을 사랑하고 가꾸려는 마음이 웬만큼 두텁지 않으면 추진하기 힘든 일이지요. 사실 인수동 빗물마을 공동체의 역사는 2000년으로 거슬러 올라갑니다. 대안적이고 생태적인 삶을 꿈꾸는 '밝은누리'라는 공동체 구성원 일부가 인수동에 터를 잡고 모여 살면서부터입니다. 그들은 공동 육아 어린이집, 마을 학교, 마을 밥상, 마을 신문 등을 만들며 함께 살아갔습니다. 시간이 흐르면서 비슷한 삶을 꿈꾸는 사람들이 인수동으로 이사해 오며 마을 공동체는 더욱 크고 탄탄해졌습니

빗물마을 안내판

다. 인수동에는 자신의 동네가 자연 친화적인 마을이 되기를 원하는 주민이 많았고, 함께 마을을 가꾸고 행동하는 사람들도 많았습니다. 그러니 빗물마을 사업도 잘 정착할 수 있었던 것이지요. 결국 변화의 실질적인 주역은 사람입니다. 사업 내용이 아무리 좋더라도, 그 일을 해낼 수 있는 사람들이 존재해야 비로소 실현될 수 있는 것입니다.

13

도시 하천,
덮을까? 열까?

#청계천 #수원천 #양재천 #복개 도로

영조는 왜 청계천 바닥을 파냈을까

병자호란(1636~1637)을 치른 뒤 한양의 인구는 10여 년 만에 두 배로 늘어났습니다. 그에 따라 사람들이 배출하는 하수의 양도 급격히 늘어났지요. 하수는 한양의 도심을 가로지르는 청계천으로 흘러들어갔습니다. 청계천은 자연정화 능력을 상실했고, 더러운 물이 가득했습니다.

청계천 인근의 산은 민둥산이 되었습니다. 땔감이 모자란 사람들이 산의 나무를 마구 베어 버렸기 때문입니다. 나무가 사라진 산의

영조 36년(1760) 청계천 준설 공사를 마친 기념으로 그린 〈준천계첩〉의 한 장면

흙은 쉽게 흘러내렸습니다. 조금만 비가 와도 흙이 쓸려 내려와 도심의 낮은 곳, 청계천에 쌓였습니다. 바닥이 높아진 청계천은 홍수에 취약한 하천이 됐지요. 장마철마다 물이 넘쳐 시가지가 침수됐습니다.

위의 이야기는 서울의 대표적인 도시 하천인 청계천의 17~18세기 모습입니다. 병자호란 이후 삶의 터전을 잃은 많은 사람이 서울로 몰려들었고, 상업의 발달은 서울의 인구 증가를 가속화했습니다. 갑자기 증가한 인구를 청계천은 감당하지 못했습니다. 인구가 많은 도시의 시가지를 관통하는 하천은 깨끗하고 맑은 물이 흐르는 곳이 아니었습니다. 하수도가 없던 시절, 사람들이 배출하는 하수는 그대로 도시 하천으로 흘러들어갔습니다. 도시 하천은 자연 하수구가 되었고, 서울의 경우 그 주된 역할을 하는 하천이 청계천이었습니다. 평상시 하수구 역할을 하던 청계천은 여름이면 집중호우에 물이 넘쳐 인근 길거리와 가옥이 물에 잠기곤 했습니다.

청계천의 관리, 특히 범람을 막기 위한 조치가 시급히 필요했습니다. 이에 영조 36년(1760)에 청계천 바닥을 긁어내는 준설 공사를 했습니다. 하천 바닥을 낮춰 하천의 범람을 막고자 한 것이지요. 홍수 방지는 도시 하천 관리의 최대 관심사였습니다. 이는 산업사회까지 이어집니다.

뚜껑 쓴 도시 하천의 아우성

6·25 전쟁을 치른 뒤 서울의 인구는 10여 년 만에 두 배로 늘어났습니다. 1955년 157만 명이던 인구는 1963년 325만 명이 됐지요. 공업이 발달하면서 사람들은 일자리를 찾아 점점 더 서울로 몰려들었습니다. 서울 사람들이 배출하는 하수의 양도 급격히 늘어났습니다. 근대 이후 많은 기반 시설을 갖춰 가고 있던 서울에서도, 하수처리 시설은 늘 우선순위에서 밀렸습니다. 하수 시설이 제대로 갖춰지지 않은 도시에서 청계천을 비롯한 서울의 하천은 하수도가 됐습니다. 그런데 여름이면 비가 많이 내려 하천이 넘쳤습니다. 도시 하천은 서울의 골칫거리가 됐지요.

이렇게 적고 보니 1960년대 서울 도시 하천의 상황은 영조 때와

1972년 청계천 판잣집 모습. 1958년부터 1978년까지 진행된 복개 공사 시기에 청계천 변과 다리 밑에는 서울에서 집을 구하지 못한 빈민들이 지은 무허가 주택 1,000여 채가 있었다.

별반 차이가 없어 보이는군요. 이런 상황은 비단 서울만의 문제도 아니었습니다. 전국 도시의 시가지에는 크고 작은 하천이 흘렀고, 평소 더러운 물이 흐르는 하천들은 장마철이면 범람하여 관리가 필요했거든요. 관리의 최우선 순위는 홍수 방지였습니다.

홍수를 막기 위한 도시 하천 정비가 이루어졌습니다. 영조 때는 하천 바닥을 파서 저수량을 늘리는 것에 그쳤지만, 명색이 산업사회가 되었으니 그 밖의 여러 기법이 동원되었습니다. 구불구불 흐르던 하천을 직선으로 만들었습니다. 하천의 물을 도시 바깥으로 빠르게 내보내기 위해 일종의 물을 위한 고속도로를 만든 셈입니다. 동시에 콘크리트 제방을 쌓고, 콘크리트 바닥을 만들었습니다. 'ㅍ' 모양의 하천에 사람의 접근은 차단됐고, 하천의 생태계는 파괴됐습니다. 하천의 자연정화 능력이 상실되어 악취가 진동했습니다. 하지만 홍수는 줄어들었습니다. 콘크리트에 삼면이 둘러싸인 직선의 하천은 우리나라 도시 하천의 전형적인 모습이 됐습니다.

콘크리트가 없는 면은 하늘을 향한 곳뿐이었습니다. 사람들은 그곳에 콘크리트 뚜껑을 덮고 싶어 했습니다. 뚜껑으로 덮으면 냄새를 막을 수 있고, 더러운 모습을 보지 않아도 되니까요. 게다가 콘크리트 구조물인 뚜껑 부분은 가뜩이나 땅이 부족한 도시에서 새로운 땅으로 활용할 수도 있었습니다.

사람과 자동차가 급격히 늘어나니, 마침 도시의 길과 주차장이 부족한 상황이었습니다. 하천은 값싸게 도로를 만들 수 있는 곳이었지요. 다른 곳에 도로를 내려면 땅을 사야 했지만, 하천부지는 국·공유지였기 때문에 부지 매입 비용이 따로 들지 않았거든요. 도시의 하천들은 콘크리트로 하나둘 덮여 갔고, 복개한 곳은 도로와 주차장이 됐습니다. 우리가 다니는 길 중에는 지금도 그 아래로 하천이 흐르고 있는 곳이 꽤 있습니다. 하천을 복개한 지가 오래되었고, 이제는 현재의 모습이 자연스러워 잘 인지하지 못할 뿐입니다.

1978년 6월 청계천 복개 공사 현장 모습.
촘촘히 서 있는 기둥 위로 콘크리트 상판을 올려 도로를 만들었다.

하천에 뚜껑을 덮었더니 무슨 일이 일어났을까요? 햇빛과 바람이 차단된 하천의 생태계는 완전히 파괴되었습니다. 도시의 하수 시설이 조금씩 보강되고 있었지만, 복개된 하천으로의 오폐수 무단 방류는 잡아내기 어려웠습니다. 하지만 그 시절 우리는 다양한 생명체가 깃들어 있는 맑은 하천보다는 하수도와 도로, 그리고 주차장을 더 원했습니다.

도시 하천의 관리는 식수나 생활용수로 물을 이용하고(이수), 물을 잘 다스려 홍수로부터 도시를 보호하고(치수), 물을 둘러싼 생태 환경을 살리며 사람들이 가까이에서 즐길 수 있는 하천을 만드는 방향(환경)으로 나아가야 합니다. 이수, 치수, 환경은 도시 하천 관리의 주된 방향이지요. 하지만 시가지를 흐르는 더럽고 좁은 도시 하천의 물을 이용하는 이수 기능은 이미 포기 단계였습니다. 필요한 물은 땅속에서 끌어올리거나, 도시 바깥의 호수에서 상수도관을 통해 가져와 이용했습니다. 환경 기능은 아예 생각하지도 못했습니다. 이미 더러울 대로 더러워진 도시 하천을 바라보면서 가까이에 두고 싶다는 생각을 하는 사람은 거의 없었으니까요.

모기가 들끓고 수시로 범람하는 도시 하천은 피해야 할 대상일 뿐이었습니다. 하천의 생태계는 고려 대상도 아니었습니다. 이런 생각은 하천을 관리하는 법률인 하천법에도 고스란히 반영되어 있습니다. 과거 하천법에는 하천의 이용과 홍수 등 하천으로부터의 피해를 막는 것만을 법의 목적으로 규정하고 있었습니다. 하천법에 하천의 '자연환경'도 정비하고 관리해야 한다는 문구가 들어간 것은 1999년에 이르러서입니다.

1990년대가 되어 도시 하천을 바라보는 시각이 조금씩 달라졌습니다. 수질을 하수구 수준으로 방치하고 복개를 해서 지저분한 풍경을 우선 눈앞에서 감춰 버리는 것만이 최선은 아니라는 생각, 하천 생태계를 살리면서 하천과 더불어 살고 싶다는 생각이 서서히 피어오르기 시작했습니다. 그 생각은 경기도 수원시에서 행동이 됐습니다.

수원천의 콘크리트를 걷어 내다

수원천은 1997년 유네스코 세계문화유산으로 지정된 수원화성을 관통하는 수원의 대표적인 도시 하천입니다. 여느 도시 하천과 마찬가지로 도시 개발이 한창이던 1970~1980년대를 지나면서 수원천의 수질은 급격히 나빠졌고, 수원시는 도로가 필요했습니다. 당시의 공식처럼, 수원천을 복개하고 그 위에 도로를 만들 계획이 세워집니다. 1991년, 수원천 복개 공사가 수원성 바깥에서부터 시작됐습니다. 수원 시민들은 수원천의 복개를 반겼습니다. 수원 시민뿐만 아니라 그 시절 사람들 거의 대부분이 더럽고 냄새나는 도시 하천의 복개를 환영했습니다. 그때는 하천을 깨끗하게 만들 수 있다는 생각조차 하지 못했습니다. 당시 여론 조사를 보면 무려 응답자의 94%가 수원천 복개에 찬성했을 정도입니다. 하지만 모두가 수원천을 포기한 것은 아니었습니다.

1995년 3월, 수원화성 안쪽 구간 복개 공사가 시작됐습니다. 수원천에 콘크리트 벽이 설치됐고, 하천 가운데에는 뚜껑을 지지할 기둥이 세워졌습니다. 같은 해 12월, 수원 지역 시민 단체들은 '수원천 되살리기 시민운동본부'를 결성했습니다. 그 당시 수원천은 오염이 심각한 상태였지만, 수십 년 전 어린 시절을 수원천 인근에서 보낸 이들은 맑은 물이 흐르는 수원천과 함께한 추억이 있었습니다. 이대로 완전히 복개한다면, 영영 수원천을 되살릴 수 없을 것 같다고 생각한 사람들이 모여 팔을 걷어붙였습니다.

수원천 되살리기 시민운동본부는 복개를 막고 수원천을 되살리려고 분주히 움직였습니다. 성명서 발표, 기자회견, 서명운동, 청원서 제출, 시장(市長) 항의 방문, 시민 대토론회, 문화재청 청원 등 다양한 방법으로 자신들의 주장을 알렸지요. 점차 수원 시민들이 도시 하천의 환경적 가치에 눈을 뜨기 시작했습니다. 그리고, 여론이 바뀌었습니다. 1991년에는 시민의 94%가 수원천 복개에 찬성했지만, 1996년에는 복개 반대가 44%로 복개 찬성 33%를 앞질렀습니다. 수원 시장은 시민들의 달라진 여론을 받아들여 1996년 5월 수원천 복개 공사 철회를 발표했습니다. 이미 복개 공사가 30% 정도 진행된 상황에서 내린 결정이었습니다.[1]

도시 하천 정비 사업 이래로 가장 선호되던 방식인 하천 복개가 취소된 첫 사례였습니다. 이런 결정을 이끌어 낸 것은 도시 하천의 환경적 가치를 알아본 수원 시민들이었습니다. 수원 시민들의 행동은 전국으로 퍼져 나갔습니다. 청주 무심천, 대전 갑천, 부산 온천천 등 하천을 되살리기 위한 시민들의 움직임이 일어났지요.

수원천의 복개 중지 결정은 자연형 하천 복원 사업으로 이어졌습니다. 홍수 방지를 위해 직선의 하수구 모양으로 관리되던 하천을 자연 상태로 되돌리고, 하천 생태계를 복원하며 주민들이 맑은

자연형 하천으로 복원된 수원천의 모습

물을 즐길 수 있는 친수(親水) 공간을 조성하는 것이 자연형 하천 복원 사업의 목적입니다. 수원천의 복원은 치수 위주의 도시 하천 정비 사업에서 환경을 중시한 사업으로 나아간 초기 사례로서 의미 있는 발자취를 남겼습니다. 한편 수원천 복개 공사 철회가 발표되기 3년 전, 우리나라 자연형 하천 복원의 '슈퍼스타'인 양재천 복원이 준비되고 있었습니다.

양재천도, 청계천도 달라졌다

경기도 과천시와 서울 서초구·강남구 일대를 흐르는 양재천은 여느 도시 하천처럼 콘크리트 벽에 둘러싸인 직선의 하수도였습니

우리나라 하천 복원의 대표적인 성공 사례로 꼽히는 양재천.
한때 수질 5급수의 냄새나던 하천은 이제 2~3급수 수준까지 맑아졌다.

다. 1995년, 서울시는 둔치를 정비하고 하천 주변에 주민 편의 시설
을 설치하는 양재천 공원화 사업을 준비하고 있었습니다. 이때 양
재천이 지나는 강남구는 전문가 자문 회의와 주민 공청회 등을 거
치면서 양재천을 자연형 하천으로 복원하기로 결정합니다.

시꺼멓고 냄새나던 하천은 몰라보게 달라졌습니다. 기존의 콘크
리트 바닥과 벽을 걷어 낸 자리에는 자연석이 놓였습니다. 하천 변
에도 풀밭이 조성되었습니다. 생물들이 살 곳이 있어야 생태계가
살아나니까요. 직선의 하천은 곡선이 됐고, 평평했던 하천 바닥에
소(沼)와 여울이 만들어졌습니다. 다양한 생태적 틈새가 생겼고, 물
고기와 곤충, 새가 양재천으로 돌아왔습니다.

하천이 깨끗해지고 자연이 회복되자 더러운 하천을 멀리하던 사람들도 하천 가까이 돌아왔습니다. 사람들은 하천을 즐겼습니다. 밤이면 너구리가 양재천 변을 돌아다녔습니다. 한 인기 예능 프로그램에서 이 너구리를 촬영하면서 양재천 너구리는 전국적으로 유명해졌습니다. '양재천 너구리'는 양재천의 생태계 복원을 상징하는 존재가 됐고, '양재천'은 도시의 하천도 깨끗하고 자연 친화적일 수 있음을 말해 주는 본보기가 되었습니다. 전국의 지자체에서 양재천으로 몰려들어 자연형 하천 복원을 배워 갔습니다. 양재천의 성공적인 복원은 앞서 밝힌 하천법 개정(하천의 '자연환경'도 정비하고 관리해야 한다는 문구가 하천법의 목적에 새롭게 들어간 것)에도 많은 영향을 주었습니다.

서울의 청계천 복원은 양재천과는 또 다른 방식으로 하천을 시민의 공간으로 만든 대표적인 사례입니다. 청계천은 1955년부터 복개가 시작되었고, 1970년대에는 거의 전 구간이 복개되어 도로로 쓰였습니다. 청계천로라고 불리는 도로 위에는 청계고가도로라는 또 하나의 도로가 만들어져 도시의 자동차를 실어 날랐고요. 자동차의 빠른 이동이 중요하던 시기를 지나, 사람들은 하천의 환경적 가치에 주목하기 시작했습니다. 서울 시내 한복판으로 다시 맑은 하천이 흘렀으면 좋겠다는 사람들이 늘어났고, 청계천 복원을 공약으로 내세운 후보가 서울 시장에 당선됐습니다.

2005년, 청계천은 드디어 하늘을 다시 보게 됐습니다. 복원된 청

2005년 10월, 서울 청계고가도로가 철거되고 콘크리트로 덮여 있던 청계천에
다시 물길이 흐르기 시작한다.

계천은 시민들이 사랑하는 공간이 됐습니다. 복원 후 10년 동안 1억
9,000만 명이 청계천을 찾았을 정도니까요. 하지만 복원된 청계천
은 양재천과는 다른 모습이었습니다. 청계천은 복원 뒤에도 여전히
콘크리트에 갇혀 있습니다. 도심을 지나는 구간은 마치 지하 1층에
있는 것처럼 땅 아래로 내려가 있습니다. 물 흐르는 곳으로 접근하
기 위해서는 콘크리트 벽면을 따라 설치된 계단을 이용해 내려가야
하고요.

청계천은 원래부터 건천(乾川)이었습니다. 비가 많이 올 때는 물
이 흐르지만, 그렇지 않을 때는 말라 있다는 뜻입니다. 청계천이 하
천다운 모습을 갖추기 위해서는 물이 필요했지만 이미 청계천 주변

땅은 대부분 포장되어 땅속으로 스며드는 물이 별로 없었습니다. 다른 하천을 거쳐 청계천으로 내려오는 물도 많지 않았지요. 결국 부족한 물을 해결하기 위해 한강에서 물을 끌어왔습니다. 현재도 여덟 대의 펌프가 쉴 새 없이 움직이며 한강의 물을 퍼 올려 청계천으로 보내고 있습니다.

청계천으로 끌어올린 한강물은 예쁘게 만든 물길을 따라 흘렀습니다. 어떤 구간은 멋진 돌로 포장되었고, 어떤 구간은 물길 양쪽으로 심은 풀이 무성하게 자랐지요. 비록 자연형 하천은 아니지만, 청계천은 도심을 관통하는 인공의 수변 공원이 되어 시민들의 사랑을 받고 있습니다.

기로에 선 도시 하천

시민들의 노력으로 도시 하천을 살릴 수 있음을 보여 준 수원천, 자연형 하천 복원의 신호탄이 된 양재천, 복개된 하천도 복원하여 시민의 품으로 돌려보낼 수 있음을 알려 준 청계천은 '하천의 자연성 회복'이라는 화두를 던졌습니다. 이후 많은 도시의 하천 정책이 바뀌었고, 도시 하천을 바라보는 시민들의 시각도 폭넓어졌습니다. 양재천의 경우처럼 자연형 하천으로 복원해 생태계를 살리겠다는 움직임, 청계천 같은 복개 하천을 복원해 시민이 이용할 수 있도록 하자는 움직임이 곳곳에서 일었습니다. 이는 최근 도시 하천 관리의 주된 흐름으로 자리 잡았지요.

하지만 우리는 여전히 선택의 기로에 있습니다. 자연형 하천을 만들고, 시민들이 하천을 마음껏 누리기 위해서는 준비도 필요하고 비용도 만만치 않습니다. 수질 정화가 되지 않은 복개 하천을 무턱대고 열 수는 없겠지요. 생태계를 살리는 방향으로 하천 정비를 할 것인지, 시민들이 이용하는 친수 공간 조성을 우선시할 것인지도 선택해야 합니다. 장마철을 제외하고는 강수량이 적어 평상시에는 건천이 되는 도시 하천의 고질적인 문제를 해결할 방법도 찾아야 하고요. 하천 옆을 산책하기 위해서는 편리한 도로를 포기해야 할지도 모릅니다.

지금, 전국 곳곳에서는 도시 하천을 두고 고민에 빠져 있습니다. 도시 하천, 열까요? 덮을까요?

제민천과 함께 살아난
공주의 구도심

백제의 수도 공주와 다른 지역을 연결해 준 물길은 금강이지만, 공
주 시민들의 삶 속에 깊이 들어와 있는 물길은 제민천입니다. 제민천
은 공주 시가지 남쪽에 있는 금학동에서 발원해 금강으로 흐르는 길이
4.2km, 폭 5m 내외의 아담한 하천입니다. 공주의 옛 시가지는 제민천
양편에 만들어졌습니다. 충청감영, 공주목관아 등 조선 시대의 관청 건
물부터 공주시청, 공주고, 공주여고, 공주의료원 등 공주의 근대를 열
었던 주요 시설이 모두 제민천 주변에 있었습니다. 제민천은 아이들이
뛰어노는 놀이터였고, 아낙들의 빨래터였습니다. 공주에 처음 상수도
시설이 만들어졌을 때, 그 물을 공급한 곳도 제민천 상류였습니다.

제민천 주변은 오랫동안 공주의 중심이었지만, 1980년대에 금강 너머
의 논밭이었던 신관동이 신시가지로 개발되면서 활력을 잃어 갔습니
다. 제민천 주변의 원도심은 그 뒤로 시간이 멈춘 듯 정체되었습니다.
깨끗한 물이 흐르던 제민천도 점차 오염이 되었고, 건천이 되었습니다.
사람들의 관심도, 발길도 제민천에서 멀어져 갔습니다.

2009년, 변화가 시작됐습니다. 제민천을 생태 하천으로 복원하기로
결정한 것이지요. 복원이 시작되자 물길 옆에 산책로가 만들어졌습니
다. 시에서는 하수도를 정비해 더러운 물이 제민천으로 흘러들어오는

제민천문화거리의 야경

것을 막았습니다. 제민천 상류에는 생태적 수질 정화 시설 역할을 하는 비오톱(biotope)이 조성됐습니다. 비오톱은 특정 생물 공동체의 서식지로 일종의 소(小)생태계를 가리킵니다. 제민천에서는 수질 정화 능력이 높은 수생식물 등으로 비오톱을 조성해 물속의 오염 물질이 자연스럽게 분해되도록 했지요. 그러자 물고기가 헤엄치고 새가 날아들었습니다. 제민천은 생태 하천으로 다시 태어났습니다. 맑고 깨끗한 물이 제민천을 흐르자, 사람들도 제민천을 찾게 됐고요.

제민천 주변에 변화의 바람이 불기 시작했습니다. 방치됐던 한옥을 개조한 카페가 문을 여는가 하면, 게스트 하우스와 독립 책방, 개성 넘치는 카페, 공방, 갤러리도 곳곳에 생겨났습니다. 이제 제민천 주변은 쇠퇴한 구도심에서 공주의 문화 중심지로 다시 태어나고 있습니다. 생태 하천으로 되살아난 제민천과 함께 말이지요. 백제의 고도 공주를 방문하면 제민천 주변을 거닐어 보기 바랍니다. 공산성, 무령왕릉과는 다른 살아 있는 공주를 만날 수 있을 것입니다.

그린벨트,
왜 자꾸 줄어드는 걸까

#시가지 #녹지 #신도시 #공공임대주택

서울은 만원인데, 무장공비가 내려오고

서울은 넓다. 아홉 개의 구(區)에 가(街), 동(洞)이 대충 잡아서 380개
나 된다. 이렇게 넓은 서울도 370만 명이 정작 살아 보면 여간 좁
은 곳이 아니다. 가는 곳마다, 이르는 곳마다 꽉꽉 차 있다. 집은
교외에 자꾸 늘어서지만 연년이 자꾸 모자란다.

— 이호철, 『서울은 만원이다』(1966) 중에서

앞글은 1966년에 신문 연재 소설로 인기를 모았던 『서울은 만원이다』의 한 구절입니다. 당시 서울의 인구는 370만 명이었습니다. 서울 인구 1,000만 시대를 살고 있는 우리가 볼 때는 적은 인구지만, 그 시절에는 370만 명도 만원으로 느껴졌나 봅니다. '만원 서울'은 도시를 확장시켰습니다. 많은 사람들이 생활하는 공간을 만들기 위해 도시의 시가지는 넓어지고, 시민들이 접할 수 있는 자연은 점점 뒤로 후퇴했습니다. 인접한 도시도 확장되기는 마찬가지여서 그대로 두었다가는 인근 경기도와 서울의 시가지가 붙을 것만 같았습니다. 무분별한 도시 확장을 막을 필요가 있었습니다.

한편 1968년 1월 21일에는 북한의 특수부대 소속 남파 공작원 31명이 대한민국 대통령 암살 임무를 띠고 청와대 바로 뒤인 세검정 고개까지 침투하는 사건이 있었습니다. 휴전선을 넘어 별다른 제재 없이 세검정에 도착한 그들은 이곳에서 불심 검문을 받고 적발됐습니다. 남파 공작원과 우리 측 경찰, 군인 사이에 총격전이 있었습니다. 전투 과정에서 북한군 29명이 사살됐고, 1명이 도주하고, 1명이 생포됐습니다. 우리 측에도 많은 사상자가 있었습니다. 이때 유일한 생포자인 김신조의 이름을 따서 이 사건을 '김신조 사건'이라고 부릅니다.

수도 서울이 북한 공작원들에게 뚫린 이 사건은 사람들에게 큰 충격을 주었습니다. 곧장 서울 외곽에 각종 군사시설이 만들어졌습니다. 그리고 이 군사시설을 숨겨 놓을 땅이 필요했습니다.

그린벨트 초소. 1972년 2월 서울시는 그린벨트 지역이 확정 고시됨에 따라
서울시 관내 139km² 지역에 모두 43개의 감시 초소를 설치하고 감시 활동에 들어갔다.

그린벨트, 그 50년의 역사

서울은 만원이고, 남파 공작원이 서울을 노리던 시절인 1971년
7월 30일, 서울 중심부에서 반경 15km의 선을 따라 폭 2~10km의
그린벨트가 만들어졌습니다. 그린벨트의 정식 명칭은 '개발제한구
역'입니다. '개발제한구역의 지정 및 관리에 관한 특별조치법' 제3조
제1항에서 그린벨트가 추구하는 목적을 살펴볼 수 있습니다.

국토교통부 장관은 도시의 무질서한 확산을 방지하고 도시 주변
의 자연환경을 보전하여 도시민의 건전한 생활환경을 확보하기

위하여 도시의 개발을 제한할 필요가 있거나, 국방부 장관의 요청으로 보안상 도시의 개발을 제한할 필요가 있다고 인정되면 개발제한구역의 지정 및 해제를 도시·군 관리계획으로 결정할 수 있다.

환경적 이유와 군사적 이유, 그것이 그린벨트의 탄생 이유였지요. 이후 그린벨트는 전국으로 확대되었습니다. 부산, 대구, 광주, 대전, 울산, 창원(당시 마산·창원·진해) 등의 대도시와 제주, 춘천, 청주, 전주, 진주, 통영(당시 충무), 여수 등 7개 중소 도시 인근에도 그린벨트가 생겼습니다. 이렇게 해서 1977년까지 8차례에 걸쳐 총면적 5,937km², 전 국토 면적의 5.4%가 그린벨트로 지정됐습니다.

그린벨트를 처음 도입한 박정희 정부 시절에는 강도 높은 그린벨트 관리가 이루어졌습니다. 그린벨트 훼손 행위는 엄격히 금지됐습니다. 그린벨트 업무를 전담하는 부서가 생겼으며, 100m마다 개발제한구역을 알리는 표석이, 10km마다 감시 초소가 세워졌습니다. 또 매년 항공사진을 찍어 훼손 상태를 살폈고, 그린벨트를 제대로 관리하지 못한 공무원들에겐 징계를 내렸습니다. 한번 지정된 그린벨트가 해제되는 경우는 없었습니다.

그러다가 1980년대 전두환 정부에 이르러 약간의 변화가 있었습니다. 그린벨트에 거주하는 주민들의 일상생활 편의를 위한 최소한의 용도 변경과 공익을 위한 그린벨트 사용이 허가됐습니다. 서울대공원, 정부 제2종합청사(정부 과천청사) 같은 공공시설이 그린벨트

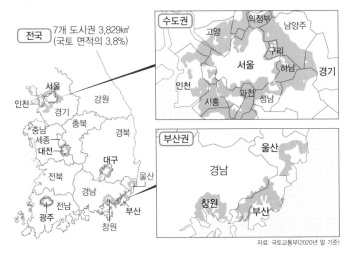

개발제한구역 현황

전국 7개 도시권 3,829㎢ (국토 면적의 3.8%)

수도권
의정부, 남양주, 고양, 구리, 서울, 하남, 경기, 인천, 과천, 성남, 시흥

부산권
울산, 경남, 창원, 부산

자료: 국토교통부(2020년 말 기준)

에 세워질 수 있었던 것도 전두환 정부의 규제 완화 덕분이었지요. 하지만 전면적인 그린벨트 재조정이 일어나지는 않았습니다. 엄격한 그린벨트 관리 정책은 노태우, 김영삼 정부까지 이어졌습니다.

김대중 정부에 들어서면서 그린벨트가 본격적으로 해제되기 시작합니다. 1997년에 임기를 시작한 김대중 대통령은 그린벨트 부분 해제를 대선 공약으로 채택했습니다. 1998년 12월에는 헌법재판소가 정당한 보상 규정을 두지 않는 그린벨트 제도에 대해 헌법불합치 결정을 내렸습니다. 헌법불합치란 해당 법률이 위헌이지만, 법률을 즉각 무효화할 경우 사회적 혼란이 생길 수 있기에 법률을 개정할 때까지 한시적으로 법의 효력을 인정하는 결정입니다. 즉 "당시의 그린벨트 제도가 헌법과 맞지 않으니 빨리 고치라"고 판결한 것과 같습니다. 그리고 남북한 사이의 긴장도 완화되었습니다. 이런 기류 속에서 2000년 이후 개발 압력이 낮은 7개 중소 도시 주변의 그린벨트가 전면 해제됐고, 서울을 비롯한 대도시 주변의 그린벨트는 342.8km²의 총량 안에서 단계적으로 풀기로 결정됐습니다.

그 이후로도 정부는 땅이 필요할 때마다 그린벨트 쪽으로 눈을 돌렸습니다. 노무현, 이명박, 박근혜, 문재인 정부 모두 마찬가지였지요. 노무현 정부는 주택 건설 등의 목적으로 654km²의 그린벨트를 해제했습니다. 이명박 정부는 '반값 아파트' 공약을 지킨다며 강남의 그린벨트를 풀어 보금자리주택을 지었습니다. 박근혜 정부 역시 그린벨트를 풀어 임대주택을 지었고요. 그리고 문재인 정부 들어 집값이 급등하자, 주택 공급을 확대하기 위해 그린벨트를 부분 해제하고 3기 신도시를 건설한다는 계획이 추진되고 있습니다.

1971년 처음 그린벨트가 지정된 때로부터 50년이 지났습니다. 그사이 그린벨트를 둘러싼 정책도, 시민들의 반응에도 변화가 있었습니다. 1970년대에는 아무도 해제 이야기를 하지 않던 그린벨트가 왜 갈수록 논란의 대상이 되는 걸까요? 그 속사정을 들여다보겠습니다.

불붙은 그린벨트 해제 논란의 전말

시민들은 쾌적한 환경에서 살아갈 권리가 있습니다. 국가는 시민들이 이 권리를 누릴 수 있도록 노력해야 하지요. 그린벨트는 도시

1989년 서울시는 시 직원 120명과 포크레인 등을 동원해 서초구 내곡동 헌인릉 주변의
그린벨트 내 무허가 비닐하우스 60동을 완전 철거했다.

의 무분별한 확산을 막고, 시민들이 도시와 가까운 곳에서 자연을
접할 수 있도록 합니다. 도시의 허파로서 맑은 공기를 불어넣고, 미
세 먼지를 막아 주기도 하고요. 그린벨트는 이처럼 시민의 환경권
을 지켜 줍니다.

　문제는 그린벨트 때문에 적지 않은 사람들이 일방적으로 '재산
권'이라는 또 다른 시민의 권리를 빼앗겨 왔다는 것입니다. 그린벨
트 제도가 처음 생겨난 1970년대는 서슬 퍼런 군사정권 시절이었
습니다. 정부는 공익을 내세워 군사작전 펼치듯 전격적으로 그린벨
트를 지정했습니다. 그린벨트로 묶인 땅은 원칙적으로 건축과 관련
된 모든 행위가 제한됩니다. 심지어 나무 베기, 물건 쌓아 두기 같은

것조차 마음대로 할 수 없지요. 그린벨트에 거주하거나 땅을 가진 사람들은 막대한 권리를 침해당할 수밖에 없었습니다. 그럼에도 하루아침에 자신의 땅을 개발할 수 없게 된 이들에 대한 보상은 고사하고, 그들과 사전 논의도 없었습니다.

하지만 권위주의 정권 아래에서 국가 정책에 대해 개인이 가타부타하기는 힘들었습니다. 게다가 당시는 시민 사회도 제대로 성장하지 않은 상태였습니다. 개인의 재산권을 지켜야 한다는 목소리가 잠잠했던 것과 마찬가지로, 환경을 지켜야 한다는 요구도 시민 사회에서 나온 것이 아니었지요. 그러니 정책의 추진도 일방통행식이었습니다. 그린벨트의 당위성을 내세운 정부는 그저 강력한 힘을 바탕으로 정책을 밀어붙였습니다.

보통은 박정희 정부 시절을 개발 중심의 시대라고 생각하지요. 그에 비해 진보적인 김대중 정부는 과거보다 친환경 쪽으로 나아갔을 것이라 생각하고요. 하지만 그린벨트 정책의 경우는 반대입니다. 박정희 정부 시대에 훨씬 엄격했고, 김대중 정부에 들어서는 대폭 완화되었거든요. 아이러니하게 보이는 이 상황은 민주화 이후 개인의 권리에 대한 전반적인 인식이 높아졌기 때문이기도 합니다.[1]

1998년 12월 헌법재판소가 그린벨트 제도의 헌법불합치 결정을 내린 일도 시민의 권리 침해 문제와 연관 있습니다. 헌법재판소는 "그린벨트 제도 자체는 도시 기능의 적정화 및 환경 보존, 국가 안보상 필요에 따른 것으로 공공 이익에 부합해 합헌"이라고 보았습니다. 하지만 토지 소유자가 그린벨트 지정 이전에 원래 사용하던 용도대로 사용할 수 없는 경우까지 아무런 보상을 하지 않는 것은 헌법에 위배되므로 법 개정이 필요하다고 판단했습니다.

위 결정을 좀 더 꼼꼼히 들여다볼까요? "공공 이익에 부합해 합헌"이라는 말은 공공의 이익을 위해서는 토지 이용을 제한하거나 용도를 지정할 수 있다는 의미입니다. 사실 그린벨트 말고도 이런 경우는 많습니다. 팔당호처럼 사람들이 식수로 사용하는 물 주변 땅에는 심한 오염 물질을 배출하는 시설을 만들 수 없습니다. 한옥이 밀집한 동네에서는 한옥을 주인 마음대로 철거하는 것이 금지되기도 합니다. 공항 근처에는 높은 건물을 지을 수 없고, 어떤 땅은 공장을 위한 곳으로, 어떤 땅은 상업 시설을 위한 곳으로 지정되기도 합니다. 이처럼 한정된 자원인 땅은 주인이라고 마음대로 할 수 있는 것이 아닙니다. 공공을 위해 필요한 경우에 한해 토지 이용에 제약을 둘 수 있다는 것은 우리 사회의 약속입니다.

그리고 재산권이 모든 권리에 우선하지도 않습니다. 대한민국 헌법 제23조 제2항에는 "재산권의 행사는 공공복리에 적합하도록 하여야 한다."라고 명시하고 있습니다. 자기 재산이라고 자기 마음대로 할 수는 없다는 뜻입니다. 하지만 바로 이어지는 제3항에서는 "공공 필요에 의한 재산권의 수용·사용 또는 제한 및 그에 대한 보상은 법률로써 하되, 정당한 보상을 지급하여야 한다."라고도 되어 있습니다. 공공의 이익을 위해 재산권을 제한할 수는 있지만, 그에 따른 적절한 보상을 해 줘야 한다는 것이 헌법의 취지입니다.

이제 '공공의 이익을 위한 그린벨트 제도 자체는 합헌이지만, 그에 따른 보상 규정이 없는 것은 헌법에 위배된다'는 헌법재판소의 결정이 어떤 의미인지 이해가 되나요? 그렇다면 이때의 보상은 어떤 경우를 말할까요? 헌법재판소는 '그린벨트 지정 이전에 하던 대로의 토지 이용이 더 이상 불가능한 경우'라 판단했습니다. 예를 들어 농지였던 땅이 그린벨트로 지정된다고 가정해 볼까요? 땅 주인은 자신의 땅을 농사 이외의 목적으로는 사용할 수 없게 됩니다. 재산권에 제약이 생기는 것입니다. 그렇다 해도 원래 용도대로 계속 농사를 지을 수는 있기 때문에 보상에서 제외됩니다. 재산권의 침해 정도가 심각한 수준이 아니라고 보는 것입니다. 하지만 만약 해당 땅 주인이 나이가 들어 더 이상 농사를 지을 수 없게 됐다거나, 개발 제한에 묶여 있는 동안 논 바로 옆까지 도시화가 진행돼 농지로 사용하기가 불가능해졌다면, 이는 보상 대상이 됩니다. 실질적으로 농사를 지을 수 없는 상황인데, 그 농지를 다른 용도의 토지로 바꿀 수도 없기 때문이지요.

1971년 첫 지정 이후, 자신의 땅이 그린벨트로 묶인 사람들은 아무런 보상도 없이 재산권을 침해당해 왔습니다. 그러다 사회가 민주화되면서 그동안 억눌렸던 개인의 재산권 침해 문제를 해결하라는 요구가 터져 나왔지요. 아예 그린벨트를 해제해 달라는 주장도 커졌고요. 비슷한 시기, 환경에 대한 시민들의 관심도 높아졌습니다. 앞서 말했듯이 그린벨트 제도가 처음 도입될 때만 해도 그 필요성을 제기한 쪽은 시민 사회가 아닌 정부였습니다. 일반 시민들은 환경에 큰 관심을 기울일 만한 여력이 없었습니다. 경제 성장과 민주화가 어느 정도 이루어진 1990년대 중반에 이르러서야 환경, 인권, 교통, 여성, 문화유산 보존 등 다양한 사회적 의제에 대한 시민들의 관심이 높아졌지요. 환경과 그린벨트 문제도 그중 하나였습니다. 개인의 재산권, 시민의 환경권에 대한 인식이 동시에 성장함에 따라, 앞으로도 그린벨트를 둘러싼 논쟁은 격렬해질 것으로 보입니다.

개발과 보존의 딜레마

그렇다면 그린벨트는 환경에 어떤 영향을 줄까요? 그린벨트가 환경을 지켜 준다는 것은 상식에 속합니다. 녹지는 대기오염을 줄이고, 도시의 온도를 낮춰 줍니다. 물 저장 능력이 있어 도시를 홍수로부터 지켜 주고, 무분별한 개발이 초래하는 오염을 사전에 차단하고요. 또 도시 주변에 동식물이 살아갈 수 있는 공간을 제공합니다. 그린벨트로 도시의 확장이 제한되면 도시는 그만큼 밀도 있게 이용됩니다. 도시의 밀도가 높아지면 각종 도시 인프라 구축에 좀 더 적은 비용과 자원을 사용하고도 큰 효과를 얻을 수 있지요.

반대로 그린벨트가 환경을 악화시킨다는 견해도 존재합니다. 도심의 개발 압력은 그대로 둔 채 공간적으로만 개발을 제한하다 보니, 그린벨트를 건너뛰어 개발이 이루어졌기 때문입니다. 즉 그린벨트가 없었다면 기존 도심과 가까운 곳에 시가지가 형성되었을 텐데, 그린벨트 때문에 더 먼 곳에 신도시가 만들어졌다는 것이지요. 수도권만 해도 그린벨트는 보존되었지만, 먼 곳에 새로 생긴 도시가 서울의 베드타운으로 전락하면서 여러 문제를 낳았습니다. 특히 늘어난 통근 거리는 그만큼 더 많은 에너지를 사용하도록 해 더 많은 오염 물질을 내뿜게 됐다는 것이 이들의 주장입니다.

하지만 애초에 그린벨트가 없었다면 어떻게 되었을까도 생각해 볼 문제입니다. 지금 보존되고 있는 그린벨트가 개발됨은 물론, 오늘날의 신도시 지역까지 모두 다 시가지가 되어 버렸을 가능성도 충분히 있습니다. 개발이냐 보존이냐. 그린벨트는 이 상충된 가치를 놓고 도마 위에 오르곤 하는데, 그린벨트를 개발 예정지로 보는 쪽과 도시의 생태적 자산으로 보는 쪽이 극명하게 나뉘어 부딪혔지요. 땅이 부족한 대도시 주변의 그린벨트는 개발의 유혹이 강하지만, 공공 목적을 위해 보존해야 한다는 원칙 역시 확고하기 때문에 규제를 풀어 개발을 추진하는 것이 쉽지만은 않습니다.

그런데 개발과 보존 양측이 모두 공공의 이익을 내세우는 경우에는 판단이 복잡해집니다. 예컨대 주택 공급 정책의 경우가 그렇습니다. 서울의 주거 문제는 심각합니다. 높은 집값 때문에 열악한 주거 환경에 놓여 있는 사람들이 많지요. 문제 해결을 위해 정부에서는 주거 안정을 위한 여러 정책을 폅니다. 공공임대주택을 지어 시장보다 저렴한 가격으로 공급하는 것도 그 방법 중 하나입니다.

서울 강남구 세곡동 보금자리주택. 원래 개발제한구역이었는데,
2009년 보금자리주택지구로 지정되어 개발되었다.

하지만 이미 시가지가 꽉 차 있기 때문에 임대주택을 대량 공급하기는 어려운 상황이지요.

그런데 이때, 그린벨트가 눈에 들어온 것입니다. 김대중 정부 이후 역대 정부는 하나같이 주택 공급을 늘리기 위해 그린벨트 해제 카드를 꺼내들었습니다. 2018년에도 마찬가지였습니다. 정부는 서울과 그 주변의 그린벨트 일부를 해제하고 공공임대주택을 짓겠다는 계획을 발표했습니다. 그냥 아파트를 짓겠다고 하면 쉽게 반대가 가능하지만, 저소득층을 위한 임대주택을 짓겠다고 하면 환경권과 주거권 중 무엇이 더 중요한가에 대한 논쟁이 붙습니다. 어느 쪽이든 쉬운 결정은 아닙니다. 하지만 임대 아파트 건설을 위해 그린벨트를 해제할 경우 오랜 세월 동안 어렵게 지켜 온 그린벨트는 훼손됩니다. 한번 훼손된 자연은 다시 회복하기 어렵습니다. 주거권은 굉장히 중요한 권리임에도, 주거권을 지키기 위해 환경권을 포기하는 방식은 너무 손쉬운 접근이지요.

당시 그린벨트 해제에 반대하는 서울시는 도심에서 잘 활용되지 않는 땅을 찾아 활용도를 높이고, 상업지역에 주거 비율을 높이고, 준주거지역에 더 높은 건물을 지을 수 있게 하는 방식으로, 그린벨트를 해제하고 짓는 것보다 더 많은 임대주택을 확충할 수 있다고 주장했습니다. 서울시의 의견대로 이루어질 경우 그린벨트도 지키고, 임대주택도 늘릴 수 있겠지요. 하지만 도심의 땅은 이해관계가 복잡하게 얽힌 경우가 많아 뜻대로 추진하기 어려울 가능성이 있습니다. 또 준주거지역에 더 높은 건물을 짓는 것을 허용했을 때 그 지역의 주거 환경이 더 나빠질 수도 있습니다.

서울시가 강하게 반발하자 정부는 서울의 그린벨트를 해제하지 않기로 했습니다. 그 대신 서울 인근의 경기도와 인천에 3기 신도시 다섯 곳을 만들어 17만 3,000호의 주택을 공급하면서 이 중 35%를 공공임대주택으로 짓기로 했습니다.[2] 사업 대상지에는 32.7km²의 그린벨트가 포함되어 있습니다. 서울의 그린벨트는 남게 됐지만, 경기도와 인천의 그린벨트가 사라지게 됐습니다.

2020년 여름에도 그린벨트 해제 문제가 논란이 됩니다. 서울 집값이 폭등하면서 이를 해결하라는 사회적 압박이 거셌거든요. 이에 정부 여당은 서울 집값 폭등의 근원지로 여겨지는 강남에 있는 그린벨트를 해제하고 대규모 아파트 단지를 짓는 방안을 검토했습니다. 그린벨트의 환경적 가치를 중요하게 생각하는 사람들이 크게 반발하면서 그린벨트가 다시 한번 뜨거운 이슈가 됐습니다.

이미 3기 신도시 계획의 사업 대상지 안에 그린벨트를 대규모로 포함시킨 정부가 또 그린벨트 해제를 이야기했으니 반발이 더욱 거셌습니다. 여론 조사기관 리얼미터가 7월 20일 발표한 조사 결과에 따르면, 그린벨트 해제가 불필요하다는 응답이 60.4%로 필요하다는 응답 26.5%보다 월등히 높았습니다. 국민들의 반발이 거세지자 문재인 대통령이 "그린벨트는 해제하지 않고 미래 세대를 위해 계속 보존하겠다"고 밝히면서 논쟁은 일단락됐습니다. 뜨거운 논쟁은 사그라들었으나, 결론은 좀 이상하게 났습니다. 강남의 그린벨트를 해제하는 대신에 노원구 공릉동에 위치한 육군 태릉골프장 부지에 아파트를 짓도록 한 것인데, 이곳 역시 그린벨트입니다. 이렇게 그린벨트는 점점 줄어들고 있습니다.

그린벨트는 오랫동안 도시의 환경을 지켜 주는 역할을 해 왔습니다. 하지만 앞서 살펴보았듯이 그린벨트에는 여러 사람의 이해관계가 얽혀 있고, 다양한 가치관이 충돌합니다. 이런 충돌 속에 합리적인 제도 개선 방안이 무엇인지를 고민해야 합니다. 유지냐 해제냐만 고민해서는 풀기 어려운 문제입니다.

개발제한구역 대장들녘,
개발 예정 대장지구가 되다

경기도 부천시는 53.4km²의 작은 도시입니다. 전국 75개 시 가운데 여섯 번째로 면적이 작지요. 하지만 거대도시 서울과 인천 사이에 위치해 80만 명이 넘는 인구로 들어차 있습니다. 1km²당 1만 5,611명이 살고 있어 시 중에서 인구밀도가 가장 높습니다. 두 번째로 인구밀도가 높은 수원시의 경우 1km²당 9,874명인 걸 보면 부천의 인구밀도가 얼마나 높은지 알 수 있지요. 그렇다 보니 부천은 문화시설과 생활 편의시설은 비교적 잘 갖춰져 있지만, 자연환경이 썩 좋지는 않습니다. 산림 녹지 비율은 13.6%, 불투수 면적은 61.7%로 모두 전국 최하위 수준입니다. 하지만 다행스럽게도 대장들녘이 부천의 숨통과 같은 역할을 해 왔습니다.

대장들녘은 김포공항 남서쪽 일대에 펼쳐진 약 3.4km²의 평야 지대를 말합니다. 이곳에는 겨울마다 천연기념물 재두루미가 찾아옵니다. 큰기러기와 각종 물떼새, 황조롱이, 새호리기, 원앙, 청둥오리 등 여러 새들이 보금자리로 삼고 있으며, 대표적인 멸종 위기 양서류인 수원청개구리와 맹꽁이, 금개구리가 서식하고 있기도 합니다. 대장들녘에 살고 있는 법정 보호종 동식물만 30여 종이 넘습니다. 서울과 인천 사이, 1,400만 명이 거주하는 대도시 지역에 이런 곳이 남아 있다는 사실이

김포공항 인근의 한강 하구 습지로 날아가는 큰기러기 떼

놀라울 정도입니다.

대장들녘이 생태계의 보고가 될 수 있었던 것은 이곳이 개발제한구역으로 지정되었기 때문입니다. 인근 대부분의 땅에 건물이 들어서고 시가지가 만들어질 때도 대장들녘은 녹지를 품은 채 남아 있었습니다. 부천 시민들도 대장들녘을 사랑했습니다. 시민들은 자발적인 생태 모니터링을 통해 대장들녘의 생태적 가치를 알렸습니다. 가족, 어린이, 청소년 대상의 여러 생태 체험 프로그램이 대장들녘에서 펼쳐졌습니다. 부천의 아이들은 대장들녘이 있는 덕분에 야생 조류를, 곤충을, 논 생물을 만났습니다. 제비가 날아오는 5월이면 제비가 집 짓는 모습을 관찰했고, 논에 우렁이를 방사하고, 별자리를 관찰하고, 논 썰매장에서 썰매를 탔습니다.

하지만 2019년, 대장들녘은 3기 신도시 예정지에 포함되면서 '대장지구'로 불리게 됐습니다. 주택 공급을 늘려야 한다는 정책적 필요 속에서, 넓게 펼쳐진 대장들녘이 개발의 적지로 꼽힌 것입니다. 대장들녘에

3기 신도시 건설이 추진 중인 경기도 부천시 대장지구

대한 정부의 인식이 '잘 보존해야 할 개발제한구역'이 아니라 '언젠가는 개발해야 할 개발예정구역'에 그치고 있었음을 보여 줍니다. 보통 개발제한구역을 해제할 때는 이미 훼손이 많이 진행되어 보존 가치가 낮은 4, 5등급의 개발제한구역이 대상이 됩니다(개발제한구역은 1~5등급으로 나뉘는데, 1등급이 환경적 가치가 가장 높고 5등급이 가장 낮습니다). 대장지구는 면적의 99.9%가 개발제한구역이고, 그중 84.5%가 2등급 이상의 보존 가치가 높은 땅입니다. 3등급까지 포함할 경우 그 수치는 92.2%로 올라갑니다. 2029년 준공 예정인 대장지구에는 '친환경 신도시'가 건설될 예정이라고 합니다. 친환경을 누리는 사람들이 늘어나겠네요. 그렇다면 재두루미는 어디로 가야 할까요?

#15

— 간척 —

이제 그곳엔
갯벌이 없다

#갯벌 #간척지 #매립지 #시화호

강화도 해안선이 쫙 펴진 사연

땅은 인간이 발붙이고 사는 곳입니다. 그만큼 땅이 중요합니다. 하지만 땅이라고 다 같은 땅은 아니지요. 높은 산, 산과 산 사이의 길고 좁은 평지, 강 하구의 넓은 평야 등 모양이 제각각입니다. 기름진 땅도 있고, 모래가 많이 섞인 땅도 있고, 자갈밭인 땅도 있고요.

용도에 따라 다르기는 하지만, 이용하기 좋은 땅은 넓고 평평한 땅입니다. 하지만 이런 땅을 새로 찾기란 쉽지 않습니다. 어떤 쓰임새로든 이미 오래전부터 사용되고 있으니까요. 그러니 인구가 늘어

농경지가 더 필요하거나, 더 많은 공장을 만들어야 한다면 버려진 땅을 개간하거나, 산을 깎거나, 호수나 바다, 늪지를 막아 아예 새로운 땅을 만드는 식의 방법이 동원됩니다. 그 가운데 바다를 메우는 간척 사업은 넓고 평평한 땅을 만드는 방법으로 널리 활용되고 있습니다.

우리나라는 서해안과 남해안에 세계적 규모의 갯벌이 있습니다. 바닷물이 찰 때도 수심이 낮고, 물이 빠지면 거대한 갯벌이 드러나는 이곳은 매립으로 새로운 땅을 만들기에 제격입니다. 갯벌을 메워 땅을 만든 역사는 고려 시대로 거슬러 올라갑니다. 1232년, 고려 조정은 몽골제국의 침입을 피해 수도를 강화도로 옮깁니다. 그리고 그곳에서 39년을 보냈습니다. 강화도는 넓은 섬이기는 하지만 갑자기 불어난 인구를 먹여 살릴 만큼 농경지가 충분하지는 않았습니다. 새로운 농경지가 필요한 고려 조정은 강화도 연안의 갯벌을 매립했습니다. 물론 해안을 지키는 방어 기지를 만들겠다는 목적도 있었습니다. 이후 강화도의 갯벌은 조선 시대까지 수차례 메워졌습니다. 지금 강화도 지도를 보면 섬의 외곽선이 별다른 굴곡 없이 무난한 선으로 연결되어 있는 것을 확인할 수 있습니다. 하지만 원래부터 그랬던 것은 아닙니다. 원래의 해안선은 굴곡이 심한 리아스식이었고 지금보다 많은 섬으로 나뉘어 있었는데, 간척 때문에 해안선이 단순해진 것이지요.

오랜 세월 동안 간척은 좋은 것으로 여겨졌습니다. 간척을 통해 새로운 땅이 생기니, 마다하는 사람이 없었지요. 새로운 땅이 생김과 동시에 갯벌은 사라졌지만 별로 신경 쓰지 않았습니다. 예전에 소규모로 간척을 할 때는, 그리고 갯벌의 가치를 잘 알지 못할 때는 사라지는 갯벌, 그리고 간척으로 인해 파괴되는 환경에 대해 깊이 생각하지 못했거든요. 간척의 양면성을 직시하게 된 결정적인 사건은 1990년대에 이르러 일어났습니다.

'죽음의 호수'가 일깨워 준 갯벌의 가치

시화호가 '죽음의 호수'로 불리기 전까지, 우리 사회는 갯벌의 가치에 무감각했습니다. 시화호 사건은 갯벌, 그리고 매립의 의미를 되돌아보게 했습니다. 대체 시화호에 어떤 일이 일어났는지 한번 살펴볼까요?

1994년, 경기도 시흥시 오이도와 안산시 대부도 사이의 넓은 바다를 가로막는 시화방조제가 완공됐습니다. 갯벌이 광활히 펼쳐진 군자만(灣)이 거대한 방조제로 막혀 버렸지요. 그 결과 만들어진 호수는 군자만이 아니라 시화호로 불렸습니다. 방조제 공사는 간척지를 만들기 위한 첫 단계였습니다. 방조제 바깥으로 바닷물을 퍼내 수위를 낮추면 새로운 갯벌이 드러나는데, 여기에 흙을 붓고 다지면 갯벌은 사라지고 새로운 땅이 만들어지거든요. 새로 만든 땅에는 공장도 세우고, 농사도 지을 계획이었지요. 참, 공장을 돌리고 작물을 키우려면 물이 필요했습니다. 그런데 다 계획이 있었습니다.

새로 만들어진 시화호가 주변의 공장과 농지에 물을 공급하는 역할을 맡았거든요. "새 땅을 만들어 공업용지와 농업용지를 확보하고, 호수를 만들어 물을 공급한다." 이것이 시화 간척지 사업의 애초 계획이었습니다.

농업용수와 공업용수는 바닷물이 아닌 담수, 즉 민물이어야 합니다. 이런 이유로 정부에서는 시화호를 담수호로 만들기 위해 바닷물의 유입을 완전히 차단했습니다. 호수 안에 있는 바닷물을 방조제 바깥으로 빼내고, 빗물이나 하천 용수 같은 민물을 호수에 채울 계획이었지요. 하지만 바닷물을 차단하자 순식간에 시화호의 수질이 악화됐습니다.

시화호 주변에는 방조제가 완공되기 전부터 공장이 많았습니다. 그 공장들은 더러운 물을 시화호에 무단 방류했습니다. 그래도 그동안에는 시화호의 물이 바닷물과 섞이면서 공장이 배출한 폐수가 어느 정도 희석되었는데, 바닷물을 막자 폐수의 민낯이 고스란히 드러난 것이지요. 1997년에는 시화호의 화학적산소요구량(Chemical Oxygen Demand, COD)이 17.4mg/L까지 치솟았습니다. 최하 등급 수질인 5급수의 COD가 8~10mg/L이니, 시화호는 수질을 논할 단계를 뛰어넘은 셈이 됐습니다. 주변 바다와 완전히 대비되는 새까만 시화호의 모습이 위성사진으로 공개됐고, 그 새까만 물을 방조제 바깥 바다로 배출하는 장면이 뉴스에 떠들썩하게 보도됐습니다. 시화호는 '죽음의 호수'라고 불렸습니다.

방조제의 오른쪽이 시화호이다. 농업용 담수를 확보한다며 방조제를 쌓았으나
수질이 악화되어, 결국 수문을 열어 수질 개선을 이뤘다.

시화호 오염 문제를 해결하라는 여론이 들끓자 정부는 4,000억
원이 넘는 수질 개선 대책을 발표하고 실행했습니다. 하지만 역부
족이었지요. 아무리 노력해도 수질은 나아지지 않았습니다. 1997년
부터 잠깐씩이나마 바닷물을 드나들게 해서 오염을 희석시켰지만,
시화호 상류 지역의 수질에는 큰 변화가 없었지요. 물을 순환시키지
않고서는 수질 개선이 불가능하다고 판단한 정부는 결국 2001년 완
전히 수문을 열었습니다. 담수호 정책은 폐기됐고, 시화호는 해수호
가 되었습니다. 그리고 생태계가 살아났습니다.[1]

시화호의 오염과 이를 해결하는 과정에서 시민들은 간척이 환
경에 악영향을 줄 수 있음을 알게 되었습니다. 간척으로 사라진 갯

갯벌의 모습. 진흙탕처럼 보이지만 조개, 고둥, 게, 갯지렁이, 개불, 낙지 등
다양한 생물이 서식하고 있다.

벌이 그동안 어떤 역할을 하고 있었는지도 조명되기 시작했습니다.
갯벌은 육지에서 내려오는 오염 물질을 정화하는 거대한 하수처리
장의 역할을 합니다. 또 태풍 같은 자연재해를 막아 주는 방패이자,
숱한 수산물을 채취할 수 있는 천혜의 농장이고, 낚시나 갯벌 체험
등 여가활동의 장(場)이 되기도 하지요.

이 같은 갯벌의 다양한 역할을 고려한다면, 우리나라 갯벌의 경
제적 가치는 연간 16조 원에 달한다는 연구 결과도 있습니다.[2] 그동
안 사람들은 갯벌은 쓸모없는 땅이고, 갯벌을 매립해 만들어진 땅
이 가치 있다고 여겨 왔습니다. 그런데 시화호를 오염시키고, 수천
억 원의 돈을 쏟아부은 다음에야 갯벌의 가치에 눈을 뜨게 되었습

니다.

갯벌에는 경제적 가치뿐만 아니라 생태적인 가치도 상당합니다. 갯벌은 지구 생태계에서 빼놓을 수 없는 매우 중요한 장소입니다. 바다와 육지가 만나는 갯벌은 생물 다양성의 보물창고입니다. 많은 생명이 갯벌에 기대어 살아갑니다. 세계 5대 갯벌의 하나인 우리나라 서남해안 갯벌은 세계적 규모의 철새 이동 경로에서 중요한 위치를 차지하고 있습니다. 멸종위기종 물새의 상당수가 우리나라 갯벌에 와서 번식하거나 이동 중에 쉬면서 영양을 보충합니다. 철새들의 중간 휴게소 역할을 하는 셈이지요.

큰 비용을 치르고 나서야 우리는 갯벌의 가치를 알게 되었습니다. 인간을 위해서도 갯벌은 필요하고, 지구 생태계를 위해서도 갯벌은 중요합니다. 갯벌은 보존되어야 합니다. 하지만 현실이 그리 간단치만은 않습니다.

간척지에 빚진 도시인의 삶

인구가 점점 증가하고 사람들의 활동 영역도 넓어지면서, 우리의 삶을 지탱하기 위해 더 많은 땅이 필요해졌습니다. 간척은 양질의 땅을 쉽게 얻을 수 있는 방법으로 애용되었습니다. 오랫동안 우리에게 필요한 땅은 농경지였고, 고려 시대와 조선 시대를 지나 1980년대까지도 농경지를 확보하기 위한 간척은 계속됐습니다.

시대가 바뀌면서 필요한 땅의 성격도 달라졌습니다. 우리는 간척지라고 하면 아산만 일대, 시화호 주변, 새만금 같은 대규모 농업용지를 떠올리지만, 해안에 위치한 많은 도시가 매립에 의존해 시가지를 확장해 왔습니다.

서해안의 대표적 대도시인 인천의 경우, 섬으로 이루어진 강화군과 옹진군을 제외한 육지 면적 가운데 40%가 간척지입니다.[3] 그 결과 인천의 해안선은 강화도와 같이 단순한 모습을 하고 있습니다. 간척지의 대부분이 조선 시대에 완성된 강화도의 해안선에 약간 굴곡이 있는 것과 달리, 일제강점기부터 현재까지 매립이 진행 중인 인천의 해안선은 자로 잰 듯 반듯한 직선의 형태라는 것 정도가 둘의 차이점이라고 할까요?

도시의 확장인 매립지에는 우리 생활과 밀접한 시설이 존재합니다. 만약 여러분이 수도권에 살고 있다면 해외여행 할 때 인천국제공항을 이용할 것입니다. 여러분이 며칠 전 구워 먹은 돼지는 인천항을 통해 수입된 사료로 길러졌을 것이고, 고기를 굽기 위해 사용한 도시가스는 인천 LNG(액화천연가스) 기지에서 공급되었을 것입니다. 여러분이 매일 배출하는 쓰레기는 수도권매립지에 묻힐 것이고, 잠시라도 끊기면 엄청난 불편을 야기하는 전기는 영흥 화력발전소에서 만들어졌을 가능성이 큽니다. 인천국제공항, 인천항, 인천 LNG 기지, 수도권매립지, 영흥 화력발전소는 모두 매립지 위에 지어졌습니다. 지금 우리 도시는 매립지 위에 지어진 시설 없이 기능할 수 없습니다.

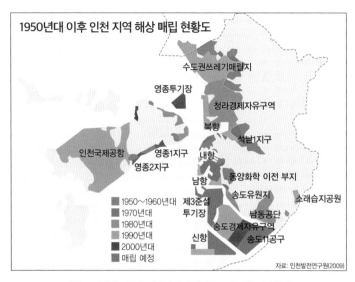

수도권쓰레기매립지

영종투기장

청라경제자유구역

북항

석남1지구

인천국제공항 영종1지구 내항

영종2지구

남항 동양화학 이전 부지

1950~1960년대 제3준설 송도유원지 소래습지공원

1970년대 투기장

1980년대 남동공단

1990년대 송도경제자유구역

2000년대 신항 송도1공구

매립 예정

자료: 인천발전연구원(2009)

대규모 매립과 간척은 서해안의 해안선을 크게 변화시켜 왔다.

농경지가 아닌 다른 시설을 만들기 위해 바다를 대규모로 메우는 것은 근대적인 항구에서부터 시작됐습니다. 조선 말기 개항한 부산항과 인천항은 원래 작은 포구였지만, 매립을 통해 대형 선박이 정박할 수 있는 항구로 변화합니다. 공장을 지어서 먹고살아야 했던 시절에는 공업용지를 얻기 위해 바다를 메웠습니다. 우리나라의 주요 공업단지인 인천 남동공단과 주안공단, 안산 반월공단, 마산 자유무역지역, 여수 국가산업단지, 창원 국가산업단지, 광양제철소, 울산 태화강 하류의 수많은 대형 공장이 매립지 위에 건설되었습니다. 그러자 시가지 안이나 근처에 있던 공장들도 새로 생긴 공단으로 옮겨 가는 것이 유리한 상황이 되면서, 공해 시설을 주거지와 멀리 떨어뜨리는 효과를 낳기도 했습니다. 그 덕분에 도시에 사는 사람들은 공장 굴뚝을 마주하지 않고 지내게 됐지요.

공장을 비롯해 도시에 꼭 필요하지만 가까이 두기엔 꺼려지는 시설이 간척지 위에 세워졌습니다. 화력발전소, 분뇨 처리 시설, 하수 종말 처리장, 폐기물 소각장, 쓰레기 매립장, 유류 저장 탱크, LNG 기지 등이 시가지에서 멀리 떨어진 바다를 메운 자리에 만들어졌습니다.

육지에서 도저히 구할 수 없는 넓은 땅이 필요할 때도 바다는 메워졌습니다. 인천국제공항은 영종도와 용유도 사이 넓은 갯벌을 매립해 만들었습니다. 공항과 함께 만들어진 배후 신도시를 제외한 순수 공항 부지만 해도 47.4km² 면적의 땅이 필요했습니다. 서울 여의도 면적의 16배나 되는 땅을 수도권 육지에서 구하기란 사실상 불가능했지요. 이 정도 규모의 공항이 꼭 필요하다면 바다를 메울 수밖에 없었습니다. 그 덕분에 우리는 세계적인 수준의 국제공항을 이용할 수 있게 됐습니다. 동시에 영종도와 용유도 사이 넓은 갯벌이 사라져 철새들은 방황했습니다.

땅이 필요하지도 않은데 매립을 한다?

쓸쓸한 것은 간척 사업의 목적이 꼭 땅이 아닐 때도 있다는 점입니다. 어떤 경우를 보면 굳이 새 땅이 필요하지 않는데도 토건 사업의 이해관계에 따라 사업이 추진되기도 하거든요. 앞서 살펴본 시화 간척지만 해도 그렇습니다. 이곳은 1980년대 중동 지역의 건설 경기 침체가 없었으면 만들어지지 않았을지도 모릅니다. 정말이냐고요? 네, 놀랍지만 정말입니다.

1973년, 중동의 산유국들은 원유 생산량을 줄이고 가격을 올리는 정책을 폈습니다. 이로 인해 원유 가격이 4배까지 급등했고, 산유국들은 엄청난 돈을 벌게 됩니다. 이 오일머니(oil money)를 기반으로 중동의 산유국은 대량의 건물과 도로, 항만, 공항 등 사회 기반 시설을 짓기 시작했습니다. 이때 우리나라의 여러 건설 회사가 중동에 진출해 공사를 맡았습니다. 한국의 많은 노동자들이 중동의 뜨거운 모래바람을 맞으며 외화를 벌어 왔습니다. 중동은 우리나라 건설사에 아주 큰 시장이었지요.

하지만 1980년대에 접어들면서 중동의 건설 경기가 침체되기 시작했습니다. 중동에 나갔던 노동자들은 다시 한국으로 돌아왔습니다. 불도저, 덤프트럭 등 수많은 건설 장비도 함께였지요. 동아건설 한 회사에서만 1,110대의 건설 장비를 국내로 들여왔다고 하니, 엄청난 양이긴 했습니다. 중동의 현장에서 맹활약했던 건설 장비들은 운행을 멈춘 채 유지비만 축내는 신세가 됐습니다. 건설 회사들은 놀고 있는 건설 장비들을 사용할 방안을 찾아다녔습니다. 그들은 정부에 적극적인 매립 정책을 제안했습니다. 대규모 매립 공사가 시작되면 이미 사 놓은 건설 장비를 사용할 수 있었기 때문이지요. 그렇게 해서 시화 간척지가 만들어졌습니다.

땅이 필요해서 간척이 시작된 것이 아니었던 시화 간척 사업은 많은 문제를 불러일으켰습니다. 거대한 간척지 조성을 확정해 놓고 상황에 따라 활용 계획을 바꿔 갔습니다. 시화호가 담수호로 기능하지 못하면서 농업용지로 활용하겠다는 계획도 차질을 빚었습니다. 결국 갯벌이 사라진 땅에는 애초 계획보다 더 많은 아파트가 지어질 것입니다.

인천 서구 청라국제도시의 시작도 비슷했습니다. 동아건설은 건설 장비를 사용해야 한다는 명목으로, 1980년에 인천 앞바다의 37.2km²에 이르는 넓은 갯벌의 매립 허가를 따냈습니다. 다른 대규모 매립지와 비슷하게, 이 땅의 용도도 원래 농경지였습니다. 하지만 농수로 확보에 어려움을 겪었고, 대도시인 인천에 넓은 농지를 만든다는 것 자체가 애초에 말이 안 되는 일이었습니다. 매립 후 20여 년 동안 아무도 사용하지 않는 나대지(빈땅)로 방치되다가 결국 청라국제도시가 조성되어 대규모 아파트 단지가 들어섰습니다. 이 부지의 매립 과정에서 26개의 섬이 사라지고, 천연기념물 제257호인 '두루미 도래지 경서동 갯벌'이 천연기념물에서 지정 해제되었습니다.[4]

한국화약(지금의 한화)은 1987년부터 경기 시흥시 월곶에 화약 성능 시험장을 만들 목적으로 4.3km² 면적의 갯벌을 매립하기 시작했습니다. 10년 뒤 매립지 공사가 마무리됐지요. 하지만 그 이후 10여 년이 지나도록 나대지로 방치되었고, 주민 민원 등을 이유로 화약 성능 시험장의 설치 허가가 취소되었습니다. 현재 배곧신도시로 불

리는 그 땅에는 아파트가 들어서 있습니다.[5]

지금도 인천 앞바다에는 많은 갯벌이 매립 중이거나 매립이 계획되어 있습니다. 이 가운데 대부분은 '새로운 땅을 만들기 위해서' 매립되지 않습니다. '처리하기 힘든 흙이 가까운 곳에서 계속 나오기 때문에' 매립됩니다. 흙이 어디서 자꾸 생기는 거냐고요? 인천항이 항구로서 기능하기 위해서는 배가 지나가는 항로의 수심을 일정 수준 이상으로 유지해야 합니다. 그런데 바다에는 계속 퇴적물이 쌓여 수심이 얕아지기 때문에 이를 주기적으로 퍼내야 합니다. 이때 나온 흙을 준설토라고 합니다. 이렇게 생긴 준설토를 어떤 방식으로든 처리해야 합니다. 인천항 항로에서 퍼 올린 준설토를 처리하는 방식은 '대규모 갯벌 매립'입니다.

방법은 이렇습니다. 갯벌을 빙 둘러 둑을 쌓고 그 안에 준설토를 부어 놓는 것입니다. 이렇게 준설토를 쌓아 놓는 공간을 준설토 투기장이라고 합니다. 준설토가 쌓이면서 갯벌은 점점 땅으로 바뀝니다. 항구를 유지하려면 준설토를 끊임없이 퍼내야 하니, 준설토 투기장을 통한 매립은 끝날 줄 모르고 이어집니다. 새로운 땅이 끊임없이 생겨나고, 갯벌은 사라집니다.

애초에 땅이 꼭 필요해서 매립한 것이 아니기 때문에 그렇게 새로 만들어진 땅은 오랫동안 나대지로 방치되거나, 무리한 개발계획으로 이어지기도 합니다. 불필요한 새로운 개발로 아파트 단지가 생기면 사람들이 집단으로 이주하면서 그들이 원래 살던 기존 시가

국제적인 멸종위기종 저어새의 주요 번식지로부터 150m가량 떨어진 인천 영종도 갯벌에서 준설토 투기장을 건설하기 위한 방조제 축조 공사가 진행되고 있다.

지가 공동화(空洞化)되기도 합니다. 사라진 갯벌 위에 새로운 건물을 짓고, 기존의 시가지는 비어 가는 과정에서 개발업자를 비롯한 특정 사람들은 이익을 얻습니다. 하지만 도시와 생태계는 파괴되지요.

준설토를 처리하는 방법이 꼭 매립만 있는 것은 아닙니다. 유럽에서는 준설토의 50% 이상을 건설 자재 등으로 재활용합니다. 준설토로 인공 갯벌이나 인공 섬을 만들어 생태계를 복원하기도 합니다. 이것도 일종의 매립이라고 할 수 있지만, 우리나라처럼 갯벌을 대규모로 매립해 인간을 위한 땅을 만드는 것이 아니라 소규모로 인공 섬을 만들어 새들을 위한 공간을 조성하는 식입니다.

사람은 땅을 벗어나 살 수 없습니다. 좁은 국토에, 그마저도 70%

가 산지이고, 인구는 5,000만 명이 넘었으니 넓고 평평한 땅이 필요할 때도 있었습니다. 그때마다 서남해안의 넓은 갯벌은 우리에게 양질의 땅을 제공해 줬습니다.

하지만 우리는 큰 비용을 치르며 갯벌의 소중함을 알게 되었습니다. 갯벌은 땅을 만들기 위해 함부로 없애도 되는 존재가 아닙니다. 인구가 폭발적으로 늘던 시절도 이제 다 지난 일이 됐습니다. 그럼에도 불구하고 매립이 불가피한 상황이 생깁니다. 매우 안타까운 일입니다. 하지만 매립을 결정하기에 앞서 최소한 이것만은 꼭 따져 봐야 합니다. 정말로 그 땅이 꼭 필요한 땅인지, 매립이라는 방법이 최선인지 말입니다. 그리고 우리 역시 생태계의 일원임을 잊지 말아야 합니다.

LNG 기지가
시가지와 가까워진 사연

1996년 10월, 인천시 연수구 송도동에 한국가스공사 인천 LNG 기지가 문을 열었습니다. 국내 천연가스 수요의 70% 이상을 차지하는 수도권 천연가스 공급을 책임지고 있는 곳이 바로 이곳입니다. 도시가스를 이용해 취사와 난방을 하는 사람들에게는 꼭 필요한 시설이지요.

이 LNG 기지는 인천 남동공단에서 7km 떨어진 바다 한복판을 매립한 자리에 건설되었습니다. 최대한 안전성을 고려해 만든다고는 해도 288만 kl나 되는 엄청난 양의 가스를 저장하는 시설을 시가지와 맞닿은 곳에 만들 수는 없겠지요. 그래서 송도의 먼바다를 매립해 땅을 마련하고 그곳에 기지를 세우는 것을 선택했습니다. 매립은 이런 위험 시설과 혐오 시설을 기존 시가지와 멀리 떨어진 곳에 짓기 위해 이루어지기도 합니다.

그런데 2014년 10월, 몇몇 송도동 주민들이 '인천 LNG 기지 이전 촉구 주민 대표위원회'를 조직했습니다. 한국가스공사가 인천 LNG 기지의 증설을 결정하자 '시가지와 가까운 위험지역에 LNG 기지를 증설하는 것을 반대'하기 위해서입니다. 바다 한복판의 땅을 매립해 만든 LNG 기지를 증설하는 것에 왜 주민들은 반대했을까요? 이유는 LNG 기지와 남동공단 사이에 있던 바다와 갯벌이 그사이 계속 매립돼 시가지로 변

송도갯벌

모했기 때문입니다.

인천 내륙의 마지막 너른 갯벌인 송도갯벌은 저어새, 알락꼬리마도요 등 국제적으로 멸종 위기에 있는 희귀한 철새들이 찾는 곳입니다. 동시에 매립이 용이한 곳이기도 하지요. 그래서 우리는 갯벌에서 떨어진 먼 바다 쪽을 매립해 LNG 기지를 만들었고, 갯벌이 자리한 가까운 바다를 매립해 송도 신도시를 만들었습니다. 2005년 첫 입주를 시작해 16만 명이 살고 있는 송도 신도시는 아직도 매립 중입니다. 계획대로 매립과 개발이 끝나면 경기도 부천시 면적과 비슷한 53km²의 땅에 26만 명이 살게 됩니다.

송도 신도시는 기존 해안선과 가까운 쪽부터 시가지가 형성되었습니다. 차츰 매립 면적은 늘어났고, 시가지는 바다를 향해, 그러니까 LNG 기지를 향해 나아갔습니다. 두 지역 사이에는 좁은 바다가 가로놓여 있기는 하지만 거리가 3km 이내로 가까워졌습니다. 아파트에서 내려다보면 LNG 기지의 가스 저장 탱크가 보이니 불안할 법도 합니다.

계속된 매립과 아파트 건설로 아파트와 LNG 기지의 거리가
3km 이내로 가까워졌다.

LNG 기지는 일반인의 접근이 금지된 구역이지만, 기지 바로 앞에 자리한 인천가스과학관까지는 갈 수 있습니다. 과학관 안에는 천연가스의 생성에서 공급까지의 과정을 안내하는 시설이 있고, 송도 매립지를 내려다볼 수 있는 전망대도 있으니 방문해 볼 만합니다. 그리고 과학관으로 진입하는 도로 양편을 한번 살펴보세요. 처음 도로가 생겼을 때는 모두 바다였지만, 지금 서쪽은 땅이 됐고 동쪽은 매립 중입니다. 땅이 생겨나고, 갯벌과 바다가 사라지는 현장입니다.

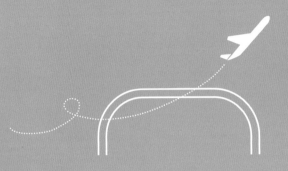

작은 실험이
도시를 바꿀 수 있을까?

#16

버려진 도시 건축물에
숨을 불어넣는다면

#폐공장 #선유도공원 #경의선숲길공원 #문화비축기지

성당에서 모스크를 거쳐 박물관으로

문명의 교차점에 위치한 터키의 이스탄불은 기독교 제국과 이슬람 제국, 양쪽 모두의 수도였던 독특한 도시입니다. 도시 이름도 비잔티움, 콘스탄티노플, 이스탄불로 바뀌었는데, 세계사를 공부하며 한 번씩 들어 봤을 것입니다.

'제국의 수도' 이스탄불의 역사는 서기 330년, 로마제국이 수도를 로마에서 비잔티움으로 옮기면서 시작됩니다. 당시 로마의 황제 콘스탄티누스(Constantinus) 1세는 그리스의 고대 도시 비잔티움

285

을 제국의 두 번째 수도로 낙점했지요. 이 도시는 나중에 황제의 이름을 따 콘스탄티노플로 불렸으며, 로마제국이 동서로 분열된 이후 1,000년이 넘는 세월 동안 동로마제국(비잔틴제국)의 수도 역할을 이어 갑니다. 그러다가 1453년에는 오스만제국이 이곳을 점령해 수도로 삼으며 도시 이름이 이스탄불로 바뀝니다. 그렇게 500년 가까운 세월 동안 이스탄불은 오스만제국의 핵심 도시가 됩니다. 이후 1923년 세워진 터키공화국이 앙카라로 수도를 옮기면서, 이스탄불은 수도의 지위에서 내려오게 됐습니다. 하지만 지금까지도 여전히 터키 문화, 경제의 중심 도시 역할을 하고 있습니다.

이 유구한 도시에는 수없이 많은 역사적 건축물이 존재합니다. 그중에서도 가장 많이 알려진 것이 아야 소피아(Aya Sofia)입니다. 아야 소피아는 자신이 발 딛고 서 있는 도시 이스탄불과 운명을 같이하며 지금까지 제자리를 지키고 있습니다. '아야 소피아'는 터키어로 '성스러운 지혜'라는 뜻을 지니고 있습니다. 그리스어로 읽으면 '하기아 소피아(Hagia Sophia)'인데, 오스만제국이 이곳을 정복하기 전까지는 이 명칭으로 불렸지요. 우리나라에는 성소피아대성당으로 알려져 있습니다. 아마도 처음 이 건물을 세울 때의 용도가 성당이기 때문일 것입니다.

아야 소피아는 532년, 이스탄불이 콘스탄티노플로 불리던 시절 동로마제국의 황제 유스티니아누스(Justinianus)가 지은 것입니다. 앞서 동로마제국은 360년에 처음 성당을 완공했는데, 지진과 화재

1500년 전 비잔틴 건축을 대표하는 터키 이스탄불의 아야 소피아.
서로 다른 종교와 전통, 문화를 초월한 세계의 명소로 꼽힌다.

로 두 차례 소실된 이후 세 번째 지은 것이 바로 지금의 아야 소피아입니다. 유스티니아누스는 이전의 성당들과는 비교할 수 없을 정도로 거대한 성당을 짓기로 결정하고 재건축을 명했지요. 공사가 시작된 지 5년이 지나 성당이 완공되었고, 이후 1,000년에 가까운 세월 동안 그리스정교회 성당 역할을 하며 동방 기독교를 대표하는 종교 건축물로 명성을 얻었습니다.

콘스탄티노플이 이스탄불이 된 1453년부터 아야 소피아는 이슬람 사원인 모스크로 사용되었습니다. 지금 아야 소피아를 생각하면 떠오르는, 건물 사방에 위치한 네 개의 커다란 기둥 미너렛(minaret)은 아야 소피아가 모스크로 사용되던 시절 만들어졌습니다. 뾰족한 첨탑 모양의 미너렛은 모스크의 중요한 건축적 요소로, 신도들에게 기도 시간을 알려 주는 역할을 했습니다.

이스탄불이 이슬람 제국의 수도에서 터키공화국의 한 도시로 바뀌고 난 뒤, 모스크였던 아야 소피아는 1935년부터 박물관으로 변신해 일반에게 공개되었습니다. 최근까지도 우리는 박물관이 된 아야 소피아를 방문할 수 있었습니다. 건물을 둘러보면 기독교와 이슬람이 공존하는 독특한 분위기가 느껴집니다. 안으로 들어가면 예수와 성모, 로마의 황제가 새겨진 모자이크 벽화가 눈길을 끌며, 위쪽 벽을 빙 둘러 아랍어로 알라를 비롯해 이슬람 성자들의 이름을 새겨 놓은 대형 원판을 함께 볼 수 있지요.

대부분의 건물은 특정 용도를 염두에 두고 지어집니다. 성당은 성당에 걸맞게, 집은 집에 걸맞게, 공장은 공장에 걸맞게 말이지요. 한번 지어진 건축물은 여간해서는 모습을 바꾸지 쉽지 않습니다. 하지만 도시는 끊임없이 변합니다. 중심지였다가 주변으로 밀려나기도 하고, 과거에 도시가 담당했던 중요한 기능이 별로 중요하지 않게 되기도 합니다. 그 과정에서 특정 용도를 염두에 두고 지어진 건물은 철거되거나 버려지는 경우가 많습니다. 하지만 아야 소피아는 달랐습니다. 애초에 동방 기독교 성당으로 지어졌지만, 성당이 필요 없는 시대에는 이슬람 사원으로 바뀌었고, 공화국이 수립되면서 박물관으로 변신했습니다. 정치적인 이유로 2020년 7월부터 다시 모스크로 바뀌었지만, 지금도 이슬람 기도 시간을 제외하고는 제약 없이 아야 소피아에 들어갈 수 있습니다. 그렇게 변신을 거듭하며 살아남은 덕분에, 우리는 아야 소피아에서 동로마제국과 오스만제국 모두를 만날 수 있는 것입니다.

폐공장의 화려한 변신은 무죄

우리 도시에도 처음 지을 때의 쓰임을 다했지만 창의적 변신을 통해 사랑받는 건축물들이 있습니다. 보통은 용도가 폐기된 낡은 건물은 오랫동안 비어 있는 채로 방치되다가, 어느 순간 개발 업자의 손에 철거되어 사라지지만요. 대표적인 것이 시가지에 자리한 공장입니다.

산업화 초기, 대도시에 공장이 하나둘 들어섰습니다. 사람들은 공장에서 일을 해 번 돈으로 생계를 꾸려 나갔고, 공장 주변에 집을 짓고 살았지요. 하지만 세월이 흐르면서 매연을 뿜어내는 공장은 도시의 골칫거리가 됐습니다. 산업이 고도화하면서 연탄 공장, 성냥 공장, 벽돌 공장 등 영세한 소규모 공장은 필요가 없어지는 경우도 많았습니다. 숱한 공장이 문을 닫거나 주거지와 멀리 떨어진 곳으로 이전했지요. 더 이상 쓸모가 없어진 공장은 철거됐습니다. 그리고 그 자리를 대신 채운 것은 대개 아파트였습니다. 공장이 있던 넓고 평평한 땅은 아파트 단지를 짓기에 좋았으니까요.

도시는 한 시대를 함께했던 공장을 지워 갔습니다. 아파트, 빌딩 등 새로운 시대에 걸맞은 새로운 건물이 공장의 빈자리를 차지했지요. 그런데 그렇게 모든 공장을 철거하는 것이 옳은 방향인지에 대해 의문을 품는 사람들이 생겼습니다. 그들은 비어 있는 공장에서 날것 그대로의 매력을 발견했습니다. 시간의 손때가 묻은 외벽, 녹슨 파이프, 거대한 철골 구조물. 새로 짓는 건물로는 도저히 만들 수 없는 아우라가 빈 공장에서 느껴졌지요. 이들은 도시의 과거를 엿볼 수 있는 공장을 남겨 놓아, 산업화 시대의 상징과도 같은 건물의 역사성과 장소성을 보존해야 한다고 목소리를 높였습니다.

낡은 공장은 일단 밀어 버려야 한다는 시선을 거두고 나니, 조금씩 변화가 시작됐습니다. 인천시 서구 가좌동에는 '코스모 40'이라는 복합 문화 공간이 있습니다. 카페, 공연장, 전시장이 어우러져 있는 이곳은 오래된 화학 공장을 개조해서 만들었다는 독특한 이력을 자랑합니다. 건물이 위치한 곳에는 원래 코스모화학이라는 이산화티타늄 정제 공장이 있었습니다. 대지 면적 7만 6,000m²(약 2만 2,000평)에 45개 동의 건물이 모여 거대한 화화 공장 단지를 이루었지요. 1968년부터 40여 년간 자리를 지켰던 공장은 울산으로 이주하면서 2016년을 끝으로 가동이 중단됩니다. 그리고 철거 절차에 들어갑니다. 오염 물질을 내뿜는 공장의 가동 중단과 철거는 지역 주민들에게는 희소식이었습니다. 그런데 지역의 한 회사가 이곳의 역사적 가치에 주목해 공장의 한 동을 매입하면서 '코스모 40'이라는 새로운 페이지가 열리게 됩니다. 전체 45개 동 가운데 유일하게 철거되지 않고 남겨진 40번째 동이 리모델링 대상이었지요. 이곳의

1970년대에 지은 코스모화학 공장 단지 45개 동 가운데 가장자리에 위치한 40동.
철거될 뻔했던 이 건물은 복합 문화 공간으로 재탄생했다.

코스모 40의 내부. 기존 공장 구조물 및 기둥을 그대로 살리고 여기에
철골 구조물을 덧대는 건축 기법을 썼다.

이름이 코스모 40인 이유입니다. 기존의 오래된 공장 건물을 최대한 살리면서도 필요한 시설은 새롭게 증축해 연결하니 멋진 공간이 탄생했습니다. 애초에 공장으로 지어진 건물이었기 때문에 더 개성이 강한 공간을 연출할 수 있었습니다. 코스모 40은 오래된 것만이 가지고 있는 독특한 분위기가 얼마나 매력적인지 보여 줍니다.

한편 부산시 수영구 망미동에 있는 복합 문화 공간 F1963은 고려제강이 현수교, 자동차 타이어 등에 들어가는 와이어로프를 생산하던 공장이었습니다. 이름에서 유추할 수 있듯이 이 공장은 1963년에 지어졌습니다. 2008년 이 건물은 공장으로서의 수명을 다하고, 10년 가까이 창고로만 쓰였습니다. 방치되어 쓰레기 무단 투기의 온상이 되기도 한 건물은 철거될 운명으로 보였지요. 하지만 2016년 일부 시설이 부산비엔날레 전시장으로 활용되면서 장소와 시간이 지니는 가치를 인정받았고, 이를 계기로 '유휴산업시설 문화재생사업'으로 신청되면서 F1963으로 다시 태어났지요. 현재는 전시장, 공연장, 카페, 서점, 도서관, 식당이 옛 공장 시설과 어우러져 많은 부산 시민들의 사랑을 받고 있습니다.

화려한 새 건물을 올리는 대신 폐공장을 그대로 활용한 과감하고 창의적인 시도는 전국 각지에서 성공적인 결실을 맺고 있습니다. 청주 담배 공장의 사례도 그렇습니다. 충북 청주시 내덕동에는 청주연초제조창이 있었습니다. 1946년에 설립된 오래된 담배 공장은 한때 3,000여 명에서 많게는 1만여 명의 직원을 고용하며 청주

시민들의 생계를 책임졌습니다. 하지만 많은 공장이 그러하듯 이곳도 세월의 변화를 이기지 못하고 2004년에 폐쇄되었습니다. 오랫동안 빈 채로 방치되었던 거대한 공장 부지에는 아파트가 들어설 뻔했지요. 그런데 2011년 국제공예비엔날레의 전시장으로 활용되면서 새로운 기회를 맞았습니다. 지역 사회에서 산업 유산에 대한 관심이 높아져 이 공장을 문화 공간으로 바꾸자는 여론이 일었거든요. 15년 동안 불이 꺼진 채 방치됐던 공장은 현재 연간 8만여 명이 찾는 문화 예술 공간으로 거듭났습니다.

수명을 다한 폐공장이 지역의 소중한 자산이 되어 개성 넘치는 공간으로 바뀐다는 것이 신기하지 않나요? 재생 건축물의 장점은 세월의 힘을 활용할 수 있다는 것입니다. 기존 건물의 형태와 골조가 묘한 분위기를 자아내면서도 새로운 용도나 디자인 등이 결합되어 매력이 더해지지요. 한때 산업용으로 쓰였던 장소가 새로운 콘텐츠로 채워져 생명력을 얻는다는 것, 그 자체가 호기심을 자극하기도 하고요. 지역의 역사성과 장소성을 담고 있으면서도 개성 넘치는 공간은 이렇게 탄생합니다.

산업 유산 재생의 시대

우리는 오랫동안 근대 건축물의 가치를 인식하지 못했습니다. 보존 가치가 있는 건축물은 근대 이전으로 한정된 경우가 많았지요. 100년 이내의 가까운 과거에 지어진 건축물, 이를테면 공장처럼 흔하디흔한 건축물은 쓰임을 다하면 허물어도 괜찮다고 생각했습니다. 근현대 건축물들은 부지불식간에 헐리고 뜯기며 사라졌고, 우리는 가까운 과거와 단절되며 소중한 역사적 기억을 잃어 갔습니다.

하지만 도시의 역사가 깊어지면서 근대 이후 도시의 발자취와 흔적들이 관심과 논의의 대상이 되기 시작했습니다. 조선 시대의 역사적 건물만이 유산이 아니라, 산업화 시대의 공장, 발전소, 창고 같은 건축물 역시 도시의 소중한 자산으로 보존해야 한다는 시각이 등장한 것입니다. 이른바 '산업 유산'에 대한 관심은 우리나라 여러 도시로 점차 확산하고 있습니다. 그런데 그 보존과 활용 방법이 좀 독특합니다. 다른 문화유산처럼 원형을 있는 그대로 보존해서 바라만 보는 것이 아니라, 원래 모습을 존중하면서도 현재의 쓰임에 걸맞게 고쳐 도시의 한 부분으로 포용하고 있다는 점이 그렇습니다.

이 같은 산업 유산의 재활용은 세계적인 추세이기도 합니다. 건축가이자 도시사회학자인 김정후 박사는 『발전소는 어떻게 미술관이 되었는가』에서 유럽의 산업 유산 재생 사례를 소개합니다. 황폐화된 시설의 변화는 놀랍기만 합니다. 프랑스 파리의 교통을 담당하던 고가철도는 노선 이용이 중단된 후 방치되다가 상부의 철길이 공원으로, 하부의 교각 부분이 상점으로 바뀌었습니다. 80년 동안 오스트리아의 수도 빈에 가스를 공급하던 거대한 가스 저장고는 그 역할을 다한 후 세계 어디에서도 볼 수 없는 독특한 구조의 공동주택이 되었고요. 심지어 핀란드 헬싱키 남부에 위치한 카타야노카

뒤스부르크 환경 공원. 독일 철강 산업의 쇠퇴로
1985년 문을 닫게 된 뒤스부르크의 제철소를 리모델링했다.

감옥은 '베스트 웨스턴 프리미어 카타야노카 호텔'로 거듭났습니다.
독일 뒤스부르크의 경제를 이끌던 티센 제철소의 변신은 더욱 놀랍
습니다. 1985년 문을 닫은 뒤 도시의 골칫거리였지만 전 세계 어디
에서도 찾아볼 수 없는 독특한 환경 공원으로 다시 태어났거든요.
공장의 굴뚝은 도시 전망대로, 공장 설비물은 줄타기 연습장으로,
용광로는 스킨스쿠버장으로, 대형 철제 파이프는 어린이용 미끄럼
틀로 모습을 바꿨습니다.[1]

　우리나라도 20여 년 전부터 산업 유산을 활용한 재생 건축이 시
작되어 최근 10여 년 사이 급격히 증가했습니다. 저도 『우리가 도시
를 바꿀 수 있을까?』에서 우리나라의 산업 유산 재생 사례를 소개

한 적이 있습니다.

우리나라에서 산업 시설 재생의 신호탄을 쏘아 올린 곳은 서울의 선유도공원입니다. 원래 이곳에는 1978년에 가동을 시작한 선유도정수장이 있었는데, 2000년 정수장이 폐쇄된 이후 독특한 공원으로 탈바꿈했습니다. 공원을 만들 때 기존 정수장의 시설과 구조를 적극적으로 활용한 덕분에 그동안 국내에서 보지 못했던 특색 있는 경관을 지니게 됐지요. 그 바통을 이어받아 노후한 신월정수장도 옛 정수 시설을 한껏 활용해 서서울호수공원으로 재탄생했습니다.

도시 발전을 이끌어 온 철도가 산책로로 변신한 경우도 있습니다. 바로 서울 마포구 연남동에서 용산구 효창동에 이르는 경의선 폐선 구간 6.3km에 조성된 경의선숲길공원입니다. 2005년 경의선 지하화가 시작되면서 기존 지상 구간 철도의 폐선이 결정되었는데, 그 부지가 공원으로 거듭난 것이지요. 공원에는 옛 철로와 건널목의 흔적이 남아 있어 이곳이 철길이었음을 말해 주고 있습니다.

서울월드컵경기장 인근에 위치한 문화비축기지의 과거도 흥미롭습니다. 41년 동안 시민의 출입이 통제되었던 '위험 시설'이 2017년에 공원으로 조성된 것이거든요. 이곳은 원래 비상시 사용할 석유를 보관하기 위해 만든 석유 비축기지였습니다. 2002년 안전상의 이유로 폐쇄 후 10년 넘게 방치되었다가, 6개의 유류 보관 탱크를 그대로 재활용한 공원으로 다시 문을 열었지요. 이름도 '문화비축기지'로 삼아 기존의 장소성을 최대한 살리려 노력했습니다.[2]

옛 경의선 폐철길을 공원으로 조성했다. 철길의 추억을 불러일으키는
레일 등의 조형물도 숲길 곳곳에 남아 있다.

삶의 흔적을, 도시의 역사를 소중하게 생각하는 사람들이 늘어
난다는 것은 매우 고무적인 일입니다. 시간의 켜가 남아 있는 공간
은 사람들이 많이 찾아 단번에 지역의 명소로 떠오르기도 합니다.
재생 공간이 불러일으키는 특유의 감성이 사람들을 끌어모으는 것
입니다. 이는 지역 경제에 활력을 가져옵니다. 건축물의 재생은 '의
미'만 있는 것이 아니라 '실용적'이기도 한 것입니다. 게다가 친환
경적이기도 합니다. 우리가 버리는 쓰레기 중 건설폐기물의 비율은
44.5%에 달합니다. 손쉽게 허물기 전에 기존의 건축물을 활용할 수
는 없을지 한번 생각해 봐야 합니다. 고치며 삽시다.

경의선 공유지는
공유될 수 있을까

경의선이 지하화되면서 생긴 폐선 부지의 상당 부분에는 경의선숲길공원이 조성되었습니다. 그런데 일부 구간인 공덕역 1번 출구 옆에는 철제 펜스가 둘러쳐진 넓고 황량한 빈 땅이 있습니다. 이 땅에는 어떤 사연이 있는 걸까요?

이 공터는 땅 소유주인 한국철도시설공단과 한 개발 회사가 2011년 협약을 맺고 복합 역사로 개발할 예정이었습니다. 그런데 어찌 된 일인지 공사가 시작되지 않았습니다. 빈 땅이 방치되자 땅의 관리 주체인 마포구청은 마포구에서 활동하던 협동조합, 사회적 기업 등과 해당 부지의 공익적 활용을 논의하다가 시민 장터를 열기로 합의합니다. 마포구청에서 장소 사용 허가를 내어 주고, 시민 사회에서 협동조합을 만들어 장터를 운영하는 방식으로 말이지요. 그렇게 시민 장터인 '늘장'이 문을 열었습니다. 부지 사용 기간은 2013년부터 2015년까지였지요. 이때부터 공덕역 주변의 빈 땅은 시민의 장터로, 그리고 주민 모임, 토론회, 공연, 전시, 영화 상영, 강좌 등 다양한 문화 행사 장소로 활발히 이용됐습니다. 그렇게 3년의 시간이 흘렀습니다.

2016년, 여전히 그 땅의 개발은 진척이 없었습니다만, 개발 회사의 요구로 마포구청은 협동조합과의 계약을 종료합니다. 그러자 몇몇 시민

서울 마포구 공덕역 1번 출구 근처 '경의선 공유지' 풍경

들이 국·공유지의 활용 방식에 문제를 제기하기 시작했습니다. 그들은 "국·공유지는 일부 자본을 위한 상업 시설이 아닌 시민의 공간이 되어야 한다"고 주장하며 이곳을 점유합니다. 스콰 운동이 시작된 것이지요.

스콰(squat)은 공간의 무단 점유를 통해 공간과 사회의 문제를 제기하는 사회운동의 한 방식입니다. 공간을 점유하는 이유는 그들이 제기하려는 문제가 주로 공간 소유주와 얽혀 있기 때문이지요. 퇴각을 거부한 사람들, 공유지를 연구하는 연구자, 재개발·재건축으로 쫓겨난 사람들이 그곳에 자리를 잡았습니다. 그리고 그곳을 '경의선 공유지'라 불렀습니다. 시민들은 자발적으로 영화제, 공연, 축제, 학습 모임 등을 경의선 공유지에서 열었습니다.

이들을 바라보는 시각은 크게 갈렸습니다. 국·공유지를 시민의 품으로 돌려줘야 한다는 주장에 동의하는 사람들도 있었지만, 남의 땅을 무단으로 점유한 불법성을 지목하며 비판하는 사람도 많았습니다. 이들이 임시로 설치한 시설물에 대한 의견도 '인간적이다'와 '지저분하다'로 갈렸습니다. 수차례 퇴각 명령과 저항이 반복되었습니다. 결국 한국철도시설공단은 개발 유보지를 점유한 사람들을 대상으로 36억 원의 소송을 냈고, 마포구청의 중재로 2020년 4월, '경의선 공유지'는 문을 닫습니다. 그들이 떠난 자리에는 곧바로 철제 펜스가 둘러쳐졌습니다.

9년 전처럼, 공덕역 1번 출구 옆은 빈 땅이 됐습니다. 한국철도시설공단과 개발 회사는 처음에는 관광호텔을 짓는다고 했다가, 오피스텔과 주차 타워를 짓는다고 하더니, 최근에는 도시형 생활 주택 이야기가 흘러나옵니다. 건물이 언제 올라갈지는 모르겠습니다.

불법 무단 점유에 거부감을 표한 사람들도 많았지만, 이들이 급진적인 방식으로 우리 사회에 던진 질문은 한 번쯤 생각해 볼 만합니다. 국·공유지는 어떤 방식으로 사용해야 할까요? 그 땅은 누구 땅일까요?

#17

— 마을 만들기 —

그들은 왜 담장을
허물었을까

#담장 #골목 #대구 #덕수궁 돌담

마을의 일부이고 싶었던 가출 청소년 쉼터

1998년, 대구의 조용한 주택가 삼덕동에 도난 사건이 있었습니다. 값비싼 물건이 없어진 것은 아니었지만, 도둑이 들었다는 사실만으로도 동네는 시끌벅적했습니다. 주민들은 한 집을 지목했습니다. 그 집에 불량 청소년들이 들락거리면서 동네에 도둑이 들었다고, 그 집이 수상하다고 했지요.

그곳은 대구 YMCA가 운영하던 '가출 청소년 쉼터'였습니다. 저마다의 사연으로 가정을 떠나 방황하는 아이들에게 삼덕동의 조그

301

만 집은 안식처가 되어 주었습니다. 그나마 쉼터라는 공간이 있는 덕분에 아이들은 도시의 위험한 밤거리를 배회하지 않고 그곳을 임시 거처 삼아 보호받을 수 있었습니다. 쉼터에서 선생님들과 속 깊은 이야기를 나누기도 하고, 다양한 프로그램으로 공부도 하고, 자신을 돌아보는 기회도 갖곤 했습니다. 그런데 이곳이 도둑의 근원지로 지목받게 된 것입니다.

사실 이곳 청소년 쉼터는 도난 사건이 있기 전에도 마을 사람들의 곱지 않은 시선을 받곤 했습니다. '가출 청소년이 모여 있는 곳'이라는 딱지가 붙으면, 왠지 그 딱지에 걸맞은 시선을 줘야 할 것 같았나 봅니다. 하지만 만나 보면 다 같은 사람입니다. 교류가 없으니 편견이 자라는 것이지요. 청소년 쉼터를 운영하던 김경민 씨도 비슷한 생각을 한 것 같습니다. 그는 청소년 쉼터 아이들이 동네 사람들의 오해를 받는 것이 싫었습니다. 서로 교류가 없었기 때문에 오해가 커졌다고 여긴 그는 쉼터 바로 앞, 자신이 살던 집 담장을 허물었습니다. 마을 사람들이 자연스럽게 만날 수 있는 공간이 필요하다고 생각했거든요.

담장을 허물면서 쉼터는 동네 안으로 한발 들어갔습니다. 쉼터 바로 앞, 마당이 동네 사랑방 구실을 하면서 마을 주민과 쉼터 아이들이 교류할 수 있는 기회가 생겼거든요. 동네 사람들은 담장 없는 마당을 편하게 드나들며 쉼터 아이들의 밝은 모습을 보았습니다. 마당에서는 동네 어린이를 대상으로 하는 그림 대회, 마을 잔치 등

대구 삼덕동의 담장 허물기 1호 주택

도 열렸는데, 특히 쉼터의 아이들이 적극적으로 참여한 마을 잔치를 계기로 주민들은 마음을 조금씩 열기 시작했습니다. 마을 한구석, 가출 청소년들이 몰래 들어와 잠시 머물다가 가던 쉼터는 점차 마을 사람들과 관계를 맺어 가는 공간이 되었습니다.

한편 앞마당에서 단출하게 열리던 행사는 규모가 점차 커져 마을 축제가 되었습니다. 1998년 12월 담장이 허물어진 마당에서 열린 인형극은 '초록별 아이들'이라는 마을 극단의 창단으로 이어졌습니다. 그리고 2006년부터 지금까지 매년 5월이면 삼덕동 인형 마임 축제인 '머머리섬 축제'가 열리고 있습니다.

마을의 변화는 여기에 그치지 않았습니다. 담을 허문 뒤로 동네 사람들이 저마다 골목에 관심을 가지기 시작해, 마을 골목 가꾸기가 시작되었습니다. 인근의 몇몇 집들이 담장 허물기에 동참했습니다. 남아 있는 담장은 예쁘게 꾸며졌고, 삼덕동에는 물물교환 형식의 재활용 가게인 녹색가게, 폐자전거를 재활용하는 희망자전거제작소 등이 문을 열었습니다. 이 모든 일의 시작은 담장을 허문 것에서 비롯되었습니다.[1]

담장이 허물어진 자리에 생겨난 것들

김경민 씨가 자신의 집 담장을 허물기 2년 전인 1996년, 대구시 서구청도 청사 담장을 허물었습니다. 더 많은 녹지와 휴식 공간을 만들어 달라는 대구 시민들의 요구에 담장을 뜯어냈고, 청사는 도심 속 공원으로 탈바꿈했지요. 땅이 부족한 도심에서 녹지를 조성할 넓은 땅을 구하기가 어려워, 공공 기관 안에 있는 녹지에 주목한 것입니다. 많은 공공 기관에는 넓은 앞마당과 녹지 공간이 있었지만, 담장으로 둘러싸여 있어 시민들이 일상적으로 이용할 수는 없었던 터였지요. 담장을 허물자, 담장 안에 감춰져 있던 녹지가 드러났습니다. 개방된 구청 앞마당은 시민들의 휴식 공간이 됐습니다. 서구청에 이어 경북대학교병원도 담장을 허물었고, 그 이듬해인 1997년에는 유료 공원이었던 경상감영공원이 담장을 허물었습니다. 이용객이 급증했고, 주변 상권이 살아났습니다.

대구시는 1996년부터 '담장 허물기'를 시작했습니다. 삭막한 도

담장을 허문 경북대병원. 담장 안팎에 도심 공원이 조성됐다.

시 공간에 변화를 가져온 의미 있는 시도였지만, 처음에는 몇몇 공공 기관의 참여에 그쳤습니다. 담장 허물기의 목적도 녹지 확보로 한정되어 환경녹지국이 사업을 추진하고 있었습니다. 그러던 것이 1998년 삼덕동 담장 허물기를 계기로 새로운 추진력을 얻었습니다. 공공과 민간이 만났고, 대구의 담장 허물기는 범시민운동이 되었습니다. 대구 지역의 시민 단체, 종교계, 언론계, 학계, 행정기관 등 135개 기관과 단체가 참여하는 '대구사랑운동시민회의'에서 담장 허물기를 중점 과제로 채택합니다. 기존에는 녹지 확보를 위해 담장을 허물었지만, '이웃과 소통하고 함께하는 대구를 만들자'는 이유가 더해졌습니다. 이후 10여 년 사이, 관공서 112곳을 비롯해 주택, 아파트, 상가, 종교 시설, 학교, 병원 등 모두 493곳에 설치된 20km가 넘는 담장이 허물어졌습니다. 그 자리는 녹지와 사람이 채 웠습니다.[2]

'담장을 허물고 주변 사람들과 함께한다'는 생각은 아주 간단했고, 직관적으로 이해하기 쉬웠으며, 사람들의 마음을 움직였습니다. 단절과 소통에 대해 고민하던 많은 이들이 대구와 삼덕동의 변화에 관심을 갖기 시작했습니다. 무엇보다 '담장을 허물 수도 있다', '담장을 허문 곳에서 새로운 가능성을 찾을 수 있다'는 것을 눈으로 확인한 이들은 자신의 도시에서도 이를 시도해 보고 싶어 했습니다. '담장 허물기'는 삼덕동과 대구를 넘어 전국으로 퍼져 갔습니다.

전국으로 퍼진 '담장 허물기'는 다양한 형태로 변주되었습니다. 서울에서는 '그린파킹(Green Parking)'이라는 이름으로 주차난을 해결하는 대안이 됐습니다. 그린파킹은 주택을 소유한 시민이 자신의 주택 담장을 허물고 그 공간을 내 집 주차장으로 활용하면, 시에서 주차장 만드는 비용을 일부 지원해 주는 사업입니다. 나아가 조성된 주차 공간을 이웃과 공유하며 주차 요금을 받을 수 있도록 하는 사업도 추가로 도입했습니다. 서울의 많은 주택가 도로는 다닥다닥 주차된 자동차로 인해 교통사고 위험이 높고 걷기 불편했습니다. 주차 문제로 이웃 간에 시비가 붙는 경우도 많았지요. 그린파킹 사업에 동참하면 집주인은 큰 비용을 들이지 않고 자신만의 주차장을 만들 수도 있고, 주차 공유 서비스로 공유할 수도 있습니다. 이렇

그린파킹 사업(녹색주차마을 만들기 사업)으로 담장을 허물어 주차 공간을 마련했다.
주차난이 해소되고 골목을 가득 채웠던 자동차가 사라졌다.

게 되면 주차난 해소를 위해 공영 주차장을 지어야 하는 서울시 입장에서는 주차장 마련에 소요되는 비용을 절감할 수도 있었지요. 땅값이 비싸고 빈 땅이 적은 서울의 주택가에서는 주차장 한 면을 만들기도 쉽지 않습니다. 그러니 담장을 허무는 공사비와 조경 시설비, CCTV 설치 비용 등을 지원하더라도 시 입장에서는 손해 보는 일이 아니었습니다. 게다가 길에 세워져 있던 자동차가 집 안으로 들어가니 걷기도 편해졌고, 길도 깔끔해졌습니다. 서울의 시도가 효과를 거두자 그린파킹 사업은 전국으로 확산되었습니다.

전국의 많은 공공 기관도 담장 허물기에 동참했습니다. 담장이 헐린 자리에 생겨난 녹지는 시민들에게 개방되었습니다. 권위적인

관(官)의 이미지가 개선되고, 시민과의 거리도 가까워지는 효과가 뒤따랐지요. 학교 담장을 허물어 녹지 공간을 마련하고 여기에 나무와 꽃 등을 심어 마을과 공유하는 '학교 숲 사업'도 이어졌습니다. 한 시민이 허문 담장은 전국의 도시에 많은 영감을 주었습니다.

우리 도시 담장, 허물까 가꿀까

흔히 담장, 벽이라고 하면 단절을 떠올립니다. "너와 나 사이에 벽이 있다.", "세대 간의 벽을 허물어야 한다."라고 할 때의 벽은 소통을 가로막는 장애물이지요. 벽은 공간을 나누고 단절시키는 장치입니다. 바로 1m 앞의 공간도 중간에 벽이 있느냐 없느냐에 따라 함부로 접근할 수 없는 곳이 되기도 하고, 누구나 쉽게 드나들 수 있는 곳이 되기도 합니다. 대구의 한 시민은 이러한 벽의 속성에 주목했습니다. '벽을 허물면 어떨까?' 하는 생각이 발단이 되어 시작된 일이 '담장 허물기'입니다.

하지만 담장이라고 해서 다 없애야 할 장애물인 것은 아닙니다. 담장도 주거 문화로 본다면, 한 시대의 미적 감각과 생활양식이 담긴 소중한 건축 구조물입니다. 집집마다 세워진 낮은 담장은 우리에게 익숙한 오래된 마을의 풍경이지요. 어떤 담장은 유독 시민들의 사랑을 받기도 합니다. 어떤 곳에서는 담장을 잘 활용해 도시에 활력을 불어넣기도 하고요.

아마도 전국에서 가장 유명한 벽은 통영 동피랑에 있는 벽일 것

통영 동피랑 마을의 날개 벽화. 이곳의 벽화는 주민들이 참여하는 형태로 2년마다 새로 그려진다.

입니다. 현재 예쁜 벽화로 유명한 통영 동피랑 마을은 원래 철거할 동네였습니다. 통영시에서 낙후된 마을의 집들을 사 들여 허물고, 그 자리에 조선 시대 동포루(東砲樓)를 복원해 공원을 만들 계획이었 지요. 하지만 동피랑 마을에는 사람들이 살고 있었습니다. 많은 주 민들은 마을을 떠나지 않고 그 자리에서 계속 살고 싶어 했지요. 마 을을 지키고 싶었던 사람들은 궁리 끝에 벽화를 그리기로 결정합 니다. 바다가 내려다보이는 아름다운 마을에 예쁜 벽화가 더해지니 많은 사람들이 관심을 갖고 찾아왔습니다. 순식간에 동피랑 마을은 유명한 관광지가 되었습니다. 그리고 통영시는 철거 계획을 취소했 습니다. 동포루 복원의 주요 목적이 관광객 유치였으니, 유명 관광

상품이 된 마을의 담벼락을 철거할 이유가 사라진 것이지요. 벽화가 마을을 지켜 낸 것입니다.

덕수궁 돌담은 서울 시민들에게 가장 사랑받는 담장일 것입니다. 사람들의 감성을 자극하는 돌담길 특유의 분위기 때문일까요? 덕수궁 돌담길은 대중가요 가사에도 종종 등장하고, '연인이 함께 걸으면 헤어진다'는 도시 전설까지 있습니다. 이 속설의 정확한 기원은 알 수 없지만, 예전 가정법원이 덕수궁 근처에 있었기 때문이라는 설이 유력합니다. 이혼하러 가는 길에, 또는 이혼하고 오는 길에 덕수궁 돌담길을 걸었기 때문이라는 것이지요. 하지만 이를 비웃듯 오늘도 많은 연인들이 덕수궁 돌담길을 걷습니다. 모르긴 몰라도 낭만적인 산책 장소로 인기투표를 하면 덕수궁보다 덕수궁 돌담길이 더 표를 많이 얻지 않을까요?

앞에서도 언급했지만, 덕수궁 돌담길은 우리나라 최초로 자동차의 속도를 줄이고 보행자가 걷기 편하도록 도로를 정비한 곳입니다. 왜 다른 곳이 아닌 덕수궁 돌담길에서 이런 실험을 했을까요? 돌담길을 사랑하는 사람들이 많아서가 아닐까요? 돌담길을 따라 걷고 싶어 하는 사람이 많아서, 즉 이곳은 자동차보다 사람의 길이 되어야 한다는 생각에 동의하는 사람들이 많아서 말입니다.

사실, 덕수궁 돌담을 허물자는 주장을 하는 이들도 간혹 있었습니다. 돌담을 허물면 권력자와 시민을 구분 짓는 장벽이 사라지고, 궁궐이 온전히 시민의 것이 된다는 이유에서입니다. 하지만 왕조가스러진 지금, 이제 덕수궁 안에는 더 이상 왕이 살지 않습니다. 권력자가 안에 있을 때의 덕수궁 돌담은 위압의 징표였을지 모르지만, 지금은 역사의 일면을 보여 주는 건축물일 뿐입니다. 그래서 우리는 도시의 산책길 속으로 돌담을 포용하는 쪽을 선택했습니다. 이처럼 담장을 허물어야 하나, 보존해야 하나 하는 문제는 사회적 맥락과 맞물려 있습니다.

덧붙이자면, 모든 '담장 허물기'와 '담장 가꾸기'가 좋은 사례로 남은 것은 아닙니다. 준비 없이 섣불리 담장을 허물었다가 사생활 노출 문제로 다시 담장을 쌓기도 했습니다. 학교 정원을 마을에 개방한다며 담장을 허물었지만, 교정에서 발생한 강력 범죄로 인해 담장이 다시 세워지고 출입이 더욱 엄격해진 경우도 있습니다. 담장 가꾸기도 마찬가지입니다. 전국 여기저기에 비슷한 벽화 마을이 생기면서 벽화 공해라는 말까지 등장했습니다. 지역의 역사성과 정체성에 대한 고민 없이, 겉모습만 보고 따라 한 결과입니다.

도시의 담장을 활용하는 문제뿐만이 아닙니다. 골목, 계단, 주차장, 지붕 등 그동안 우리가 별 관심 없이 보고 지나갔던 도시의 흔한 구조물도 한 번쯤 다른 각도로 생각해 보았으면 좋겠습니다. 도시 구성원이 어떻게 대하고 가꾸느냐에 따라 여러 의미와 가치를 만들어 낼 수 있을지도 모르거든요. 자, 어디 새롭게 가꿔 볼 만한 도시의 구조물은 또 없을까요?

고가도로 밑
애물단지의 변신

도시에는 다양한 용도를 가진 인공 시설물이 빼곡합니다. 그런데 때때로 시설물을 만드는 과정에서 의도치 않은 부산물이 생겨납니다. 담장과 담장 사이의 좁은 틈, 계단 아래, 회전교차로의 중심부처럼 말이지요. 이런 공간은 별다른 쓸모를 찾기 힘들어 방치되다가 쓰레기가 쌓이는 지저분한 공간이 되기 일쑤입니다. 고가도로 하부도 그런 자투리 공간 중 하나입니다.

고가도로 하부는 우리가 흔히 '다리 밑'이라고 부르는 그늘진 공간입니다. 애초에 정해진 용도가 없던 데다가 자동차의 진동과 소음도 심하고, 햇빛도 들지 않아 어두침침하다 보니 사람들의 발길이 뜸하지요. 고가도로 탓에 자연스러운 도로 횡단이 어려워, 고가를 사이에 두고 양쪽 지역이 단절되는 현상이 나타나기도 합니다.

이렇게 애물단지 취급을 받던 오래된 고가도로가 최근 들어 철거되기 시작했습니다. 서울에서는 2002년 떡전고가차도를 시작으로 2020년까지 총 19개의 고가도로가 역사 속으로 사라졌지요. 하지만 교통 흐름을 위해 꼭 필요한 고가도로도 있습니다. 그렇다면 고가도로를 남겨두면서도 도시의 단절을 해결할 수 있는 좋은 방법은 없을까요? 고가도로가 많은 서울시와 부산시에서는 이제까지 눈여겨보지 않았던 고가

다락옥수는 고가도로 아래 버려진 공간을 활용했다는 점에서 주목받고 있다.

도로 하부 공간에 주목해 창의적으로 문제를 풀고 있습니다.

2018년 4월에 서울의 옥수역 7번 출구, 옥수고가차도 하부에는 '다락(樂)옥수'라는 문화 공간이 생겼습니다. 고가 아래 지붕을 설치해 마련한 공간에는 북 카페와 키즈 존이 꾸며져 있고, 평소 지역 주민들이 즐길 수 있는 각종 공연과 전시, 문화 강좌, 행사가 이어집니다. 태양광을 고밀도로 모아 내부로 끌어들여 실내에서 식물을 키우고 있는가 하면, 외부에는 색색의 불빛을 밝히는 LED 장미 정원을 조성해 어둡고 칙칙한 고가 하부에 생기를 불어넣었습니다. 그러자 발길이 뜸하던 고가차도 아래가 사람들이 일부러 찾아가는 공간으로 바뀌었지요.

다락옥수는 서울시의 '고가 하부 공간 활용 시범 사업'으로 조성된 곳입니다. 시범 사업이 좋은 성과를 거두자, 서울시는 사업 대상지를 늘려가고 있습니다. 현재 5개 고가차도 하부가 문화시설과 어린이 놀이터, 마을 도서관 등으로 활용되고 있는 데 이어 노원고가차도 하부 사업이 한창 진행 중입니다.

2020년 11월, 부산 수영구 망미동의 수영고가차도 아래에는 길이 1km에 이르는 '비콘그라운드(B-Con ground)'라는 공간이 생겼습니다. 부산(Busan)의 'B' 자와 '담다(Contain)'의 'Con'을 합친 이름인 '비콘그라운드'는 '부산의 감성과 문화를 담는 공간'이자 '부산 컨테이너'라는 두 가지 의미를 지니고 있다고 하네요. 부산항의 화물을 실어 나르는 수영고가차도를 상징하듯, 비콘그라운드에는 컨테이너로 만든 건축물이 많습니다. 이곳에는 전시, 교육, 축제 등을 즐길 수 있는 문화시설뿐만 아니라 음식점, 카페, 쇼핑 공간, 청년 창업 시설까지 들어섰습니다. 고가도로를 따라 새로운 거리가 하나 생긴 셈이지요.

고가도로 하부를 활용하려는 시도는 이제 막 시작됐습니다. 하지만 과거 도시환경을 정비하는 과정에서 사람들의 수요가 많지 않은 곳에 인위적인 공간을 만들어 실패한 사례가 많다는 점을 비춰 보면 성패 여부는 좀 더 지켜봐야 합니다. 서울과 부산, 두 도시의 시도는 성공할 수 있을까요? 고가도로 아래 새로 생긴 시설들은 단절된 주변을 연결해 줄 수 있을까요?

#18

도시에서 텃밭 농사
지어 볼까

#텃밭 #마을 공동체 #농촌

다시, 도시로 돌아오는 농사

2018년 기준으로 전 세계 인구의 55%가 도시에 살고 있습니다. 유엔 경제사회국(UN DESA)은 「2018 세계 도시화 전망」이라는 보고서에서 2050년이면 도시 인구 비율이 68%에 이를 것으로 예측했습니다. 전체 인구 대비 도시에 사는 사람의 비율을 '도시화율'이라고 하는데, 이는 도시화 정도를 파악하는 대표적인 지표입니다. 이 정의에 따르면 2018년 전 세계의 도시화율은 55%이고, 유엔이 전망한 2050년 도시화율은 68%라고 할 수 있습니다. 우리나라는 어떨까요? 도시화율이 높은 우리나라는 이미 인구의 90%가 도시에 살고 있습니다. 바야흐로 '인간의 거주지' 하면 '도시'가 떠오르는 시대입니다.

하지만 처음부터 인간이 도시에 모여 살았던 것은 아니었겠지요? 인류는 20~30만 년 전 지구에 처음 등장한 이래로 오랫동안 다른 동물과 마찬가지로 야생의 삶을 살았습니다. 자연에서 직접 식량을 구하고, 천적의 위험을 피해서 여기저기 옮겨 다녔지요. 변화는 약 1만 년 전, 농사를 짓고 가축을 키우면서 시작됐습니다. 농경은 삶의 양식을 근본적으로 뒤바꿨습니다. 우선 사람들이 한곳에 정착해 살면서 인구밀도가 늘었습니다. 또한 생산력이 높아지고 잉여생산물이 쌓이면서, 농업에 종사하지 않는 집단을 부양할 수 있는 수준으로 사회가 풍요로워졌고요. 비로소 도시가 탄생할 수 있는 조건이 갖춰진 것입니다.

최초의 도시는 기원전 4000~3000년 경 메소포타미아 지방의 비옥한 평야 지대에서 생겨난 것으로 알려져 있습니다. 도시에는 자연 상태와는 비교할 수 없을 정도로 많은 사람이 모여 살았습니다. 각종 건축물과 기반 시설 등 인공 구조물로 채워진 도시는 도시 바깥의 세상과는 확연히 구별되었습니다. 도시 안에 있으면 맹수의 위험을 피할 수 있었고, 농업 생산력이 뒷받침을 해 준 덕분에 일부 사람들은 직접 먹을 것을 생산하지 않아도 다른 일을 하며 살 수 있었습니다.

이렇게 도시는 농업과 떼려야 뗄 수 없는 관계를 맺고 있습니다. 도시의 탄생도, 도시 문명의 발전도 모두 농업이 가져온 '풍요'가 없었다면 불가능했을 테니까요. 다양한 직업, 폭넓은 사상, 수준 높은 기술과 발명품 등 화려한 인류 문명은 모두 도시에서 꽃피웠습니다. 여기저기 먹을거리를 찾아다니며 겨우 입에 풀칠하며 살았던 먼 과거에는 꿈도 꾸지 못했던 수준의 발전이지요.

그런데 역설적으로 도시가 발전하면서 점점 도시에서 직접 식량을 생산하는 일은 그리 중요치 않게 되었습니다. 특히 산업혁명 이후 도시의 산업이 공업으로 전환되는 과정에서 농업은 도시 바깥으로 옮겨 갔습니다. 그래도 큰 문제는 없었습니다. 시장에 가면 얼마든지 농촌에서 생산한 식량을 구할 수 있었으니까요. 더군다나 요즘에는 교역이 발달해 수천 킬로미터 떨어진 외국의 농촌에서 재배한 작물도 도시의 식탁에 오를 수 있습니다. 이로써 식량 '생산지'인 농촌과 식량 '소비지'인 도시의 분리가 명확해졌습니다.

하지만 빠른 속도로 진행된 도시화는 여러 문제를 가져왔습니다. 도시의 인공 구조물은 자연의 위협으로부터 인간을 보호해 주었지만, 동시에 자연과 단절된 환경이 만들어져 사람들의 정서에 나쁜 영향을 끼쳤습니다. 도시 안팎과 국경을 넘나드는 분업 체계는 교역의 범위를 확장해 다양한 물자와 서비스를 쉽게 얻을 수 있도록 해 준 반면, 그 수송 과정에서 많은 에너지를 사용하고 오염 물질을 방출하는 등 환경오염 문제가 만만치 않고요. 한편 도시에서는 사회적으로 다양한 사람들을 쉽게 만날 수 있다고는 하지만, 정작 자신의 동네에서는 고립되고 외로운 삶을 사는 이들이 많습니다. 그러자 정서, 환경, 사회 등 각종 도시문제를 해결하고, 도시의 결핍을 보완하려는 시도가 이어졌습니다. 한때 도시 바깥으로 내몰기에 바빴던 농사짓기를 도시로 다시 가져오려는 시도도 그 노력 중 하나입니다. 도시에 텃밭이 생기고 있습니다.

작은 생태계, 도시 텃밭

"비라도 내렸으면 좋겠어."라고 말할 때의 비는 감정의 단어입니다. 비는 종종 슬픔을 암시합니다. "그날 비가 오면 안 되는데."라고 말할 때의 비는 편의를 가로막는 방해꾼이지요. 도시 사람들에게 비는 감정의 매개체, 혹은 일상의 성가신 존재일 뿐이지만, 지구에 사는 숱한 생명에게 비는 생존과 직결됩니다. 태양이 아무리 빛나고 있어도 비가 내리시 않으면 식물은 태양에너지를 생명의 에너지로 바꿀 수 없습니다. 바싹 마른 식물은 열매를 맺지 못하고 죽습니다. 식물이 위험에 빠지면, 동물도 위험에 빠집니다. 비가 내리지 않으면 지구 생태계는 존재할 수 없습니다. 그러니 식물은 간절한 마음으로 비를 기다리겠지요? 도시 사람들도 식물의 마음으로 비를 바라볼 수 있습니다. 텃밭 농사를 지으면 말이지요.

도시에 살다 보면 인간이 지구 생태계의 일원임을 쉽게 망각하게 됩니다. 가뭄이 심각하다는 이야기도, 지구온난화의 위험을 알리는 신문기사도, 꿀벌이 멸종할 수도 있다는 과학자들의 경고도 피부에 온전히 와 닿지는 않습니다. 자연의 결실을 취하며 살아가고 있는데도, 일상이 자연과 밀접하게 관련되어 있지 않기 때문이지요. 텃밭 농사를 지으면 우리의 삶, 생존과 무관한 듯 보였던 태양, 비, 흙, 곤충, 꽃이 다르게 보입니다.

농사를 짓기 위해서는 우선 흙이 필요합니다. 풍성한 수확을 위해서는 식물의 토대가 되는 흙이 기름져야 합니다. 배설물, 썩은 동식물 등 유기물질이 필요하지요. 유기물질은 미생물의 먹이가 되어 분해되는데, 그 과정에서 흙이 비옥해집니다. 흙의 구조가 스펀지처럼 바뀌어 더 많은 물을 흡수하는 한편, 각종 영양분이 빠져나가지 않도록 붙잡아 두는 능력도 커지거든요.

몇몇 생물이 농사에 중요한 구실을 하기도 하는데, 바로 콩과 지렁이입니다. 콩은 식물의 생장에 필수 요소인 질소를 보충하기 위해 함께 심는 경우가 있습니다. 콩과(科) 식물이 뿌리혹박테리아와의 공생을 통해 공기 중의 질소 분자(N_2)를 생명체가 사용할 수 있는 암모늄 이온(NH_4^+) 형태로 바꿔 주기 때문이지요. 지렁이는 흙속의 유기물을 먹고 배출함으로써 흙을 기름지게 만듭니다. 흙 여기저기 구멍을 내고 돌아다니며 공기의 유입을 돕기도 하고요. 이는 흙 속 미생물의 활동을 활발하게 만들어 줍니다. 텃밭 농사를 하면 밭에서 발견한 지렁이가 그렇게 반갑고 예뻐 보일 수 없습니다. 함께 흙을 일구고 있다는 동료 의식마저 생기지요. 이런 경험을 하

지력을 보충하기 위해 텃밭에 콩을 함께 심기도 한다. 뿌리에 공생하는
뿌리혹박테리아가 작물 생장에 꼭 필요한 질소를 고정해 주기 때문이다.
사진에서 혹처럼 생긴 것 안에 뿌리혹박테리아가 살고 있다.

고 나면 비 온 후 등굣길에서 보이는 지렁이도 달라 보일 것입니다.

꽃과 꿀벌을 보는 시각도 달라집니다. 꽃이 피어야 열매를 맺는
다는 건 어린아이들도 다 아는 사실이지만, 꽃이 피는 과정이 없으
면 열매가 맺지 않는다는 것을 체감하는 이가 많지 않습니다. 농사
를 짓지 않는 도시인에게 꽃은 관상용으로써 의미가 큽니다. 보통
도시 사람들은 아름다운 꽃을 보기 위해 식물을 가꾸지요. 하지만
식물의 최종 목적은 꽃이 아닙니다. 열매를 맺고 씨앗을 얻는 것이
꽃을 피우는 이유이지요. 텃밭 농사를 짓기 시작하면 식물을 가꾸
는 목적도 달라집니다. 잘 자란 열매를 손꼽아 기다리게 되니, 식물

의 입장이 된다고 할 수도 있겠네요. 꽃에 꿀벌이 날아오는 광경을 상상해 볼까요? 텃밭 주인 눈에는 꿀벌이 얼마나 예쁠까요? 날아온 꿀벌은 텃밭의 작은 꽃들 사이를 날아다니며 고추를, 가지를, 토마토를 열리게 해 줄 것입니다.

농작물을 키우는 경험은 자연과 생명의 가치를 체감하는 기회를 안겨 줍니다. 열매 하나를 맺기 위해서도 태양, 흙, 공기 등 자연의 요소가 지렁이, 꿀벌 같은 생물과 조화를 이루어야 한다는 점을 느끼게 되지요. 땀 흘리며 텃밭을 일구다 보면, 인간을 포함한 모든 생명체는 지구 생태계와 연결된 존재라는 감각을 회복하게 됩니다. 급격한 도시화 이후 우리가 오랫동안 잃어버렸던 감각이지요.

탄소 발자국을 줄여 주는 텃밭

1980년대에 바나나 한 개의 가격은 1,000원 가까이 했습니다. 여기서 한 개는 한 송이가 아니라, 꼭지에서 따 낸 단 하나를 말합니다. 짜장면 한 그릇이 500원 안팎이었고 라면 한 봉지가 100원 대였던 그 시절 물가를 감안하면, 바나나는 어마어마하게 비싼 과일이었지요. 바나나가 비쌌던 이유는 과일을 비롯한 많은 농산물의 수입에 제한이 있었기 때문입니다. 공급이 적으니 바나나는 아무 때나 먹을 수 없는 고급 과일이었습니다.

1995년 세계무역기구(WTO)가 출범하면서 본격적인 농산물 수입 시대가 시작됐습니다. 그전까지만 해도 농산물은 공산품과는 달

우리나라에 가장 많이 수입되는 바나나는 필리핀산이다.
생산지에서 소비지까지의 거리가 2,614km나 되기 때문에 탄소 발자국이 많이 발생한다.

리 많은 나라에서 수입을 규제하고 있었지만, 점점 농산물 이동의
국가 간 장벽이 무너졌습니다. 우리나라에도 바나나와 파인애플을
비롯한 외국 농산물이 내량으로 수입됐습니다. 바나나는 특히 사
람들에게 인기가 많았지요. 한 개에 1,000원 하던 것을 한 송이에
2,000원이면 살 수 있었으니, 바나나를 먹을 때마다 부자가 된 듯한
기분이 들었을 것입니다.

우리나라 소비자들이 값싸게 바나나를 먹을 수 있게 되어 다행
이라는 생각이 들 수도 있겠지만, 수입 바나나에는 환경과 관련된
중요한 문제가 있습니다. 바로 수송 과정에서 발생하는 탄소 문제
입니다. 먼 곳에서 배와 비행기를 타고 이동하는 수입 농산물은 우

리나라 식탁에 올라오기까지 많은 양의 화석 에너지를 사용하고, 이산화탄소를 심하게 배출해 환경에 부담이 큽니다. 기후 위기가 현실로 다가오는 상황에서, 이 같은 식품은 '탄소 발자국'이 높아 바람직하다고 할 수는 없지요.

그런데 탄소 발자국이 뭐냐고요? 탄소 발자국은 인간이 길 위에 남기는 발자국처럼, 인간이 지구의 대기에 남긴 온실가스의 흔적을 발자국으로 상징화한 개념입니다. 우리가 사용하는 제품이나 서비스의 생산, 유통, 사용, 그리고 폐기에 이르기까지의 모든 과정에서 나오는 온실가스 배출량을 대표 온실가스인 이산화탄소로 환산해 표시하지요. 탄소 발자국이 클수록 그 식품은 먼 거리를 이동해 왔고, 그만큼 운반하기 위해 석유를 많이 썼으며, 그만큼 지구온난화에 기여했다는 것을 뜻합니다. 따라서 지구의 환경 측면에서 보면 농산물의 탄소 발자국을 줄이는 것이 매우 중요합니다.

탄소 발자국을 줄이기 위해서는 가까운 곳에서 재배된 농산물을 소비해야 합니다. 그 농산물이 내 집 앞, 우리 동네 텃밭에서 키운 것이라면 더할 나위 없지요. 비록 텃밭에서 재배해 먹을 수 있는 것은 전체 먹거리의 작은 부분이라 할지라도, 일상에서 실천이 시작되었다는 것 자체가 의미 있습니다. 텃밭 농사는 의외로 효과가 큽니다. 농기계나 농약 사용이 적은 데다 텃밭의 작물이 이산화탄소를 흡수하고 산소를 방출해 실제로 환경에 도움을 주거든요. 경작하는 과정에서 환경에 대한 높은 인식이 생기는 것은 물론입니다.

텃밭의 오이도, 마을 공동체도 쑥쑥

농촌은 도시에 비해 활발한 마을 공동체가 존재합니다. 집과 직장이 떨어져 있는 도시와 달리, 농촌은 구성원의 일상생활이 이루어지는 공간이 대부분 일치합니다. 또한 한 지역에서 공동체를 이루고 살아갈 때 개인이 얻을 수 있는 이득이 도시에 비해 크기 때문에, 마을이라는 공간을 기반으로 한 공동체가 활성화되어 있습니다. 반면에 도시에 사는 사람들의 생활공간은 농촌에 비해 크게 확장되어 있습니다. 자신이 거주하는 마을이 아닌 취미나 관심사, 직장 등을 기반으로 한 폭넓은 공동체가 개인의 삶에 더 큰 비중을 차지하는 경우가 많지요. 도시에서 마을 공동체가 약한 것은 자연스러운 현상입니다.

물론 '전통적인 마을 공동체'라고 하면 도시와 동떨어져 세련되어 보이지 않고, 답답함이 느껴지는 사람도 있을 것입니다. 그런데 마을 공동체가 지닌 장점은 무척 큽니다. 서로서로 잘 아는 동네 사람들이 유대감을 나누며 친밀하게 살아가는 삶은 생각보다 큰 안정감을 주거든요. 마을 사람의 시선이 촘촘하기 때문에 거리도 더 안전하고, 가까운 곳에 사는 이들과 취미를 공유하거나 공통의 이익을 도모할 수 있다는 점도 편리하고요.

사실 어린아이나 노인, 전업주부처럼 마을에서 일상의 대부분을 보내는 이들은 이웃과의 관계가 삶의 질에 많은 영향을 줍니다. 이들이 농촌에 산다면 마을 공동체가 큰 힘이 될 수 있습니다. 하지만 오랫동안 도시에서 살아온 터라 이웃과 소통 없이 개별화된 삶에 익숙해져 있는 경우라면 이웃과 관계를 맺는다는 것은 말처럼 쉬운 일이 아닙니다. 이때 도시 텃밭이 매우 유용합니다. 도시 텃밭은 이웃과 함께하는 경험을 촉발합니다.

도시에 사는 많은 사람들은 동네에서 보내는 시간의 대부분을 개인의 공간에 머물거나 길을 지나가는 데 씁니다. 이웃과 마주하고 대화를 나눌 시간도 없을뿐더러, 그럴 공간도 마땅치 않습니다. 그런데 텃밭에 나와 작물을 가꾸다 보면 자연스럽게 이웃과 소통할 기회가 생깁니다. 텃밭은 이웃과 함께하는 시공간을 제공하니까요.

농사를 지어 본 경험이 많은 어르신들은 '텃밭 동지' 젊은이들에게 자신의 노하우를 알려 줄 기회를 갖습니다. 빠르게 변하는 세상에서 새로운 것을 배우느라 힘겨워했던 어르신들이 텃밭에서는 자신의 것을 나누는 사람이 되지요. 세대 간의 단절이 심해지는 요즘, 텃밭에서는 세대 공존이 자연스럽습니다. 농사 과정에서는 한 집의 노동력만으로 해결할 수 없는 문제가 종종 등장합니다. 이를테면 오이와 애호박, 참외와 같은 덩굴식물이 감고 올라갈 지지대를 만들기 위해서는 옆 텃밭 사람들과의 협력이 필요하지요. 또한 그렇게 수확한 농작물은 한 가족이 다 먹기에는 양이 매우 많습니다. 비슷한 시기에 동시다발적으로 많은 양의 수확물이 생겨나 보관하기도 어렵고요. 자연스럽게 이웃과 나누게 되는 것입니다. 실제로 도시농업시민협의회가 도시 텃밭 참여자 389명을 대상으로 한 설문

도시 농업은 주말농장이나 베란다·옥상 등을 활용한 텃밭, 상자 텃밭 등의 형태로 이뤄진다.
사진은 인천의 주말농장.

조사에서 응답자의 67.9%가 텃밭 농사를 하면서 이웃과의 만남과 대화가 늘었다고 답했습니다.[1]

도시 텃밭의 이런 속성은 마을에서 공동체를 꿈꾸는 사람들의 주목을 받고 있습니다. 마을 공동체를 활성화하기 위해 본격적으로 도시 텃밭을 활용하는 사람들이 늘어났지요. 이들은 텃밭에 관심 있는 주민들을 모으고, 동네에 텃밭을 가꿀 만한 땅이 있는지를 함께 찾아보는가 하면, 작물 키우는 방법을 함께 배우고 텃밭의 수확물을 이웃과 나누는 프로젝트를 기획합니다. 이때 텃밭은 마을 공동체를 활성화하고, 주민들이 자신의 동네에 더 많은 관심을 갖게 하는 촉진제 역할을 합니다.

텃밭 하나가 도시에 불러일으키는 활력이 상당하지요? 땅값 비싼 도시에는 농사지을 땅이 없을 것 같지만, 작은 텃밭이라면 가능합니다. 도시 곳곳에는 빈 자투리 공간이 꽤 많이 있거든요. 쇠퇴하는 구도심 같은 지역에는 빈집과 공터도 많고요. 도시를 가득 채우고 있는 건물 옥상도, 학교의 한쪽 귀퉁이도 텃밭으로 변신할 수 있습니다. 도시에서 텃밭 농사 한번 지어 보면 어떨까요?

꿀벌을 살려라!
도시 양봉

2019년 4월 15일, 프랑스 파리의 노트르담대성당에 큰불이 났습니다. 첨탑 보수공사를 위해 세운 임시 구조물에서 시작된 불은 첨탑과 지붕 3분의 2를 태운 채 진화됐습니다. 프랑스를 대표하는 고딕 양식 건축물로, 매년 1,300만 명이 찾을 정도로 사랑을 받던 노트르담대성당의 화재에 파리 시민들은 큰 충격을 받았습니다. 전 세계 사람들도 함께 안타까워했고, 성당 복원을 위해 써 달라는 기부금이 쇄도했지요.

성당의 화재는 사람들에게만 영향을 준 건 아니었습니다. 성당 지붕에는 벌통 3개에 약 20만 마리의 꿀벌이 살고 있었거든요. 꿀벌의 존재를 알고 있는 사람들은 꿀벌의 안전을 걱정했지요. 그런데 화재가 진압된 후 성당을 찍은 항공사진을 통해 벌통 세 개가 온전히 남아 있음이 확인됐습니다. 다행히도 꿀벌이 살고 있는 벌집은 화마가 비껴간 것이지요. 화재로 낙심했던 사람들에게는 불행 중 다행이었습니다.

그런데 왜 성당 지붕에 뜬금없이 꿀벌이 살고 있었냐고요? 이는 파리에서 벌인 '생물 다양성 프로젝트'의 일환이었습니다. 꿀벌의 개체 수가 줄어들자 이를 늘리기 위해 2013년 시 차원에서 오르세미술관, 그랑 팔레박물관, 파리국립오페라극장 등 시내 곳곳의 건물 지붕에 꿀벌을 키운 것이지요.

파리 노트르담대성당 옥상에서 발견된 벌통(빨간색 동그라미 부분).
화재 이후에도 건재해 이슈가 되었다.

수많은 생명이 그물처럼 얽혀 살아가고 있는 생태계에서 중요하지 않은 종은 없지만, 그중에서도 꿀벌은 특별합니다. 꽃을 피워 수정을 하는 식물의 번식에 꿀벌의 역할은 절대적입니다. 식량 자원의 90%를 차지하는 세계 주요 100대 농작물의 70%가 꿀벌의 수정에 의존하고 있을 정도니까요. 그 꿀벌의 멸종을 걱정하는 사람들이 늘어나고 있습니다.

2017년 유엔의 발표에 따르면, 전 세계 야생벌 2만 종 가운데 8,000종이 멸종 위기입니다. 지금의 추세라면 2035년이면 꿀벌이 멸종할 것이라는 절망적인 전망도 있습니다. 꿀벌의 멸종을 막아야 한다는 절박함이 생겼고, 이는 도시 양봉의 확산을 불러왔습니다. 앞서 언급한 파리뿐만 아니라 뉴욕, 런던, 도쿄 등 전 세계 대도시에서도 도시 양봉이 확산되고 있습니다.

서울시도 정책적으로 도시 양봉을 늘려 가고 있습니다. 2012년 서울시청 옥상에 5개의 벌통을 시작으로 공원과 텃밭 양봉장 등에 300여

어반비즈는 노들섬, 서울연구원, 명동 유네스코빌딩, 서대문구청, 서울대학교,
어린이대공원 등 8곳에 벌통 70개를 설치했다. 사진은 서울 명동에 위치한
유네스코빌딩 옥상의 양봉장 모습.

개의 벌통을 놓았습니다. 도시 양봉에 대한 관심이 높아지면서, 도시
양봉가 그룹 '어반비즈서울'과 같이 도시 양봉을 지원하는 민간 기업도
생겼습니다. 이제 도시 양봉을 꿈꾸는 사람이라면 지자체나 민간 기업
의 도움을 받아 도시에서 벌을 키울 수 있습니다.

전통적으로 양봉은 꿀을 얻기 위한 일이었습니다. 하지만 도시 양봉은
꿀보다는 꿀벌의 생태계 복원에 더 관심이 많습니다. 꿀벌의 수가 많으
면 주변 꽃의 발화율이 높아집니다. 꽃이 많이 피면 열매를 맺는 식물
이 늘어나고, 곤충과 새들도 자연스럽게 모여들겠지요. 꿀벌을 통해 궁
극적으로는 도시 생태계를 살리려는 것입니다. 물론, 꿀벌이 모아 오는
꿀의 달콤함도 덤으로 얻을 수 있습니다.

19

자전거,
당위와 필요 사이

#자전거도로 #보도 #차도 #자전거 보관소

피켓보다 나은 방법은 없을까

자가용 자동차 중심의 교통 체계에서 오는 폐해는 심각합니다. 대기오염과 교통 체증을 유발하고, 한두 명의 이동과 주차를 위해 과도한 도시 공간이 할당됩니다. 이를 해결하기 위한 정책은 크게 세 가지 방향으로 나아갔습니다. 첫 번째는 도심 주차 요금을 올리고 혼잡 통행료를 징수하는 등의 방식으로 자가용 승용차 이용을 억제하는 것입니다. 두 번째는 대중교통을 편리하고 쾌적하게 만들어 대중교통의 이용률을 높이는 것이고요. 그리고 마지막 세 번째는 자전거 이용을 활성화시키는 것입니다.

그렇다면 많은 사람들이 자전거를 타게 하기 위해서는 어떻게 해야 할까요? '자전거 이용 캠페인'을 벌이는 일도 하나의 방법입니다. "지구를 위해 자전거를 탑시다!", "당신의 두 바퀴가 미세 먼지로부터 아이들을 지켜 낼 수 있습니다!" 같은 피켓을 들고 거리에 나오거나 전단지를 나눠 주는 것이지요. 행동을 바꾸면 환경에 이로우니, 자동차 대신 자전거를 타자고 사람들을 설득하는 방법입니다. 캠페인이 마음을 움직여 누군가가 생각을 바꾸고, 그 생각에 따라 행동하는 사람들이 늘어나는 건 좋은 일입니다.

하지만 아무리 가치 있는 행동이라도 그 일을 하는 것이 힘들거나 개인에게 이득이 되지 않는다면 지속되기 어렵습니다. 캠페인보다 더 좋은 방법은 자전거를 타기 좋은 환경을 만드는 것입니다. 더 나아가 자동차를 이용하는 것보다 자전거를 이용하는 것이 더 이득이 된다면, 캠페인을 하지 않아도 사람들이 행동을 바꾸게 됩니다.

자전거도로 수난 시대

우리나라의 도시에 자전거도로, 자전거 보관대와 같은 자전거 이용 인프라가 본격적으로 설치된 것은 1995년 '자전거이용 활성화에 관한 법률'이 제정되면서부터입니다. 이 법률은 우선 그동안 사각지대에 있었던 자전거에 적합한 법적 지위를 부여했고, 자전거도로를 설치할 법적 근거를 만들었습니다. 그 전까지만 해도 자전거는 자동차와 같은 '차마(車馬)'로만 분류되어 있었습니다. 자전거는 자동차와 같이 차도로 다녀야 했고, 자동차에 준하는 법을 적용받았다는 뜻입니다.

하지만 현실적으로 자전거는 자동차와는 많이 달랐습니다. 자전거는 차도로 다녀야 했지만, 차도에는 자전거보다 훨씬 빠른 자동차가 자전거를 위협하며 쌩쌩 달리고 있었습니다. 차도 위의 자전거는 늘 사고 위험에 노출되었습니다. 결국 많은 자전거는 인도와 차도를 오르내리며 거리를 통행했습니다. 하지만 만약 자전거가 인도를 달리다 사고를 내면, 자동차가 인도에서 사람을 친 셈이 되었습니다. 이런 부조리를 해결할 법률이 필요했지요.

제정된 법률에는 자전거 통행 방법, 횡단보도 이용 방법, 자동차의 자전거 통행 보호 의무 등의 내용이 담겨 있었습니다. 또한 자전거 이용 시설에 대한 규정도 들어 있었습니다. 자전거도로를 설치하기 위한 법률적 근거가 필요했거든요. 법률에 명시되어 있지 않은 시설을 세금을 들여 마음대로 만들 수는 없었습니다. 어쨌든 법률의 제정으로 이제 자전거도로를 만들 수 있게 됐습니다.

자, 이제 자전거의 법적 지위도 부여됐고, 자전거도로를 만들 수 있는 근거도 만들어졌습니다. 또 환경을 위한 일이라는 대의명분까지 있었으니, '자전거이용 활성화에 관한 법률'이 제정된 1995년 이후 전국의 도시에서 자전거도로 설치 붐이 일었습니다. 전국의 지자체들은 앞다투어 자전거도로를 만들었고 "작년 한 해 ○○km의

인도에 설치된 자전거·보행자 겸용도로. 사진처럼 자전거 길을 따로 표시하기도 하고, 별도의 구분이 없기도 하다. 우리나라의 자전거도로 중 자전거·보행자 겸용도로는 76.42%이다.

자전거도로를 설치했다."라는 보도 자료가 친환경 정책의 성과로 발표되었습니다. 하지만 그 속사정은 형편없었습니다. 자전거도로 대부분이 인도에 만들어졌거든요.

자전거 이용 활성화의 목적이 자가용 승용차의 교통 수요를 자전거로 전환시키는 것이었다면, 자동차에 할당된 공간을 자전거에 내주는 방향으로 자전거도로가 설치되어야 했습니다. 하지만 거의 대부분의 자전거도로는 인도에 줄을 긋는 형식으로 만들어졌습니다. 가뜩이나 열악한 인도를 놓고 보행자와 자전거가 경쟁하는 구도가 만들어졌습니다. 인도에 줄을 그어 자전거도로를 만들기는 했지만, 정작 길을 걷는 사람들은 자신이 걷고 있는 길이 자전거도로

자전거전용도로의 모습. 자전거만 통행할 수 있도록 분리대를 설치해
차도 및 보도와 구분하고 있다.

로 바뀌었다는 사실을 잘 인식하지 못했습니다. 자전거 운전자는
자전거도로를 가로막고 천천히 걷는 보행자에게 화를 냈고, 보행자
는 위협적인 자전거에 깜짝 놀랐습니다. 현실이 이러했지만, 자전거
도로를 만든 지자체들에 그 현실은 별로 중요하지 않았습니다. 어
쨌든 숫자로는 자전거도로가 늘었고, 연말이면 "작년 한 해 ○○km
의 자전거도로를 설치했다."라고 발표할 수 있었으니까요. 보도에
줄 긋기는 한동안 멈추지 않았습니다. 사람들로 가득한 종로의 보
도에도 자세히 들여다보면 자전거도로 표시가 있었을 정도지요. 결
국 자전거도로 건설에 2,500억 원을 쓴 다음인 2015년에 가서야 행
정자치부는 자전거도로 일제 정비 계획을 발표해 폭 2m가 되지 않

는 보행로에 설치된 자전거도로를 원상 복구하겠다고 발표했습니다.[1]

한쪽에서는 차도를 줄여 자전거도로를 설치하기도 했습니다. 만약 기존에 4차선의 차도가 있었다면, 그중 차선 하나를 줄이고 도로 끝에 자전거도로를 설치하는 식이었습니다. 자전거의 교통 분담률을 높이는 것이 정책 목표였으니 방향은 잘 잡았습니다. 하지만 이 역시 더욱 세심한 접근이 필요했습니다. 많은 예산이 투입되어 도로 한쪽에 만든 번듯한 자전거도로 위에도 자전거가 그리 많지 않았습니다. 이미 우리 도시는 자동차 중심으로 교통 체계가 짜여 있었고, 많은 사람들은 자동차를 타고 생활할 것을 전제로 집과 직장의 위치를 정했기 때문에 자전거도로가 생겼다고 해서 곧바로 자전거를 교통수단으로 바꾸는 사람이 별로 없었던 것이지요.

3차선 도로에 자동차 수백 대가 지나갈 때, 자전거는 고작 한두 대가 지나갔습니다. 줄어든 차선 때문에 자동차 도로는 막히고, 새로 생긴 자전거도로는 비어 있었습니다. 자동차 운전자들은 이용하는 사람도 없는 자전거도로를 만들어 자동차 이용을 불편하게 만들고 세금까지 낭비했다고 생각했습니다. 사람들의 항의가 잇따랐습니다. 결국 차선을 줄이고 설치한 자전거도로의 상당수는 원래대로 돌아갔습니다. 도로 폭을 줄이고 수백억 원을 들여 만든 인천 연수구, 남동구 일대의 자전거도로는 수억 원을 들여 8년 만에 원상 복구했습니다.[2] 서울 군자역에서 어린이대공원역 방향 900m의 자전

자전거가 통행의 우선권을 갖는 자전거우선도로.
하지만 아직 자동차 운전자들의 인식이 부족하다.

사진의 횡단보도는 자전거를 타고 건널 수 있는 횡단보도다.
이와 같이 별도의 표시가 없으면 자전거에서 내려 끌고 가야 한다.

거도로도 마찬가지입니다.[3] 대전 대덕대로의 차도를 줄이고 설치된 자전거도로 역시 이용자가 거의 없자 1년 4개월 만에 차도로 복구됐습니다.[4]

왜 이런 일이 일어났을까요? 위치 선정이 가장 큰 문제입니다. 자전거도로 자리로 가장 먼저 고려해야 하는 장소는 기존의 자전거 이용자가 많은 곳입니다. 앞서 말했듯이 자전거도로를 만든다고 해서 당장 자전거 이용자가 늘어나는 건 아니기 때문이지요. 하지만 면밀한 조사 없이 '차도를 줄여 자전거도로를 만든다'는 명분을 좇아 자전거 이용자가 거의 없는 지역에 자전거도로를 설치하는 바람에 이런 불편과 세금 낭비가 있었던 것입니다.

이런 일을 겪게 되자 많은 사람들이 차선을 줄여 자전거도로를 만드는 것에 부정적인 생각을 갖게 됐습니다. 그리하여 이제는 지자체에서도 시가지의 도로에 자전거도로를 설치할 엄두를 못 내고 있습니다.

1995년의 법률 제정을 계기로 우리 사회에 일었던 자전거 이용 활성화 붐은 별다른 성과 없이 지나갔습니다. 레저용 자전거 이용은 크게 늘었지만, 교통수단으로써의 자전거의 역할은 여전히 미미합니다. 자전거의 수송 분담률은 2000년 1.37%에서 2015년 1.43%가 되었고,[5] 최근까지도 1.4% 대를 유지하고 있습니다. 사실상 제자리걸음입니다.

이 구역에선 자전거가 제일 빨라

하지만 도시의 모든 곳에서 자전거가 외면받고 있는 것은 아닙니다. 자전거가 다른 교통수단에 비해 경쟁력이 있는 곳도 많습니다. 제 경험을 한번 말씀드리지요.

대학생 시절, 저의 집과 학교 사이의 거리는 4.2km였습니다. 자가용 승용차, 지하철, 자전거가 제가 이용할 수 있는 교통수단이었습니다. 가난한 학생 시절이었으니 자가용 승용차는 제게 경제적으로 너무 큰 부담이었습니다. 그러니 일찌감치 자가용 승용차는 탈락입니다. 지하철은 중간에 한 번 갈아타야 했습니다. 다행히 그리 멀지는 않아 30분이면 학교에 갈 수 있었습니다. 하지만 자전거를 타면 20분 만에 갈 수 있습니다. 바람을 맞으며 학교에 가면 기분도 좋아지고, 운동도 되고, 차비도 아낄 수 있고, 무엇보다 가장 빨랐지요. 특별한 일이 없으면 저는 자전거를 타고 학교에 갔습니다.

제가 집에서 학교까지 자전거를 타고 갔던 이유는 지구를 지키기 위해서라기보다는 그것이 가장 경쟁력 있는 교통수단이었기 때문입니다. 물론 가슴 한편에 뿌듯한 마음도 있었습니다. 이처럼 먼거리를 출퇴근하는 직장인보다는 가까운 학교나 학원을 가는 청소년, 학생들이 자전거를 교통수단으로 훨씬 많이 이용합니다. 시내 중심부에 있는 곳으로 쇼핑을 갈 때는 자전거를 잘 이용하지 않지만, 집 근처 동네에서 간단한 장을 볼 때는 자전거를 많이 이용합니다. 지하철을 주로 타는 사람 중 지하철역까지 가는 거리가 걷기에는 좀 멀고, 버스를 탔다가 환승하기에는 시간이 오래 걸리는 사람들은 자전거를 타고 지하철역까지 가는 것이 가장 빠릅니다. 이럴 때는 자전거를 이용하지 말라고 해도 이용합니다. 이렇게 자전거가 교통수단으로 경쟁력이 있는 곳에 쾌적한 자전거도로가 만들어지면 자전거 이용자는 크게 늘어날 것입니다.

자전거 환영! 필요가 현실을 바꾸다

건대입구역 인근 지역은 서울에서도 자전거 이용이 꽤나 활성화된 지역입니다. 거창한 이유가 있는 것은 아닙니다. 그 지역 사람들이 환경을 훨씬 더 소중히 생각해서가 아니라, 자전거를 타는 것이 다른 교통수단보다 더 유용했기 때문이거든요.

일단 건대입구역 근처는 평지입니다. 여기에 자동차가 많이 다니지 않는 골목도 있고, 큰길가에는 인도가 넓어 자전거 타기에 좋았습니다. 게다가 넓은 인도와 구분되어 있는 깔끔한 자전거도로까지 갖춰져 있습니다. 조금만 가면 자전거를 타기 좋은 한강이 있어서, 그 동네 사람들은 자전거 문화에 익숙합니다. 또 대학교, 쇼핑몰, 은행, 먹자골목, 학원 등 다양한 시설이 인근 5km 이내에 모여 있습니다. 연구 결과에 따르면 도시에서 5km 정도의 거리를 이동할 때는 자전거가 자동차보다도 더 빠르게 목적지까지 갈 수 있습니다.

2007년 이 지역에 멀티플렉스 극장, 대형 할인점 등이 입점한 스타시티라는 쇼핑몰이 문을 열었습니다. 스타시티가 문을 열 당시,

건대입구역 중 스타시티가 위치한 블록 쪽에는 268대를 수용할 수 있는 자전거 보관소가 길을 따라 설치되어 있었습니다. 이것으로도 모자라 100여 대의 자전거가 인근 가드레일을 따라 주차될 만큼 이 동네는 자전거 이용이 많았습니다.

이 쇼핑몰은 지역 사람들이 자전거를 많이 이용하는 것에 주목했습니다. 자전거 이용자를 잠재적 고객으로 생각해, 쇼핑몰 한쪽에 80여 대의 주차가 가능한 대형 자전거 보관소를 만들었지요. 스타시티의 자전거 보관대에는 60~100여 대의 자전거가 빠른 회전율을 보이며 세워져 있었습니다. 당시는 대부분의 쇼핑몰이 한쪽 구석에 작은 자전거 보관대를 형식적으로 설치하던 시절이었습니다. 그렇게 설치된 자전거 보관대도 대부분 비어 있거나 오랫동안 방치된 자전거가 자리만 차지하고 있는 경우가 많았지요. 하지만 스타시티의 자전거 보관대는 완전히 달랐습니다. 죽어 있는 자전거 보관대가 아니라 살아 움직이는 곳이었습니다. 길가에는 자전거 타는 사람들을 형상화한 색색의 조형물을 설치해, 자전거 이용자들의 발걸음을 더욱 경쾌하게 했습니다.

쇼핑몰의 예상대로, 스타시티에 온 사람들은 자전거 보관대를 활발히 이용했습니다. 스타시티는 자전거 이용자를 주요한 고객으로 대접했지요. 한 명의 직원이 자전거 보관대 주변에 상주하면서 자전거 보관대를 관리했습니다. 손님들은 도난의 위험 없이 자전거를 주차해 놓고 쇼핑몰을 맘 편히 이용했습니다. 저는 스타시티가 문

건대 스타시티의 자전거 보관소. 건물 구석에 형식적인 자전거 보관소를 설치해 놓는
많은 상업시설과 달리, 넓고 쾌적한 보관소를 설치하고 적극적으로 관리해
많은 손님들이 자전거를 이용하고 있다.

을 연 2007년 여름, 자원봉사자 학생들과 함께 스타시티를 이용하는 자전거 이용자 수를 세어 본 적이 있습니다. 평일 오전 10시 30분부터 오후 4시 30분까지, 총 5일 동안 하루 평균 202대의 자전거가 스타시티를 찾았습니다. 당시 만났던 손님들은 자전거 이용이 편해서 이곳을 자주 찾는다고 말했습니다. 고객의 수요를 정확히 파악하고 그에 따라 대처한 결과, 쇼핑몰 이용률도 높이고 고객 만족도도 높일 수 있었던 것이지요.

같은 시기, 스타시티 길 건너에는 한 은행이 있었습니다. 지역의 특성을 반영하듯 이 은행 역시 자전거를 이용하는 사람들이 많았습니다. 하지만 이 은행에는 자전거 보관대가 하나도 없었습니다. 반면에 자동차 7대가 주차할 수 있는 주차장은 마련되어 있었습니다. 그럼 이 은행을 방문한 사람 중 자전거 이용자가 많았을까요, 자동차 이용자가 많았을까요?

스타시티의 자전거 이용자를 세었던 방식으로 이 은행을 이용하는 자전거와 자동차 이용자를 세어 봤습니다. 113명의 자전거 이용자가 은행을 방문할 때 자동차 이용자는 21명에 불과했습니다. 은행을 방문하는 고객 중 자전거 이용자 수가 자동차 이용자 수의 5배를 훌쩍 넘겼습니다. 그러나 이곳에 자전거 이용자를 위한 시설물이 없었기에, 사람들은 분실 위험을 감수하며 은행 앞에 자전거를 주차했습니다. 몇몇은 은행 맞은편 가드레일에 자전거를 묶어 놓았습니다. 113명이 불편하게 자전거를 이용하는 동안 21명은 주차장에 차를 주차하고 편안하게 은행 업무를 보았습니다.

은행 업무를 보는 시간은 길어야 30분을 넘기지 않습니다. 이는 자전거의 회전율이 매우 빠름을 의미합니다. 그렇게 따져 보면, 113명이 자전거를 이용하기 위해 필요한 자전거 보관대는 5대 정도면 충분합니다. 실제로 관찰했을 때 한 번에 가장 많은 자전거가 세워진 것은 6대였습니다.[6] 그런데 1대의 자동차를 주차할 수 있는 공간이면, 5대의 자전거를 보관할 수 있는 자전거 보관대를 충분히 마련할 수 있습니다. 이 경우 이용자들은 자전거 보관대 설치를 요구할 수 있습니다. 이는 '환경을 위해 은행이 희생하라'가 아니라, '실제 자전거 이용 고객이 많으니 고객을 위한 시설을 확충하라'는 정당한 요구입니다. 거창한 이념을 내세운 주장이 아니라, 실생활에 근거한 개선 요구는 받아들이는 쪽에서도 수긍하기 쉽습니다.

자전거 이용 활성화를 위한 정책을 펴기 위해서는 수요 조사가 선행되어야 합니다. 수요가 많은 곳에서 자전거 이용자들의 당연한 권리를 찾고, 실제 도시의 효율을 높이는 방식으로 시작해야 합니다. 그 후 해당 지역을 중심으로 자전거 이용자가 점점 더 늘어나면, 그 흐름이 도시 전체로 확산할 수도 있을 것입니다.

제가 지금 사는 동네는 아라뱃길을 따라 자전거도로가 지나갑니다. 이 자전거도로는 한강과도 연결되어 있고, 끝까지 가면 바다를 볼 수 있습니다. 저희 동네는 아라뱃길에 맞닿아 있는 몇 안 되는 마을 중 하나입니다. 자전거족들이 오며 가며 중간에 들러서 휴식을 취하고, 고픈 배를 채우기에 딱 좋은 위치지요. 그래서 아무도 시키지 않았고 법으로 강제한 적도 없지만, 동네의 추어탕 가게와 짬뽕집에는 멋진 자전거 보관소가 있습니다. 그리고 식당 안팎에는 이렇게 적혀 있습니다. "MTB 환영."

수요가 있으면, 자연스러운 변화가 시작됩니다. 시민들의 행동을 바꾸고 싶다면, 당위를 역설하기보다 먼저 수요를 늘릴 수 있는 방법을 찾는 것이 좋습니다. '필요'하지 않은 일에 '당위'를 갖고 들어가면 실패하기 십상입니다.

전동 킥보드는
대안이 될 수 있을까

앞서 살펴봤듯이 자전거는 오랫동안 존재를 부정당해 왔습니다. 엄연히 자동차나 보행자와는 다른 특성으로 거리를 오갔지만, '차마'로 규정된 채 법률의 사각지대에 놓여 있었지요. 1995년에 들어와서야 자전거에 걸맞은 법적 지위가 부여됐고, 자동차 중심의 교통 체계를 극복하기 위한 수단으로 자전거가 주목받았습니다.

최근에는 아예 전에 없던 교통수단이 등장했습니다. 2000년대 들어 세그웨이, 전동 휠 등 전기 전동 장치를 탑재한 개인형 교통수단이 조금씩 거리에 보이기 시작하더니, 2010년대 말에는 공유형 전동 킥보드 회사의 성장과 확대로 거리를 달리는 전동 킥보드가 급격히 증가했습니다. 서울시 자료에 따르면, 2018년 150대에 불과했던 공유형 전동 킥보드는 2020년 3만 5,850대로 급증했습니다. 모바일 빅데이터 플랫폼인 모바일인덱스에서는 전동 킥보드 관련 앱 사용자가 2019년 4월 3만 7,294명에서 1년 만에 21만 4,451명으로 급증했다고 밝혔습니다. 특히 교통 체증이 심하고 젊은 직장인이 많은 강남 3구의 앱 사용자가 서울 전체 사용자의 40%에 이르는 것으로 분석됐습니다. 전동 킥보드가 자동차 중심 교통 체계의 대안이 될 수 있다는 가능성이 엿보이는 대목입니다.

자전거와 전동 킥보드는 도시에서 운영하기에 따라 보행자의 안전을 위협하는 흉기가 될 수도, 자동차 중심 교통 체계의 대안이 될 수도 있다.

하지만 우리 도시는 이들의 존재를 받아들일 준비가 되어 있지 않았습니다. 25년 전 자전거처럼 전동 킥보드도 처음에는 차도와 인도를 오르내리는 '차마'였습니다. 역시 예전의 자전거처럼 인도에서 보행자를 위협하고, 차도에서 자동차의 위협을 받았지요. 삼성교통안전문화연구소의 자료에 따르면, 2016년 46건이던 전동 킥보드 교통사고 접수 건수는 2020년 상반기에만 886건으로 증가했습니다. 주차에 대한 규칙도 없어서 인도 여기저기에 세워 놓은 전동 킥보드가 사람들의 통행을 방해했습니다. 법과 현실의 괴리 속에서도 전동 킥보드는 늘어났고, 공유형 전동 킥보드 사업은 불안정하게 확대됐으며, 보행자들은 불편을 겪었습니다.

2020년 5월 21일, 드디어 전동 킥보드를 비롯한 개인형 이동 장치(Personal Mobility)에 자전거와 같은 법적 지위를 부여하는 도로교통법 개정안이 국회를 통과했습니다. 오토바이와 같던 개인형 이동 장치의 법적 지위는 자전거와 비슷해졌습니다. 2020년 12월부터 안전 규정의

준수를 전제로 자전거도로를 이용할 권리가 생겼습니다. 이듬해 5월부터는 면허증 보유자만 전동 킥보드를 탈 수 있고, 안전모도 반드시 써야 하는 등 이용 요건이 강화되었고요. 전동 킥보드의 심각한 주차 문제에 대한 규칙도 몇몇 지자체에서 마련되고 있습니다.

법률의 개정은 도시의 변화로 이어질 가능성이 높습니다. 우리 도시는 또 한 번 자가용 승용차 중심의 교통 체계를 벗어날 기회를 맞게 됐습니다. 자전거와 개인형 이동 장치가 함께하는 지금의 상황은 자전거 홀로 분투했던 15년 전보다 훨씬 낫습니다. 이제 자전거와 개인형 이동 장치가 다니는 길이 도시 곳곳에 만들어질 것입니다. 어디에, 어떻게 만들어야 할까요? 자전거의 실패를 곱씹어야 합니다.

주

첫 번째 이야기
편하디편한 도시 생활, 이대로 괜찮은 걸까?

─────────

#01. 자동차 시대에 던지는 질문, 도로의 주인은 누구인가

1. 고준호, 「도시환경 개선: 고가도로 철거 사업」, 서울정책아카이브(seoulsolution. kr), 2015.
2. 이광훈, 『서울 교통 정책 변천사』, 서울연구원, 2017, 16~54쪽.
3. 도로교통공단, 「2013년 판(2012년 통계) 교통사고 통계 분석」, 2013, 46쪽.
4. 도로교통공단, 「2019년 판(2018년 통계) 교통사고 통계 분석」, 2019, 26쪽.
5. 최성용·이소애, 「길이 대부분이네」, 《걷고싶은도시》 제80호, 2014, 28~30쪽.

#02. 아파트 공화국, 무엇을 얻고 무엇을 잃었을까

1. 봉인식·김도년, 「아파트 단지 건설을 통해서 본 한국과 프랑스 주택정책 비교 연구」, 《국토계획》 제38권 제6호, 대한국토·도시계획학회, 2003, 35~45쪽.
2. 발레리 줄레조, 『아파트 공화국』, 길혜연 옮김, 후마니타스, 2007, 28~42쪽.

#03. 쓰레기, 내 눈앞에서만 사라지면 끝일까

1. 환경부·한국환경공단, 「전국 폐기물 발생 및 처리 현황(2018년도)」, 2019, 6~9쪽.
2. 위의 글, 25쪽.
3. 정원숙·김숙진, 「수도권매립지 입지 갈등의 전개: 네트워크 효과로서의 영역 개념을 중심으로」, 《대한지리학회지》 제51권 제4호, 2016, 547쪽.
4. 환경부, 「자원 순환 사회로의 전환, "미래 세대를 위한 선택"」, 《환경정책Briefs》 제5권, 2015, 22쪽.

#04. 전기가 들어오기까지, 그 기나긴 여정의 불편한 진실

1. 「'전력 대란' 공포⋯되돌아본 2003년 美 '블랙아웃'」, 《연합뉴스》, 2013. 8. 11.
2. 김우창, 「밀양 765kV 송전탑 건설을 둘러싼 한전의 갈등 관리 전략과 마을 공동체의 변화」, 서울대학교 환경대학원, 2018, 46~53쪽, 65~112쪽.
3. 산업자원부 전력산업과, 「제2차 전력 수급 기본 계획(2004~2017년)」, 산업자원부 공고 제2004-285호, 2004, 69쪽.
4. 에너지경제연구원, 「2019년 지역별 전력 수급 현황」, 《KEEi》 제15호, 2020.
5. 김우창, 앞의 글, 118쪽.

#05. 밤을 잊은 도시, 24시간은 누구에게나 평등할까

1. 김영선, 『과로 사회』, 이매진, 2013, 109쪽.
2. 이아영·황남희·안준석·안영, 「자영업 가구 빈곤 실태 및 사회보장 정책 현황 분석」, 한국보건사회연구원, 2019, 84쪽.
3. 박진욱, 「국내 야간 노동 및 건강 문제 실태」, 《대한직업환경의학회 학술대회 논문집》, 2011, 72~77쪽.
4. 「"아침이 있는 삶"⋯청소 미화원 근무 '오전 6시부터'」, 《KBS》, 2020. 1. 8.
5. 정기성, 「활력 있고 안전한 24시간 런던을 만드는 밤의 황제」, 《걷고싶은도시》 2017년 여름호, 2017, 14~18쪽.
6. 이상헌, 『우리는 조금 불편해져야 한다』, 생각의힘, 2015, 176쪽.

두 번째 이야기
우리 도시의 공생 지수, 초록불일까? 빨간불일까?

─────────

#06. 도시가 기억해야 할 이주민의 삶

1. 이전, 「한인들의 미국 이민사」, 《문화역사지리》 제14권 제1호, 2002, 115쪽.
2. 외교부, 「재외 동포 현황 2019」, 2020, 14쪽.
3. 박경숙, 「인구 부문의 주요 변화」, 《한국의 사회 동향 2008》, 통계청·통계개발원, 2008, 16쪽; 통계청, 「2019년 이민자 체류 실태 및 고용 조사 결과」, 2019.
4. 법무부 출입국·외국인정책본부, 「2019년도 출입국·외국인 정책 통계 연보」,

2020, 38쪽.

5. 서울열린데이터광장(data.seoul.go.kr), 「서울시 주민등록인구 (동별) 통계」, https://data.seoul.go.kr/dataList/10727/S/2/datasetView.do.

6. 통계청, 「장래인구 특별 추계: 2017~2067년」, 2019, 36쪽.

7. 「코로나發 '中포비아'의 역설…대림동·안산 오히려 '안전'」, 《뉴스1》, 2020. 3. 3.

#07. 장애가 장애 되지 않는 도시를 향해

1. 무장애연대 홈페이지, https://accessrights.or.kr.

2. 「'배리어 프리'로 차별 없이…궁궐·왕릉 무장애 공간으로 조성」, 《뉴시스》, 2020. 2. 18.

3. 「횡단보도 51곳 중 1곳만 시각장애 음향신호기 제대로 설치」, 《연합뉴스》, 2017. 11. 1.

4. 서울시(서울시 보도 자료), 「장애인 직접 걸으며 '보도 불편 전수조사'… 올해 서울 전역 마무리」, 2020. 3. 19.

#08. 도시에서 반려동물과 사는 법

1. 지인배·김현중·김원태·서강철, 「반려동물 연관 산업 발전 방안 연구」, 한국농촌경제연구원, 2017. 10; 박지혜, 「국내 펫코노미 시장의 현황과 시사점」, 《KIET산업경제》 2017년 7월호, 산업연구원, 2017.

2. 「멍멍아, 놀러 가자. 공짜 '개 놀이터'에~」, 《한겨레》, 2019. 2. 13.

#09. 하늘길, 물길, 땅길, 올킬

1. 오광일·김동필·최송현, 「생울타리의 종에 따른 소음 감소 효과에 관한 연구」, 《한국환경생태학회지》 제23권 제3호, 2009, 273쪽.

2. 최태영, 『도로 위의 야생동물』, 국립생태원, 2016, 70쪽.

3. 「국내 최초 투명 방음벽 세운다」, 《중앙일보》, 1992. 10. 24.

4. 국립생태원 생태통로네트워크 홈페이지, https://wildlifecrossing.nie.re.kr/stats/InstallStats.do.

5. 국가어도정보시스템 홈페이지, https://www.fishway.go.kr/fishWayStat/fishWayInstall.do.

#10. 도시 생활자가 된 동식물 이야기

1. 김해경, 「일제강점기 경성 내 가로수에 대한 일고찰」, 《서울과 역사》 제98호, 서울역사편찬원, 2018, 145~185쪽.

2. 제니퍼 애커먼, 『새들의 천재성』, 김소정 옮김, 까치글방, 2017, 332~339쪽.

3. 송인주, 「조류 도심 유입 위한 서식환경 개선 방안」, 서울연구원, 2015, 74~78쪽.

세 번째 이야기
도시 개발, 어떻게 해야 지속가능할까?

#12. 콘크리트 덮인 땅, 빗물은 어디로 가야 하나

1. 환경부·한국환경공단, 「전국 불투수 면적률 조사 및 개선 방안 연구」, 2013, 59쪽.

2. 위의 글, 243~249쪽.

#13. 도시 하천, 덮을까? 열까?

1. 염태영, 「수원천 되살리기 운동」, 《도시와빈곤》 통권 34호, 1998, 149~155쪽.

#14. 그린벨트, 왜 자꾸 줄어드는 걸까

1. 장세훈, 「그린벨트의 정치사회학: 그린벨트 해제의 사회 동학을 중심으로」, 《경제
   와 사회》 제63호, 비판사회학회, 2004, 65~99쪽.

2. 김예성·장경석, 「3기 신도시 정책의 특징과 향후 과제」, 《이슈와논점》 제1713호,
   국회입법조사처, 2020.

#15. 이제 그곳엔 갯벌이 없다

1. 염형철, 「시화호 20년, 우리는 무엇을 배워야 하나?」, 《환경과생명》 2007년 9월
   호, 129~150쪽.

2. 해양수산부, 「해양생태계 기본 조사 2012」, 2013.

3. 김용하, 「인천의 간척과 도시 개발」, 국립민속박물관, 2018, 15쪽.

4. 위의 책, 136~144쪽.

5. 위의 책, 24쪽.

네 번째 이야기
작은 실험이 도시를 바꿀 수 있을까?

———————

#16. 버려진 도시 건축물에 숨을 불어넣는다면
1. 김정후, 『발전소는 어떻게 미술관이 되었는가』, 돌베개, 2013.
2. 최성용, 『우리가 도시를 바꿀 수 있을까?』, 동아시아, 2020.

#17. 그들은 왜 담장을 허물었을까
1. 김은희·김경민, 『그들이 허문 것이 담장뿐이었을까?』, 한울, 2010.
2. 박경돈·박민정, 「지방자치단체 담장 허물기 사업의 정책 효과 분석: 범죄 예방 효과를 중심으로」, 《지방정부연구》 제14권 제1호, 2010, 209쪽.

#18. 도시에서 텃밭 농사 지어 볼까
1. 도시농업시민협의회, 「도시 농업에 대한 서울 시민 인식 조사」, 2013.

#19. 자전거, 당위와 필요 사이
1. 「2,500억 쏟아붓더니…'자전거도로' 원상 복구, 세금은?」, 《JTBC》, 2015. 3. 24.
2. 「200억 들인 인천시 자전거도로, 2억 들여 8년 만에 철거」, 《중부일보》, 2017. 5. 16.
3. 「자전거도로를 만들어 놓기만 해서야」, 《한국경제》, 2013. 5. 10.
4. 「대전 대덕대로 자전거도로 철거」, 《동아일보》, 2011. 3. 21.
5. 통계청, 「자전거 수단 분담률(통근통학 인구수 기준, 2000~2015)」
6. 걷고싶은도시만들기시민연대, 「가게 앞 자전거」, 2007, 60~70쪽.

참고문헌

단행본

고정희 외, 『텍스트로 만나는 조경』, 나무도시, 2007.

국립수목원, 『한국의 가로수』, 국립수목원, 2012.

김경희·변미리 외 4명, 『도시의 잃어버린 시간을 찾아서』, 서울연구원, 2016.

김영민 외 12명, 『공원을 읽다』, 나무도시, 2010.

김영선, 『과로 사회』, 이매진, 2013.

김영선, 『누가 김 부장을 죽였나』, 한빛비즈, 2018.

김용하, 『인천의 간척과 도시 개발』, 국립민속박물관, 2018.

김은희·김경민, 『그들이 허문 것이 담장뿐이었을까?』, 한울, 2010.

김정후, 『발전소는 어떻게 미술관이 되었는가』, 돌베개, 2013.

로리 윙클리스, 『사이언스 앤 더 시티』, 이재경 옮김, 반니, 2017.

류경희, 『공동육아, 이웃이 있는 가족 이야기』, 또하나의문화, 2004.

리처드 세넷, 『짓기와 거주하기』, 김병화 옮김, 김영사, 2020.

리처드 플로리다, 『도시는 왜 불평등한가』, 안종희 옮김, 매일경제신문사, 2018.

마이클 샌델, 『정의란 무엇인가』, 김명철 옮김, 와이즈베리, 2014.

모종린, 『골목길 자본론』, 다산북스, 2017.

박대근, 『보도블록은 죄가 없다』, 픽셀하우스, 2018.

박소현·최이명·서한림, 『동네 걷기, 동네 계획』, 공간서가, 2015.

박인석, 『아파트 한국 사회』, 현암사, 2013.

박진상·이형연·이한웅, 『스마트그리드와 분산에너지원의 이해』, 애경미디어, 2015.

발레리 줄레조, 『아파트 공화국』, 길혜연 옮김, 후마니타스, 2007.

브리짓 슐트, 『타임 푸어』, 안진이 옮김, 더퀘스트, 2015.

서현, 『건축, 음악처럼 듣고 미술처럼 보다』, 효형출판, 1998.

신혜란, 『우리는 모두 조선족이다』, 이매진, 2016.

에드워드 글레이저, 『도시의 승리』, 이진원 옮김, 해냄, 2011.

오성훈·남궁지희, 『보행 도시』, 건축도시공간연구소, 2011.

이광훈, 『서울 교통 정책 변천사』, 서울연구원, 2017.

이부미·이기범·정병호, 『함께 크는 삶의 시작, 공동육아』, 또하나의문화, 2006.

이상헌, 『우리는 조금 불편해져야 한다』, 생각의힘, 2015.

이언 게이틀리, 『출퇴근의 역사』, 박중서 옮김, 책세상, 2016.

임동근·김종배, 『메트로폴리스 서울의 탄생』, 반비, 2015.

정헌목, 『가치 있는 아파트 만들기』, 반비, 2017.

제니퍼 애커먼, 『새들의 천재성』, 김소정 옮김, 까치, 2017.

제니퍼 코크럴킹, 『푸드 앤 더 시티』, 이창우 옮김, 삼천리, 2014.

제인 제이콥스, 『미국 대도시의 죽음과 삶』, 유강은 옮김, 그린비, 2010.

조동범, 『푸른길과 옛 기찻길 동네』, 나무도시, 2007.

차두원, 『이동의 미래』, 한스미디어, 2018.

찰스 몽고메리, 『우리는 도시에서 행복한가』, 윤태경 옮김, 미디어윌, 2014.

최성용, 『우리가 도시를 바꿀 수 있을까?』, 동아시아, 2020.

최태영, 『도로 위의 야생동물』, 국립생태원, 2016.

피터 홀, 『내일의 도시』, 임창호·안건혁 옮김, 한울아카데미, 2000.

한국도시설계학회, 『한국도시설계사(1960년대~2010년대)』, 보성각, 2012.

헨리 조지, 『진보와 빈곤』, 김윤상 옮김, 비봉출판사, 1997.

P. D. 스미스, 『도시의 탄생』, 엄성수 옮김, 옥당, 2015.

논문 및 보고서

걷고싶은도시만들기시민연대, 『가게 앞 자전거』, 2007.

권용우, 「우리나라 그린벨트에 관한 쟁점 연구」, 《한국도시지리학회지》 제2권 제1호, 1999.

권혁소, 「광역행정의 협력적 거버넌스 형성과정 연구: 수도권매립지 사용 연장 사례를 중심으로」, 서울시립대학교, 2016.

김건, 「지역 자산을 커뮤니티 소유로, 영국의 지역공동체 입찰권리제도」, 《건축과도시공간》 제26권, 2017.

김동욱, 「수원천 복개 반대 시민운동의 전망」, 《건축》 제40권 제7호, 대한건축학회, 1996.

김수봉·정응호·이승지, 「대구광역시 담장 허물기 운동의 정체성과 나아갈 방향」, 《한국주거학회논문집》 제17권 제3호, 2006.

김예성·장경석, 「3기 신도시 정책의 특징과 향후 과제」, 《이슈와논점》 제1713호, 국회입법조사처, 2020.

김우창, 「밀양 765kV 송전탑 건설을 둘러싼 한전의 갈등 관리 전략과 마을 공동체의 변화」, 서울대학교 환경대학원, 2018.

김해경, 「일제강점기 경성 내 가로수에 대한 일고찰」, 《서울과역사》 제98호, 서울역사편찬원, 2018.

류정호, 「물 부족에 대비한 효율적인 빗물 관리 개선 방안」, 중앙대학교, 2017.

박경돈·박민정, 「지방자치단체 담장 허물기 사업의 정책 효과 분석: 범죄 예방 효과를 중심으로」, 《지방정부연구》 제14권 제1호, 2010.

박승배 외, 「특집: 호모 나이트쿠스와 도시」, 《걷고싶은도시》 2017년 여름호, 걷고싶은도시만들기시민연대, 2017.

박신숙, 「공공정책 갈등과 제3자 개입의 정치경제: 제주해군기지와 밀양송전탑 사례 비교연구」, 인천대학교, 2017.

박제철·이수진·이재원, 「도시 하천 생태관리를 위한 기초조사 연구: 홍제천, 불광천, 난지천을 중심으로」, 서울연구원, 1999.

박지혜, 「국내 펫코노미 시장의 현황과 시사점」, 《KIET 산업경제》 2017년 7월호, 산업연구원, 2017.

박진욱, 「국내 야간 노동 및 건강 문제 실태」, 《대한직업환경의학회 학술대회 논문집》 2011.

박창열·신상영, 「도시홍수 피해 저감을 위한 불투수면 규제 효과 분석」, 《서울도시연구》 제15권 제1호, 서울연구원, 2014.

봉인식·김도년, 「아파트 단지 건설을 통해서 본 한국과 프랑스 주택정책 비교연구」, 《국토계획》 제38권 제6호, 2003.

산업자원부 전력산업과, 「제2차 전력 수급 기본 계획(2004~2017년)」, 산업자원부 공고 제2004-285호, 2004.

서울특별시, 「서울특별시 빗물관리 기본계획」, 2013.

송인주, 「조류 도심 유입 위한 서식환경 개선 방안」, 서울연구원, 2015.

심형준·김시연, 「밀양 송전탑 사건을 둘러싼 정당성 담론의 전개」, 《동방학지》 제182집, 2018.

여규동·정영훈, 「도시지역의 옥상녹화에 따른 유출저감효과 분석과 비용 산정」, 《서울도시연구》 제14권 제2호, 서울연구원, 2013.

염태영, 「수원천 되살리기 운동」, 《도시와빈곤》 통권 34호, 1998.

염형철, 「시화호 20년, 우리는 무엇을 배워야 하나?」, 《환경과생명》 2007년 9월호.

오광일·김동필·최송현, 「생울타리의 종에 따른 소음 감소 효과에 관한 연구」, 《한국

환경생태학회지》 제23권 제3호, 2009.

우효섭·박재로, 「하천 복원의 이해와 국내외 사례」, 《물과미래》 제33권 제6호, 2000.

우효섭, 「국내의 하천 복개 실태」, 《물과미래》 제29권 제1호, 1996.

이기웅, 「서울의 젠트리피케이션과 대안적 도시운동의 부상」, 《사회연구》 제18권 제1호, 2017.

이아영·황남희·안준석·안영, 「자영업 가구 빈곤 실태 및 사회보장 정책 현황 분석」, 한국보건사회연구원, 2019.

이전, 「한인들의 미국 이민사」, 《문화역사지리》 제14권 제1호, 2002.

이정임, 「수도권매립지 이슈와 시사점」, 《이슈&진단》 제195호, 2015.

이정전, 「그린벨트 문제에 대한 근원적 해법」, 《도시연구》 제4호, 한국도시연구소, 1998.

이혜경, 「시화호 간척개발사업과 환경관리정책의 변화」, 《환경법과정책》 제9권, 2012.

이희경, 「서울 단독, 다세대 주택 지역의 생활폐기물 수거 공간 및 시스템 개선 방안 연구」, 서울대학교, 2018.

장세훈, 「그린벨트의 정치사회학: 그린벨트 해제의 사회 동학을 중심으로」, 《경제와 사회》 제63호, 비판사회학회, 2004.

장세훈, 「도시화, 국가, 그리고 그린벨트: 한국 영국 일본의 그린벨트를 중심으로」, 《도시연구》 제4호, 한국도시연구소, 1998.

정원욱·김숙진, 「수도권매립지 입지 갈등의 전개: 네트워크 효과로서의 영역 개념을 중심으로」, 《대한지리학회지》 제51권 제4호, 2016.

정응호 외, 「담장허물기운동에 대한 주민의식연구」, 《환경과학논집》 제7권 제1호, 2012.

정헌목, 「게이티드 커뮤니티의 공간적 특성과 사회문화적 함의: 한국의 수용양상에서의 보편성과 특수성」, 《서울도시연구》 제13권 제1호, 2012.

조명래, 「NGO의 입장을 통해 본 영국의 그린벨트 제도: 개발과 보전의 조화를 위한 제도」, 《도시연구》 제4호, 한국도시연구소, 1998.

지인배·김현중·김원태·서강철, 「반려동물 연관 산업 발전 방안 연구」, 한국농촌경제연구원, 2017.

최미희, 「우리나라 갯벌의 경제적 가치」, 《한국습지학회지》 제6권 제1호, 2004.

홍성곤, 「도시 가로녹지의 생태적 건전성 평가 연구: 경기도 광교 신도시를 중심으로」, 단국대학교, 2015.

환경부(연구기관: 테이즈엔지니어링㈜), 「준설 등에 의한 수질영향 사례조사 보고서」, 2008.

환경부, 「자원 순환 사회로의 전환, "미래 세대를 위한 선택"」, 《환경정책Briefs》 제5권, 2015.

도판 출처

첫 번째 이야기
편하디편한 도시 생활, 이대로 괜찮은 걸까?

––––––––––––

#01. 자동차 시대에 던지는 질문, 도로의 주인은 누구인가

#02. 아파트 공화국, 무엇을 얻고 무엇을 잃었을까

#03. 쓰레기, 내 눈앞에서만 사라지면 끝일까

두 번째 이야기
우리 도시의 공생 지수, 초록불일까? 빨간불일까?

세 번째 이야기
도시 개발, 어떻게 해야 지속가능할까?

———————

네 번째 이야기
작은 실험이 도시를 바꿀 수 있을까?

———————

북트리거 일반 도서

북트리거 청소년 도서

내일의 도시를 생각해

우리가 먹고 자고 일하고 노는 도시의 안녕을 고민하다

1판 1쇄 발행일 2021년 7월 20일
1판 6쇄 발행일 2024년 4월 25일

지은이 최성용
펴낸이 권준구 | 펴낸곳 (주)지학사
본부장 황홍규 | 편집장 김지영 | 편집 공승현 명준성
책임편집 김지영 | 교정교열 김정아 | 그래프 일러스트 김상준 이도휴 | 디자인 정은경디자인
마케팅 송성만 손정빈 윤술옥 | 제작 김현정 이진형 강석준 오지형
등록 2017년 2월 9일(제2017-000034호) | 주소 서울시 마포구 신촌로6길 5
전화 02.330.5265 | 팩스 02.3141.4488 | 이메일 booktrigger@naver.com
홈페이지 www.jihak.co.kr | 포스트 post.naver.com/booktrigger
페이스북 www.facebook.com/booktrigger | 인스타그램 @booktrigger

ISBN 979-11-89799-53-3 03300

북트리거

트리거(trigger)는 '방아쇠, 계기, 유인, 자극'을 뜻합니다.
북트리거는 나와 사물, 이웃과 세상을 바라보는 시선에 신선한 자극을 주는 책을 펴냅니다.